追寻邓小平的思想轨迹

"南方谈话"从何处来

周锟 著

四川人民出版社

图书在版编目（CIP）数据

"南方谈话"从何处来：追寻邓小平的思想轨迹 / 周锟著. -- 成都：四川人民出版社，2020.12（2022.4重印）
ISBN 978-7-220-12047-3

Ⅰ.①南… Ⅱ.①周… Ⅲ.①邓小平（1904-1997）-思想评论 Ⅳ.①A849

中国版本图书馆CIP数据核字（2020）第209328号

NANFANG TANHUA CONG HECHU LAI
"南方谈话"从何处来
——追寻邓小平的思想轨迹

周　锟　著

出 版 人	黄立新
策划统筹	章　涛
推广统筹	李真真
组稿编辑	邹　近
责任编辑	邹　近　叶　驰
推广执行	杨　立　谢春燕
封面设计	叶　茂
版式设计	戴雨虹
责任校对	林　泉　吴　玥
责任印制	李　剑
出版发行	四川人民出版社（成都市槐树街2号）
网　　址	http://www.scpph.com
E-mail	scrmcbs@sina.com
新浪微博	@四川人民出版社
微信公众号	四川人民出版社
发行部业务电话	（028）86259624　86259453
防盗版举报电话	（028）86259624
照　　排	四川胜翔数码印务设计有限公司
印　　刷	成都东江印务有限公司
成品尺寸	170mm×240mm
印　张	21
字　数	260千
版　次	2020年12月第1版
印　次	2022年4月第4次印刷
书　号	ISBN 978-7-220-12047-3
定　价	88.00元

■版权所有·侵权必究
本书若出现印装质量问题，请与我社发行部联系调换
电话：（028）86259453

1992年1月18日，邓小平南下途经湖北武昌火车站

1992年1月18日，邓小平抵达武昌火车站，中共湖北省委书记关广富（左二）等前往迎接

1992年1月18日，邓小平在武昌火车站同湖北省主要负责同志谈话（一）

邓小平在武昌火车站同湖北省主要负责同志谈话（二）

1992年1月19日上午,邓小平抵达深圳,中共广东省委书记谢非(前排右二)、中共深圳市委书记李灏(右一)等前往迎接

1992年1月19日上午,邓小平抵达深圳,他说:到了深圳,我坐不住啊,想到外边去看看

1992年1月19日,邓小平到深圳皇岗口岸视察,站在深圳河大桥桥头,长时间地眺望对面的香港

邓小平在深圳与广东省、深圳市负责同志谈话

1992年1月20日上午，邓小平登上深圳国贸大厦旋转餐厅眺望市容，并做了30多分钟谈话

1992年1月20日上午，邓小平到深圳先科激光公司视察

1992年1月20日上午，邓小平视察深圳先科激光公司激光视盘生产车间

1992年1月22日,邓小平在深圳仙湖植物园观看桫椤

1992年1月22日,邓小平在深圳仙湖植物园种下高山榕

1992年1月23日上午，邓小平在深圳蛇口港码头登上海关902快艇，启程到珠海考察。途中一个多小时的时间，他又发表了重要讲话

1992年1月23日上午，邓小平在从深圳到珠海的快艇上发表讲话（一）

1992年1月23日上午，邓小平在从深圳到珠海的快艇上发表讲话（二）

1992年1月23日上午，邓小平在从深圳到珠海的快艇上发表讲话（三）

1992年1月23日上午，邓小平在从深圳到珠海的快艇上发表讲话（四）

1992年1月24日上午，邓小平视察珠海生物化学制药厂

1992年1月25日上午，邓小平视察珠海亚洲仿真控制系统工程有限公司，他说：要握一握年轻人的手，科技的希望在年轻人

1992年1月27日上午,邓小平视察珠海江海电子公司机芯总装车间

邓小平在珠海指出:要挖掘人才,要不断造就人才。只要有人才,就可以创造出技术,事业就兴旺发达

邓小平在珠海时端详曾经与宾馆工作人员的合影

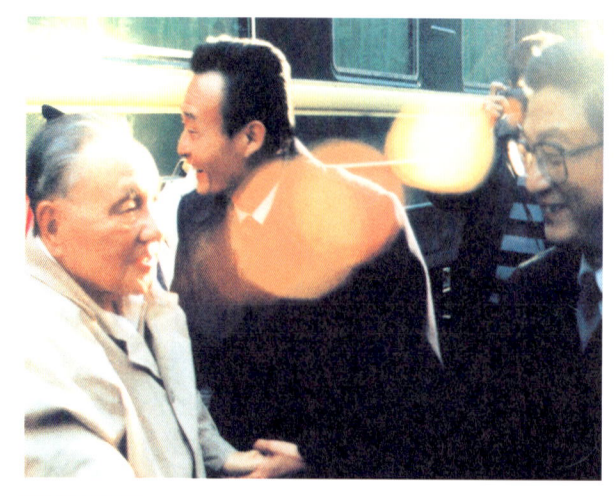

1992年1月31日早晨，邓小平抵达上海，受到中共上海市委书记吴邦国（左二）、市长黄菊（右一）欢迎

1992年2月7日上午，邓小平视察正在建设中的上海杨浦大桥，听取建设总指挥朱志豪（左三）的情况介绍

邓小平在上海向正在工作中的大桥建设者们挥手致意

邓小平在上海西郊宾馆向执勤的武警战士招手回礼

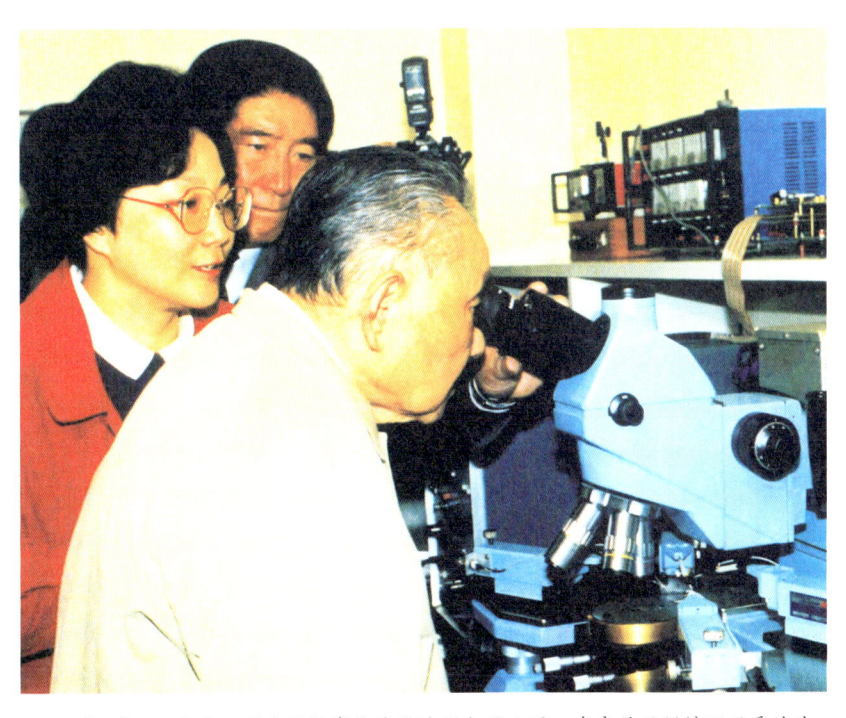

1992年2月10日上午,邓小平视察上海贝岭微电子公司,在高倍显微镜下观看芯片

1992年2月15日下午，邓小平观看上海浦东开发区模型

目录

| 序 言 |

南方谈话：关键时期的关键抉择 / 001

导 言 / 001

　　一、研究的问题 / 001

　　二、对已有研究的回顾和展望 / 006

上 篇　013
时间·人物

第一章　南方谈话产生的历史节点 / 015

　　一、南方谈话发表时的国际形势 / 015

　　二、南方谈话发表时的国内形势 / 017

第二章　邓小平的个人特质与南方谈话的产生 / 021

一、邓小平善于使用"谈话"的工作方法 / 022

二、邓小平具备唯物辩证的思维方法 / 041

三、邓小平具有坚定的共产主义信仰 / 046

四、邓小平在南方谈话前后的身体和精神状态 / 056

中篇　065
思考·指引

第三章　南方谈话中已经成熟的基本理论 / 067

一、社会主义本质论 / 068

二、党的基本路线 / 084

三、社会主义精神文明 / 101

第四章　南方谈话中论证完善的理论观点 / 138

一、马克思主义是科学 / 138

二、科学技术是第一生产力 / 161

三、经济发展台阶论 / 197

四、和平与发展的时代主题 / 217

第五章　南方谈话中尚未展开的理论问题 / 238

一、社会主义市场经济 / 239

二、共同富裕 / 254

下篇 现实·回响 275

第六章　南方谈话是马克思主义思想发展史上的丰碑 / 277

　　一、南方谈话是邓小平理论成熟的标志 / 277

　　二、南方谈话是中国特色社会主义理论体系开创的关键环节 / 281

　　三、南方谈话是马克思主义中国化的重要发展 / 283

第七章　南方谈话为中国打开现代化道路新局面 / 287

　　一、南方谈话推动中国快速发展 / 287

　　二、南方谈话为中国打开现代化道路新局面 / 290

第八章　南方谈话在中国特色社会主义新时代的现实指导意义 /293

　　一、南方谈话指引坚持中国特色社会主义道路

　　　　与传承发展改革精神 / 294

　　二、南方谈话指引发展完善社会主义市场经济制度 / 299

　　三、南方谈话指引实现全体人民共同富裕的目标 / 302

主要参考文献 / 307

致　谢 / 314

序 言

南方谈话：关键时期的关键抉择

龙平平

邓小平思想生平研究会副会长、研究员

读了周锟写的《"南方谈话"从何处来——追寻邓小平的思想轨迹》书稿，引起了我对邓小平南方谈话的背景和意义的一些思考。翻了一些以前的笔记和材料，就这两个问题谈一点看法。

1992年初邓小平南方谈话是在国际形势发生重大变化、国内改革开放出现严重困难，中国再次面临向何处去的关键时刻产生的一篇重要文献。南方谈话对纷繁复杂的国际形势及走向做出正确判断，以一系列新理念、新思路、新办法深刻回答了当时困扰人们思想的重大理论与实际问题；南方谈话作出抓住机遇加快发展的战略决策，为中国摆脱困境，坚持和发展中国特色社会主义指明了方向、找到了出路。南方谈话是中国改革开放的一盏明灯、一面旗帜，是中国共产党在开辟中国特色社会主义道路的关键时期作出的关键抉择。

一、20世纪90年代初，改革开放遇到严重困难，中国再次面临向何处去的关键抉择

20世纪末期，中国共产党曾面临过两次关键抉择。一次是70年代末，经历了"文化大革命"结束后的两年徘徊，中国面临着向何处去的重大抉择。经过党的十一届三中全会，邓小平带领全党高举改革开放伟大旗帜，开辟了中国特色社会主义道路。第二次是90年代初，国内外形势发生重大变化，改革开放遇到前所未有的严峻挑战，中国再次面临向何处去的关键抉择。

1989年是个很特别的年份。这一年，几乎所有的社会主义国家都不同程度地发生了政治动乱。首先是中国，发生了春夏之交的政治风波。由于中国有邓小平，我们艰难地度过了这一劫。接着，波兰、匈牙利、罗马尼亚、保加利亚、捷克斯洛伐克、南斯拉夫、东德、阿尔巴尼亚等国共产党相继失去政权。

1991年7月1日，华沙条约组织宣布正式解散。同月，戈尔巴乔夫与美国总统老布什建立美苏战略伙伴关系，冷战走向终结。12月25日，苏联总统戈尔巴乔夫宣布辞职，并"建议"苏共中央委员会自行解散，苏联解体。

东欧剧变、苏联解体、冷战结束，社会主义陷入前所未有的低

潮，这是自第二次世界大战结束之后国际形势发生的最为深刻的变化，这个变化对中国共产党的冲击和影响是可想而知的。中国共产党是在苏联的帮助指导下创立的，社会主义新中国是在苏联老大哥的帮助下学习苏联模式建立起来的。执政70多年的苏联共产党丧失了政权，整个社会主义阵营瓦解了。中国的社会主义还能不能站得住？中国怎么办？全世界都在盯着中国。1989年，曾经为中美建交作出重要贡献的布热津斯基出版了《大失败》一书，断言："到下个世纪，共产主义将不可逆转地在历史上衰亡，它的实践与信条不再与人类的状况有什么关系。"他还预言："中国必定会进一步摒弃马列主义学说，进入21世纪后，将不再是一个公有制的国家。"这个时候，中国刚刚经过80年代末的政治风波，正在遭受西方社会的"制裁"，外部压力之大，前所未有，形势极其严峻。

中央外事办公室主任刘华秋回忆说：那段时间，邓小平经常一个人到钓鱼台18号楼散步，有时候一个人坐在那里静静地思考，经常一坐就是一两个小时。有时候他会突然叫人把我喊去，问东欧、苏联和美国的情况，商讨对策。

商量什么对策？是效仿苏、东，还是走自己的路？严峻的国际形势要求我们必须做出抉择。

再看国内形势，这个时候正是中国改革开放以来最困难的时期。1988年经济体制改革因为价格闯关受挫，被迫实行治理整顿，放慢了经济发展的速度。1984年至1988年，中国国内生产总值连续五年高速增长。1989年的国内生产总值增长率是4.1%，1990年的经济增长率为3.8%，是改革开放以来增长幅度最小的一年，出现了经济滑坡。新加坡国立大学东亚研究所所长黄朝翰撰文说：改革的负面结果影响着人们对改革的信心。1988年，中国出现严重的两位数的通货膨胀，极大地打击了人们对经济改革的信心，甚至自由派的改革者也因此感到灰心丧气。随着新中国成长起来的大部分人都没有经历过通货膨胀，治理整顿又不可避免地伤害了很多人、很多企业的利益，很少有人能够看到进一步改革的有利影响。而很多人实际上对在这样不确定的政治经济形势下推进改革怀有疑虑。

80年代末政治风波之后，各种思想相互激荡。中国还要不要搞改革开放，搞什么样的改革开放，人们议论纷纷，出现了各种各样的观点，包括从根本上否定改革开放和主张全盘西化的错误观点。有人提出，政治风波说明阶级斗争仍然是中国社会的主要矛盾，在当前和今后的相当长的历史阶段，应该把反对和平演变作为党和国家的中心工作。有的人则认为，中国的经济结构中，多一份外资就多一份资本主义，改革开放必须问一问姓社姓资问题。这些错误认识，困扰着人们的思想，阻碍了改革开放的步伐，妨碍了经济的发展，使我们在最需要加速发展的时候不得不放慢了脚步。

其时，影响改革开放和经济发展最为关键的是如何确定体制改革的目标问题。改革的目标是什么？我们究竟要建立一个什么样的经济体制，这是大家关注的焦点。这个时候，自1978年党的十一届三中全会开始的改革开放已经历了十四个年头，到了必须明确经济体制改革的目标，进入一个新的发展阶段的关键时刻。中国的经济体制改革从农村发轫，是中国农民的伟大创造，是自下而上进行的。"尊重群众的首创精神"、"摸着石头过河"，是中国经济改革的鲜明特征。改革从苏联学来的自战争时期形成的高度集中僵化的计划经济体制，是大家的共识，但是，改革最终要建立一个什么样的经济体制，也就是改革的目标是什么，这是十四年间一直没有解决的一个问题。在这个问题上，核心是怎样认识计划经济与市场经济的关系，要害是如何区分和判定社会主义和资本主义，即"姓社姓资"的问题。社会主义是有计划按比例发展的，只能搞计划经济；市场经济是资本主义社会的经济特征。计划经济和市场经济是划分社会主义和资本主义的重要标志，这是传统的社会主义政治经济学教科书上的一个基本观点。这个观点深深地影响着我们几代人，成为阻碍经济体制改革深入发展的思想障碍。改革开放的伟大实践不断地冲击着这个传统观念，要求我们遵循经济发展的一般规律，彻底摆脱落后的传统观念的束缚，在这个问题上取得重大理论突破。党的十一届三中全会以来，由于在这个问题上党内和理论界一直存在激烈争论，形不成统一的认识，造成我们的改革开放只能摸着石头过河，走一步看一步，不能形成明确的目标。十四年过去了，如果我们不能从根本属性上对计划与市场问题作出明确的结论，就不能从根本上解决经济体制改革的目标问题，改革开放就没有明确方向，就不可能加快发展。实践的发展到了必须捅破这层窗户纸的时候了，是按照传统的社会主义政治经济学观点走计划经济的老路，还是闯出一条前人从未走过的新路，我们必须做出抉择。

1992年不仅对中国共产党人做出关键抉择提出了紧迫要求，同时也为中国共产党人做出这个抉择提供了一个契机。这一年要召开中国共产党第十四次全国代表大会，这是中国改革开放进程中一个重要的时间节点。面对严峻的国内外形势，党的十四大将怎样谋划中国社会主义的发展前景，举什么旗，走什么路，有什么辙？我们必须交出答案。从这个意义上讲，南方谈话是十四大的前奏曲，是筹备十四大的一个重要环节。

以上三点就是1992年初邓小平南方谈话最重要的背景。

二、南方谈话不是邓小平突发奇想的偶然之作，而是他对长期思考和阐发的一些重要观点的集中概括与升华

有一种观点，认为南方谈话是邓小平精心准备刻意到南方发表的讲话，讲的都是以前没有说过的新话。这是没有根据的。

邓小平每年到南方过春节，是根据医生的建议形成的惯例。这是一次惯常的休假性质的视察，并没有特定的政治因素，更没有一份刻意准备的讲话稿。都是在参观、视察和交谈中的即兴讲话，讲的都是多年来特别是1989年以来他对一些重大理论和实际问题的思考和看法。比如，中国如何应对国际形势的新变化，这是自1989年以来他最为关注、谈论最多的一个问题。早在1989年9月4日，邓小平就把中央领导同志请到家里，对他们说：现在的问题不是苏联的旗帜倒不倒，而是中国的旗帜倒不倒。别人的事我们管不了，只讲一个道理：中国的社会主义是变不了的。中国肯定要沿着自己选择的社会主义道路走到底。谁也压不垮我们。只要中国不垮，世界上就有五分之一的人口在坚持社会主义。我们对社会主义的前途充满信心。对于国际局势，概括起来就是三句话：第一句话，冷静观察；第二句话，稳住阵脚；第三句话，沉着应付。不要急，也急不得。要冷静、冷静、再冷静，埋头实干，做好一件事，我们自己的事。到本世纪末翻两番有没有可能？我希望活到那个时候，看到翻两番实现。之后，根据邓小平多次讲话精神，中央及时概括出了"冷静观察、稳住阵脚、沉着应付、韬光养晦、决不当头、有所作为"的二十四字对外战略方针。

比如要防止经济滑坡，从1990年初开始他就反反复复地讲这个问题。1990年2月，邓小平就提醒当时的中央领导说："现在经济

已经出现滑坡,应认真加以解决。"3月3日,他特意把江泽民、李鹏等人请到家里谈经济滑坡问题,指出:经济能不能避免滑坡,翻两番能不能实现,是个大问题。使我们真正睡不着觉的,恐怕长期是这个问题,至少十年。中国能不能顶住霸权主义、强权政治的压力,坚持我们的社会主义制度,关键就看能不能争得较快的增长速度,实现我们的战略。之后他又多次谈到这个问题。南方谈话也正是围绕着如何抓住机遇加快发展这个主题展开的。

比如讲改革开放的重要性和意义,讲计划与市场,讲共同富裕,讲两手抓,讲科学技术是第一生产力,讲坚持四项基本原则、反对资产阶级自由化,等等,都是他一以贯之的思想观点。这一次是结合新的情况,比较集中地做了系统阐述和提炼,是邓小平理论的集大成之作。

这说明,1992年邓小平视察南方发表重要谈话,并不是有些人说的那样,是一次精心策划的政治行动,没有必要在这方面做过度猜测和解读。

再一点,1992年南方谈话不是一次孤立的谈话,它是以1991年视察上海的谈话为前奏和基础的。

邓小平退休之后每年去南方都有大动作。1990年春节他去上海,因为身体不好,没有出去视察,但做出了一个重大决策,开发开放浦东。

他在听取上海市委汇报时说,现在国际上说政治风波之后不搞改革开放了,希望上海市委拿出一个大动作,向世界说明我们的改革开放没有收,我们没有向左转。上海提出开发开放浦东,邓小平非常赞同,他对朱镕基说:"开发浦东,我赞成。我已经退休了,但在关键时刻,我活着还有点用处。开发浦东,你们搞晚了,但现在搞也快。上海人脑袋灵光，条件比广东好，你们可以搞好一点的。"回到北京第三天，邓小平对江泽民、李鹏等人说："有一件事，江泽民不好说，我来说。""上海要搞浦东开发区，可以引进资金和先进技术，是发展经济的一条捷径，应该支持一下。"他刻意嘱咐李鹏："你是总理，浦东开发这件事，你要管。"4月18日，国务院总理李鹏在上海宣布："中共中央、国务院同意上海市加快浦东地区的开发，在浦东实行经济技术开发区和某些经济特区的政策。"

1991年春，邓小平在上海先后考察了上海飞机制造厂、上海大众汽车有限公司、上海航天局运载火箭总装厂、新中华机器厂、正在建设中的南浦大桥和浦东新区，发表一系列重要讲话。他鼓励上海市领导，要进一步解放思想，突破那些僵滞的思维方式。要振奋精神，要敢于冒险，敢为天下先，走前人没有走过的路，做改革开放的带头羊。他说：上海再不开放不行了。五年前对上海存在不同意见，但如果我坚决搞还是可以搞的，所以主要责任在我身上。现在还有障碍，主要是怕，心是好的，但是怕。对上海这样的地方怕什么。上海会搞，只要给它的政策恰当，包括用人权，就什么事情都能办起来，而且会办得好。什么事情总要有人试第一个，才能开拓新路。试第一个就要准备失败，失败也不要紧。干革命、搞建设，都要勇于思考、勇于探索、勇于创新。否则，就无法摆脱贫穷落后的状况，就谈不上超过国际先进水平。有人怕改革开放的政策变，谁要变谁垮台，没有别的出路。谁变，就要引起整个社会动乱，所以一步都不能退。

在浦东，邓小平强调：开发浦东，不只是浦东的问题，是关系上海发展的问题，是利用上海这个基地发展长江三角洲和长江流域的问题。希望上海按照国际惯例办，尽快建设成国际金融中心。关键要克服一个怕字，要有勇气！"希望上海人民思想更解放一点，胆子更大一点，步子更快一点。"

邓小平的这些重要论述，给处于低潮的改革开放打了一剂强心针，注入了新的活力。根据邓小平视察上海谈话精神，1991年3、4月间，上海《解放日报》以皇甫平的名义发表《改革开放要有新思路》《扩大开放的意识要更强些》和《改革开放需要大批德才兼备的干部》三篇评论文章，吹响了加快改革开放的冲锋号。

所以说1991年邓小平上海谈话为1992年南方谈话做了铺垫，创造了环境，不能把南方谈话看成一次孤立的行动。

三、南方谈话是改革开放的宣言和旗帜

南方谈话最重要的意义有两个。一是理论意义：南方谈话总结和升华了改革开放十四年的实践经验，围绕着在中国这样一个经济文化落后的东方大国怎样建设和发展社会主义的主题，提出了一系列新颖的思想观点，架构了中国特色社会主义理论的总体框架，是邓小平理论即中国特色社会主义理论形成的标志。

从1978年到1992年，以《解放思想，实事求是，团结一致向前看》和南方谈话两篇解放思想、实事求是的宣言书为标志，邓小平带领我们党经过十四年的艰辛探索，终于初步完成了60年代初毛泽东提出的创造新理论的伟大任务，创立了中国特色社会主义理论——邓小平理论。这个理论用中国共产党的实践和经验，为马克思主义的社会主义学说增添了新内容，使共产党人对社会主义的认识有了若干个"第一次"的新观点、新结论。这就是：第一次揭示

了社会主义的本质是解放生产力,发展生产力,消灭阶级,消除两极分化,最终达到共同富裕。第一次明确指出,贫穷不是社会主义,社会主义的根本任务是发展生产力。在整个社会主义阶段,必须始终坚持以经济建设为中心,党和国家的一切工作都要服从和服务于这个中心。第一次科学地阐明了社会主义的发展动力,明确指出,社会主义基本制度建立以后,还要从根本上改变束缚生产力发展的经济体制,建立起充满生机和活力的社会主义经济体制,促进生产力的发展。改革是中国发展生产力的必由之路,是一场新的革命。第一次明确指出,科学技术是第一生产力,知识分子是工人阶级的一部分。发展生产力必须以科技进步、教育优先为基础。第一次提出社会主义初级阶段理论,明确指出,中国的发展,必须立足于社会主义初级阶段的实际,毫不动摇地坚持党在社会主义初级阶段"一个中心、两个基本点"的基本路线。第一次提出,社会主义也可以搞市场经济。明确指出,计划与市场都是手段,不是区分不同社会制度的标志。第一次提出,和平与发展是当今世界的两大主题。第一次提出,一个国家可以实行两种制度,并以此来完成祖国统一大业,等等。这若干个"第一次"的理论意义在于,它第一次比较系统地初步回答了中国社会主义的发展道路、发展阶段、根本任务、发展动力、外部条件、政治保证、战略步骤、领导力量和依靠力量以及祖国统一等一系列基本问题,从而用中国共产党人的新思想、新观点,开拓了马克思主义的新境界,提高了对社会主义认识的新水平,做出了对当今时代特征和总体国际形势的新判断,形成了新的建设有中国特色社会主义理论的科学体系,使马克思主义在中国的发展进入了一个新阶段。邓小平理论是新中国成立以来党在社会主义理论创新上取得的第一个伟大成果,是中国特色社会主义理论体系的本源性理论，是指引改革开放和中国特色社会主义走向胜利的伟大旗帜。

二是实践意义，也就是关键时期做出的关键抉择。最主要的有以下两点：

第一，对冷战结束后的国际形势做出正确判断，做出了抓住机遇加快发展的关键抉择。

现在对抓住机遇加快发展没有深入研究。我认为这是邓小平晚年最重要的一个贡献，是事关中国特色社会主义前途与命运的重大决策。这里有两个大问题：其一，东欧剧变、苏联解体、冷战结束，是否改变了和平与发展这个当今世界的主题？我们是否遇到战略机遇期？在大多数人对这个问题感到困惑和失望的时候，邓小平明确地指出，和平与发展仍然是当今世界的主题。现在正是我们加快发展的大好时机。这是邓小平在中国发展的关键时期对国际形势做出的重要判断，也是他的一个重要贡献。南方谈话首先从这点破题，反反复复地提醒人们："要抓住机会，现在就是好机会。我就担心丧失机会。不抓呀，看到的机会就丢掉了，时间一晃就过去了。"他强调："现在，我们国内条件具备，国际环境有利，再加上发挥社会主义制度能够集中力量办大事的优势，在今后的现代化建设长过程中，出现若干个发展速度比较快、效益比较好的阶段，是必要的，也是能够办到的。我们就是要有这个雄心壮志！"之后，他又多次指出："现在是机会啊，这个机会很难得呀！中国人这种机会有过多次，但是错过了一些，很可惜！你们要很好地抓住。你们要发奋，把群众的积极性调动起来，聚精会神地搞建设。"邓小平的这个判断为后来党中央提出我们正处于重要战略机遇期的论断提供了依据，为推动改革开放加快发展奠定了理论基础。

其二，抓住机遇加快发展的实际指向是要进一步解放思想，加快改革开放步伐。加快发展靠什么？靠的就是改革开放，靠坚持改革开放不动摇。南方谈话大量篇幅谈改革开放的意义，强调改革也是解放生产力。如果没有改革开放的成果，80年代末政治风波这个关我们闯不过，闯不过就乱。风波以后我们的国家能够很稳定，就是因为我们搞了改革开放。只有改革开放才能发展中国特色社会主义。东欧剧变、苏联解体，归根到底是自己没做好。外因通过内因起作用，所以最重要的在于发展自己，发展才是硬道理。邓小平认为，中国要避免重蹈苏联的覆辙，坚持高举社会主义的旗帜，就必须走自己的路，坚持改革开放不动摇。"不坚持社会主义，不改革开放，不发展经济，不改善人民生活，只能是死路一条。"因此，他提出："改革开放胆子要大一些，敢于试验，不能像小脚女人一样。看准了的，就大胆地试，大胆地闯。""没有一点闯的精神，没有一点'冒'的精神，没有一股气呀、劲呀，就走不出一条好路，走不出一条新路，就干不出新的事业。"正是邓小平的这些重要判断和论述，改变了改革开放的历史进程。南方谈话后不久，江泽民主持召开中共中央政治局会议，决定抓住当前有利时机，加快改革开放的步伐，结束治理整顿，集中精力把经济建设搞上去。及时调整了当年的发展计划。以南方谈话和党的十四大为标志，改革开放和现代化建设进入持续快速发展的新阶段。

现在有人说邓小平当年是老年心态，着急，一味讲快，留下来许多后遗症。这是偏见。那个时候，不快行吗？就像他说的，周边都在飞速发展，老百姓一比较就有问题。应该说，没有那个时候的快速发展，中国就不可能有今天的局面。

第二，从根本上解除了把计划经济和市场经济看作属于社会基本制度范畴的思想束缚，为确定我国经济体制改革的目标模式提供了理论支持。邓小平指出："计划多一点还是市场多一点，不是社会主义与资本主义的本质区别。计划经济不等于社会主义，资本主义也有计划；市场经济不等于资本主义，社会主义也有市场。计划和市场都是经济手段。""社会主义要赢得与资本主义相比较的优势，就必须大胆吸收和借鉴人类社会创造的一切文明成果，吸收和借鉴当今世界各国包括资本主义发达国家的一切反映现代社会化生产规律的先进经营方式、管理方法。"邓小平的这些重要论述，彻底捅破了在计划与市场问题上禁锢人们思想的最后一层窗户纸，清晰地展现了我国经济体制改革的目标。南方谈话后不久，江泽民在中央党校省部级干部进修班上作《深刻领会和全面落实邓小平同志的重要谈话精神，把经济建设和改革开放搞得更快更好》的讲话，指出，关于经济体制改革的目标，我个人的看法，比较倾向于"使用社会主义市场经济体制"这个提法。6月12日，邓小平同江泽民谈话，赞成使用"社会主义市场经济体制"这个提法，说：实际上我们是在这样做，深圳就是社会主义市场经济。不搞市场经济，没有竞争，没有比较，连科学技术都发展不起来。产品总是落后，也影响到消费，影响到对外贸易和出口。他还说：在党校的讲话可以先发内部文件，反映好的话，就可以讲。这样党的十四大也就有了一个主题了。随后，中央就这个问题征求各省区市和中央及国务院各部门的意见，大家一致同意"社会主义市场经济体制"这个提法。至此，改革开放十四年来关于计划与市场的争论尘埃落定，党内思想趋于统一。

1992年10月，中国共产党第十四次全国代表大会做出三项决策：一，决定抓住机遇，加快发展；二，确定我国经济体制改革的目标是建立社会主义市场经济体制；三，提出用邓小平同志建设有中国特色社会主义理论武装全党的战略任务。党的十四大的这三项决策就是中国共产党人在东欧剧变、苏联解体、国际共产主义运动陷入低潮的关键时刻做出的坚持改革开放、坚持中国特色社会主义不动摇的关键抉择。这三项决策不仅彰显了南方谈话在20世纪90年代初对于加快改革开放的重要贡献，而且对中国的长期发展留下深远的历史影响。我的观点：只要中国还搞改革开放，南方谈话就不会过时。

周锟跟随我学习和研究邓小平理论已有十余年，其间他作为中央国家机关的干部和专业研究人员承担了许多重大项目的工作，还发表了多篇具有较高学术价值的文章，在学术界有一定的影响力。他知识面广，业务基础扎实，且勤于思考、勇于创新，形成了比较深刻的认识和独到的见解。这本《"南方谈话"从何处来——追寻邓小平的思想轨迹》作为周锟"十年磨一剑"的阶段性研究成果，因其独特的视角、扎实的学术研究、丰富的第一手材料，以及清晰有力的论述，确有令人耳目一新之感。相信本书的学术价值会给每一位读者带来收获。

2019年10月2日 于北京

导　言

一、研究的问题

1992年1月18日至2月21日，邓小平视察武昌、深圳、珠海、上海等地，并就一系列重大问题发表了讲话，史称南方谈话。邓小平的南方谈话，是在国际国内政治风波严峻考验的重大历史关头，坚持党的十一届三中全会以来的理论和路线，深刻回答长期束缚人们思想的许多重大认识问题，把改革开放和现代化建设推进到新阶段的又一个解放思想、实事求是的宣言书。

南方谈话发表后，迅速成为实践的有力指导，从而推动中国乃至世界发生了天翻地覆的变化。多年来，由于其巨大的理论和实践价值，南方谈话也成为海内外学术界关注的热点，产生了大量优质的研究成果。然而，时至今日，围绕南方谈话依然存在许多重要的学术问题有待我们进行深入发掘。

本书并非对南方谈话进行全景式的记述或理论性的阐发，而是围绕南方谈话，寻找新视角，发掘新史料，运用新方法，在此前研究的空白或薄弱区域进行一系列历史的专题研究，用理论联系的逻辑体系整合起来，形成一项与已有成果不同的对邓小平南方谈话的"再研究"，以达到对该领域的学术研究提供一定的补充和借鉴的目标。

在本书中，准备以马克思主义唯物史观为指导，从细致的历史考察而非常见的理论阐释的角度，从以下几个方面对南方谈话进行"再研究"：

首先，南方谈话集邓小平思想之大成，标志着邓小平理论的最终形成，其博大精深的理论内涵和思想内容，是最为全世界瞩目的精神宝库，是学术研究的主要对象，也是现实指导意义最强的内容。针对南方谈话的主要内容，国内外学者进行了大量的理论研究，相关成果非常丰硕，但存在一个缺陷，这就是重理论阐发而轻思想梳理。南方谈话的主要内容已经被从多种角度和方式进行了归纳，明确了十余个重要的理论问题，例如社会主义本质论、社会主义与市场经济的关系问题等，对这些问题的内涵、外延、指导意义、实践价值等方面，学术界已经进行了许多的阐发，但是却忽略了邓小平提出和回答这些问题的思想脉络和逻辑演进，也就是说专注于结果而忽视了起因和经过。而实际上，细致梳理邓小平关于南方谈话中一系列重大理论问题的思想发展过程，对于我们真切理解南方谈话精神，获得经验和启示，从而更好地指导实践，具有非常重要的意义。故而，本项研究会使用较大篇幅，从思想史考察的角度展开，对围绕南方谈话中一系列重大理论问题邓小平的思想发展脉络进行梳理，这是本项研究的主体和重点。

第二，邓小平南方谈话是改变中国乃至世界历史进程的重大历史事件，其具体的历史发生过程为人们所关注，多年来，也有不少亲历者和研究者进行了梳理，有不少记述性的著作问世。但是，对于这一历史事件的观察，仍存在一些盲点，有一些历史细节尚未清晰。比如，邓小平发表南方谈话是临时起意还是长期酝酿？邓小平为什么采取视察谈话这样一种发表观点的方式？南方谈话具有哪些国际国内背景？发表南方谈话前后，邓小平的个人状态是怎样的？等等。本项研究会围绕南方谈话的一系列史实细节进行考证。

第三，邓小平南方谈话是中国百姓乃至世界人民耳熟能详的传奇故事，其巨大的影响力并非来自政治宣传，而是源于其对整个社会确实产生的持久而深刻的作用。南方谈话后的中国与世界发生了怎样的变化？其到底有哪些理论和实践意义？很多学者从政治、经济、文化等多个领域已经进行了广泛的研究，对于邓小平之后的党的几代中央领导集体带领全国人民在南方谈话精神的指引下进行的伟大实践，在继承中不断拓展的理论创新，国家地位和社会面貌的显著变化，都给予了全面的展示。但是，站在社会变迁和历史发展的宏观视角，观察南方谈话到底在什么层面上改变了中国的社会和发展方向，尚未有权威的解读。故而，本项研究运用马克思主义基本原理，试图从宏观的特殊视角，对南方谈话对中国社会产生的影响进行探索。

本项研究遵循的理论是马克思主义基本原理，尤其是历史唯物主义。马克思创立历史唯物主义，揭示社会的基本矛盾和社会发展的一般规律，为人类科学地认识社会和历史奠定了理论基础。恩格斯指出："正像达尔文发现有机界的发展规律一样，马克思发现了人类历史的发展规律。"[1]历史人物和历史事件都是必然性和偶然性共同作用的结果，偶然性使历史人物、历史事件展现出特殊的面貌，而这不可复制的特殊性也包含着可不断重演的历史规律。习近平总书记指出："历史和现实都表明，只有坚持历史唯物主义，我们才能不断把对中国特色社会主义规律的认识提高到新的水平，不断开辟当代中国马克思主义发展新境界。"[2]邓小平南方谈话是一个由特别突出的重要历史人物创造的重要历史事件，历史唯物主义正是指导我们正确、全面地认识它的最佳向导。

邓小平南方谈话既是影响历史的重大事件，又是博大精深的思想宝库。从空间上看，南方谈话不仅改变了中国，而且影响了世界；从层次上看，南方谈话不仅作用于高层政治决策，而且直接进入百姓生活；从时间上看，南方谈话不仅在当时引发震动，而且与当下存在密切的联系，甚至对未来也有不可忽视的作用。因此，南方谈话自发表起就是学术研究的重要选题，围绕南方谈话的研究总是具有高度的理论意义和实际应用价值，本项研究也不例外。

中国特色社会主义理论体系是马克思主义中国化的重要成果，是当前中国进行伟大实践的指导思想。其中，邓小平理论是中国特色社会主义理论体系的开篇和奠基之作，而南方谈话又是邓小平理论成熟和形成的标志，是邓小平思想的集大成者。因此，本项研究围绕南方谈话展开，尤其是要深入研究邓小平思想理论的发展历程，不仅将在南方谈话研究中发挥一定的补充作用，而且将对中国特色社会主义理论体系的研究产生一定的积极意义。

---

[1] 《马克思恩格斯文集》第3卷，人民出版社2009年版，第601页。
[2] 习近平：《在十八届中共中央政治局第十一次集体学习时的讲话》（2013年12月3日），《中办通讯》2014年第3期。

对邓小平南方谈话的研究具有高度的政治性。习近平总书记指出："改革开放是当代中国发展进步的活力之源"[1]，"是决定当代中国命运的关键一招，也是决定实现'两个一百年'奋斗目标、实现中华民族伟大复兴的关键一招"[2]。"我国改革已经进入攻坚期和深水区，进一步深化改革，必须更加注重改革的系统性、整体性、协同性。"[3]当前，我们面临的发展机遇和风险挑战前所未有，尤其需要从南方谈话这样的关于改革开放的思想宝库中汲取经验和智慧，指导新的伟大实践。本项研究对南方谈话的进一步深入研究，无疑会对进一步落实"四个全面"战略布局发挥一定的借鉴作用。

习近平总书记反复要求党的干部原原本本学习和研读经典著作，学习马克思主义基本原理，也要求读原著、学原文、悟原理。党章规定，邓小平理论是党的指导思想，在指导实践之前，应该对其有正确的认识。改革开放以来，对邓小平理论及邓小平思想生平的研究是显学，成果众多，但该领域还存在许多空白和误解。比如，许多反对邓小平和改革开放的人士污蔑邓小平理论就只是"猫论"和"摸论"，这当然是错误的，问题是现实中很多研究者确实是仅从"猫论"和"摸论"这样简单化的角度去理解和阐释邓小平理论的，这种做法在理论上和实践中都是有害的。本书的研究，虽

---

[1] 习近平：《在广东考察工作时的讲话》（2012年12月7日—11日），中共中央文献研究室编《习近平关于协调推进"四个全面"战略布局论述摘编》，中央文献出版社2015年版，第51页。

[2] 习近平：《在十八届中共中央政治局第二次集体学习时的讲话》（2012年12月31日），中共中央文献研究室编《习近平关于协调推进"四个全面"战略布局论述摘编》，中央文献出版社2015年版，第52页。

[3] 习近平：《在广东考察工作时的讲话》（2012年12月7日—11日），中共中央文献研究室编《习近平关于全面深化改革论述摘编》，中央文献出版社2014年版，第30页。

然难以避免有错误之处，但是力求通过可靠的史料追寻邓小平思想的本真，并如实地呈现出来，以达到"悟原理"的目标，为新时代中国特色社会主义的崭新实践尽一份力量。

本书的研究对象即邓小平南方谈话的相关历史事实、邓小平的思想发展历程和南方谈话对思想及实践的历史影响。

本书的研究范围以与南方谈话相关为界限，如邓小平许多未在南方谈话中阐释的重要思想观点不在研究范围。

具体来说，与前面提出的原创性问题相对应，本项研究的具体目标包括：

1. 梳理邓小平提出并回答南方谈话主要理论问题的思想脉络；

2. 考证一些南方谈话相关史实细节；

3. 探索南方谈话的思想与实践意义；

4. 构成统一整体，为南方谈话研究领域提供一定的补充和借鉴。

二、对已有研究的回顾和展望

南方谈话是改变中国历史进程的大事件，具有非常深远的现实意义和理论意义，是全社会学习、宣传和谈论的重要话题，因此也是学术界研究的热点问题。自南方谈话发表以来，已经过去了20多年，伴随着中国的国家和社会面貌发生的重大变化，学术界对南方谈话进行了全方位、多角度的研究，产生了丰硕的成果。据笔者目前统计，在这一研究领域有专著三十余部，国内外各类论文或纪念文章近千篇。详细情况已另外成篇，形成五万余字的文献综述，这里不再详述，仅概括如下：

(一)国内研究情况

在国内研究方面,由于对南方谈话的研究具有很强的政治性和现实针对性,所以呈现出波浪式前进的特点。一方面,相关研究整体上从未间断地持续向前推进;另一方面,几个重要的纪念日成为研究成果最为集中的爆发点。同时,国内是该领域研究的主要阵地,上述的近千篇(部)研究成果,主体是在国内产生的;最高水平、最具前沿性的研究成果,也主要产生于国内。

从1992年开始至2001年是该领域研究的起步阶段。这一阶段包括了南方谈话甫一发表后的宣传与学习,还包括理论界纪念南方谈话发表一周年和五周年的相关研究,1997年邓小平逝世后中央对南方谈话的历史评价等。这一阶段,国内关于南方谈话的研究已经全面启动,正逐渐深化和专业化,出现了专题性研究的趋势。

从2002年到2011年是南方谈话研究的第二阶段,在上一阶段全面启动的基础上,本阶段的研究概况最基本的特征是平稳发展。其中,2002年该领域的研究迎来了第一个小高潮,一举奠定了具规模、成体系、有重点的研究格局,标志着南方谈话研究正式成为学术界一个长期的、重要的选题,专题性研究导向开始形成并逐渐深入。这一阶段,研究的深度和广度不断拓展,政治性的"口号"式宣传不断减少,学术性的探讨不断加强,专题性研究已经渐趋成熟,并产生了诸多亮点。

2012年是邓小平发表南方谈话二十周年。以周年纪念为绝佳契机,2012年国内南方谈话研究迎来了井喷式的爆发。根据笔者目前统计,2012年理论界、学术界围绕南方谈话公开出版或发表各类研究成果达三百余篇(部),占据了该领域研究总量的三分之一强的份额。2012年是国内南方谈话研究的一个特殊阶段,形成了目前国内该领域研究的高峰，产生的学术成果在数量、质量、深度、广度等方面均达到相当高的水平，在基本问题研究渐趋成熟的基础上，专题性研究展现出无限活力，并出现了新的研究视角，构成了该领域研究向更深层次、更高水平前进的牢固根基。

2012年以后是国内南方谈话研究的最新阶段，经过了2012年的研究高峰，本阶段开启了该领域研究新的酝酿和平稳发展阶段，虽然在成果数量上有所回落，但仍然保持了相当的规模，细致深入、具有创新精神的专题研究成为最重要的发展方向，并且涌现出新的研究思路和年轻学者，研究领域呈现出向更高水平继续攀登的可喜景象。

（二）国外研究情况

国外南方谈话研究虽然不及国内深入和广泛，但也产生了一批学术成果，其关注的长期性和独特角度也值得借鉴，在国内进行该领域的研究时绝不能忽视。

国外学术界对南方谈话开展研究的过程，大体上可分为20世纪90年代和新世纪两个阶段。相对而言，前一个阶段数量较多，后一个阶段较为深入。

由于邓小平的巨大国际影响力，早在1992年1、2月，国外媒体就出现了对邓小平南方视察的新闻报道。到5月，国外一些研究中国问题的专家学者开始对邓小平刚刚发表的南方谈话进行评析，由此开始研究。

此后，在国外进行的邓小平和改革开放相关研究，南方谈话是其中的重要命题。随着《邓小平文选》第三卷等著作的出版，国外学者也可以较全面、准确地接触到南方谈话的内容，相关研究也得以继续发展。

90年代国外学术界对南方谈话的研究,一方面是研究在邓小平的政治生涯中南方谈话的地位;另一方面是考察南方谈话对新时期中国改革开放发挥的重要作用。还出现了对南方谈话的专题研究,如美国科尔比学院政府系助理教授赵穗生于1993年8月发表的《邓小平南方视察:后天安门时期中国的精英政治》一文指出:邓小平此次南方视察是1989年到1992年"最引人瞩目的政治事件";邓小平南方视察多次强调"发展";此显示,邓小平仍为"中国最强大人物","希望在其余年有巨大成就"。[1]

进入新世纪,国外关于南方谈话的研究虽然不如之前集中,但更加深入。

进入新千年,随着中国综合国力的提升,南方谈话对中国和世界的深远影响逐渐被国外学者认同。有西方学者提出南方谈话是"中华人民共和国历史上重要的政治里程碑"。[2]这一时期国外产生的关于邓小平的著作中,都把南方谈话作为其中的重要章节。同时,国外对南方谈话的专题性研究也在发展,甚至出现了专门的研究著作,这就是2001年新加坡国立大学东亚研究所黄朝翰和郑永年主编的《南巡遗产和邓后时代的中国发展》[3],是目前看到的唯一一本国外学术界关于南方谈话的专题研究著作。

围绕南方谈话国外学术界研究的主要问题与国内研究的基本

---

[1] Suisheng Zhao, "Deng Xiaoping's Southern Tour: Elite Politics in Post—Tiananmen China", *Asian Survey*, Vol.33, No.8(Aug., 1993), pp.739—756.

[2] John Wong and Zheng Yongnian eds, *The Nanxun Legacy and China's Development in the Post—Deng Era*, World Scientific Press, 2001.

[3] John Wong and Zheng Yongnian (eds.), *The Nanxun Legacy and China's Development in the Post—Deng Era*, World Scientific Press, 2001.

问题大体相同，主要方面也没有突破国内研究的范围，而在一些视角、观点、表述、思维方式和侧重点方面则存在差异。国外对南方谈话的研究起自对中国时政的观察，并且保持了长久的关注度，从总体上看，国外学者对南方谈话的研究无论是数量还是质量上都仅次于对邓小平"三落三起"传奇经历的研究。由于存在材料、立场等方面隔膜，国外对南方谈话的研究存在不少误差和曲解，不能代表该领域研究的主流和最高水平。尤其是很多西方学者站在其政治立场上始终认为南方谈话是将中国引导到资本主义道路上去的，这是我们决不能同意的。但是，国外对南方谈话的研究中体现出来的许多独特视角、分析方法，以及很多独到见解，都非常具有启发性，是我们在进行该领域研究时必须参考和借鉴的。

（三）总结与展望

1. 研究概况

总的来说，对南方谈话的研究概况呈现出三个特点：其一是数量大，范围广；其二是点与线相结合；其三是线与面相结合。

其一，数量大，范围广。南方谈话发表以后，很快就有相关研究成果出现，此后一直是学术界关注的热点命题，持续了二十多年，从而产生了丰硕的研究成果。从总量上看，在这一研究领域有专著三十余部，国内外各类论文或纪念文章近千篇，仅2012年一年就达到三百余篇（部），这是大多数命题无法企及的，反映了这一选题的重要性和生命力。同时，围绕南方谈话学者们进行了非常广泛的研究，选取材料、观察角度、论述方式、观点见解都很丰富，形成了具规模、成体系、有系统的宏大研究格局，构成马克思主义中国化和中国特色社会主义理论体系研究中的一个重要方阵，也是我们可以不断汲取营养的思想宝库。

其二，点与线相结合。这里"点"指的是南方谈话这一历史焦点；"线"指的是研究的时间线。对于南方谈话这一历史事件本身，学术界自然投入了很多的关注，但是绝非局限于此，学者们对南方谈话的研究迅速跨越了时空的界限，呈现出宽广的视野和多层次的视角。更重要的是，对南方谈话的研究伴随着中国特色社会主义事业实践的发展，不断结合新的情况实现对传统命题研究的深入、新研究热点的产生、新材料和跨学科的运用。当理论面临创新的压力，实践面临新的问题和挑战时，学者们也非常自觉地在南方谈话中不断发掘新的资源，从而实现了该领域研究的与时俱进和不断深化，构成了南方谈话研究持续二十多年的成长谱系。

其三，线与面相结合。这里的"线"指的是研究线索，"面"指的是专题研究的覆盖面。随着南方谈话研究的发展和深化，形成了多条比较明确的研究线索，也就是研究的发展方向。这其中包括一些传统的命题，如南方谈话的主要内容、历史背景、理论及实践意义等，相关研究已经非常充分和成熟；也有越来越多的新命题和新思路，沿着这些研究线索，以专题研究为主要形式，构成了非常宽广的研究覆盖面。发展至今，对南方谈话的研究延伸到各个相关领域，不断拓展着南方谈话研究的空间，保证了该领域研究的先导性和前沿性。

总之，对南方谈话的研究是过去二十多年本学科最重要的研究领域之一。

2. 缺陷与不足

尽管对南方谈话的研究规模庞大、成果众多，但仍然存在一些缺陷与不足：一是重理论阐发而轻实证研究。由于南方谈话丰富的理论内涵和巨大的指导效能，大量研究成果都是从某一个角度对南方谈话某一些内容的理论进行分析和阐发，这自然有其研究价值，但也存在盲点。例如南方谈话的主要内容已经被从多种角度和方式进行了归纳，明确了十余个重要的理论问题，对这些问题的内涵、外延、指导意义、实践价值等方面，学术界已经进行了许多的阐发，但是却忽略了邓小平提出和回答这些问题的思想脉络和逻辑演进，也就是说专注于结果和忽视了起因和经过，在基础性的实证研究方面存在着一些空白或薄弱环节。二是多重复表述而少挖掘创新。在千余篇（部）的作品中，确有一部分只是对已有成果的重复表述，或与新生现实的简单结合，经过二十多年的系统研究，新产生的作品要有所创新确非易事，但是这并不意味着该领域研究已经饱和，事实上还有大量的研究空间未被开拓，许多重要问题未被完全认识清楚，经历了几个研究高峰后，问题意识和创新能力不足是目前该领域研究的主要矛盾。

3. 趋势与展望

从长远来看，南方谈话还将作为重要的研究命题继续保持其巨大的理论价值和实践意义，学术界也必将创造更多的更高水平的研究成果，并且不断与新的社会实践相结合。从趋势上看，一些传统的研究命题还将继续吸引目光，并随着理论和实践的进展不断被发掘出新的内容；新视角、新方法和跨学科视野将更多地被运用于该领域研究；最为重要的是，具有创新性的专题研究将成为南方谈话研究取得新成就、攀登新高度、发挥新作用的主要增长点。该领域期待在空白或薄弱环节诞生具有问题意识和创新精神的新成果。

上 篇

时间·人物
SHANGPIAN
SHIJIAN RENWU

1992年1月18日，邓小平抵达武昌火车站，中共湖北省委书记关广富等前往迎接（左）

1992年1月20日上午，邓小平到深圳先科激光公司视察（右）

第一章
南方谈话产生的历史节点

南方谈话是在中国面临国际格局剧变和国内政治风波严峻考验的重大关头诞生的。关于这一历史节点的研究很多，本书仅简要概述。

一、南方谈话发表时的国际形势

20世纪80年代末90年代初，是世界格局发生深刻变动的时期。苏联解体和东欧剧变，使长期对立的美苏两极格局终结，各种力量重新分化组合，世界向着多极化方向发展。这对于中国的改革开放来说，既是重大机遇，又是严峻挑战。

具体来说，从1989年下半年开始，在东欧各国长期执政的共产党先后失去执政地位。11月，冷战的象征——"柏林墙"被推倒。1991年12月，苏联和十一个共和国领导人签署《阿拉木图宣言》，世界上第一个社会主义国家解体，社会主义阵营分崩离析。苏联解体、东欧剧变的发生，使国际共产主义运动遭受到严重挫折而暂时处于低潮。这既让一些人对社会主义前途和命运产生了忧虑；也给中国的社会主义建设提供了深刻教训。以苏联为首的东欧社会主义国家，在计划经济取得快速发展后，没有及时对政治经济形势的新变化做出分析，导致体制僵化，脱离群众，出现经济危机，后来在改革中也没有把握住正确方向，最终红旗落地，国家变色。如何从历史演进的角度看待社会主义，并且吸取教训，找到一条正确的社会主义建设道路，成为中国需要解答的重要问题。

苏联解体、东欧剧变后，国际反共反社会主义势力把"和平演变"的矛头直接对准了中国，在政治、经济、思想等方面对中国施加压力，扬言资本主义对社会主义将"不战而胜"。他们利用广播、书刊、电视等多种渠道进行意识形态的渗透，支持和扶植各种反共反社会主义的活动，同时以"人权"等各种借口对中国施加政治压力、经济"制裁"，使中国外交一度面临困难局面。

而资本主义本身已经度过了战后危机，新的科学技术革命使生产力得到迅速发展，特别是亚洲"四小龙"和"四小虎"先后崛起，差距的日益明显，给我国的社会主义经济建设带来了更大压力。有压力也有机遇。冷战格局被打破后，和平与发展成为时代主题。政治多极化及经济全球化的大变动、大改组，为我国的改革开放提供了重要机遇。

一方面，多极化有助于维护世界和平、减少局部冲突，建立一个公正合理的国际新秩序，这在客观上有利于发展中国家人民维护根本利益，为我国争取了发展经济的宝贵时间，提供了更大的回旋余地。

另一方面，全球化进程的加快，世界范围内经济结构调整的继续进行，高新技术产业的迅猛发展，为我国广泛参与国际分工、加速社会主义建设提供了有利的外部条件，也促使我们反思，如何发挥后发优势，增强竞争，探索新条件下社会主义发展的新路径。

苏联、东欧国家在剧变之后，向全世界打开了包括几亿人口的巨大市场，世界市场开始真正形成，西方发达国家闻风而动，这是一个突出的发展机遇与严峻挑战并存的历史时刻。面对这样的国际局势，中国采取怎样的策略，关系着国家和民族命运的盛衰成败，亟待做出回答。

二、南方谈话发表时的国内形势

南方谈话之时，我国面临的国内形势同样十分复杂。经济结构矛盾日益突出，其他领域面临的形势也很严峻。

其一，1989年的政治风波影响了改革开放事业的顺利发展。20世纪80年代末，在国际敌对势力的煽动下，国内也出现了一股盲目崇拜西方资本主义国家、否定共产党的领导、否定社会主义制度的资产阶级自由化的思潮，最终酿成了一场政治风波。这场风波引起了社会的极大震动，以美国为首的西方国家也以此为借口掀起反华浪潮，对中国施加政治压力和进行所谓的经济"制裁"。1989年，国内引进的外资减少了近一半，造成了一些工业部门生产和人民生活的困难，干扰了改革开放和现代化建设的进程。

其二，经济运行中存在的深层次问题尚未得到解决。20世纪80年代以后，中国的全面经济体制改革取得巨大成就，国家的面貌发生了深刻变化，绝大多数人过上了温饱生活。但与此同时，也出现了一些矛盾和困难。从1984年下半年开始，通货膨胀加剧，社会生产和消费总量不平衡，经济秩序混乱。1988年"价格闯关"受挫，经过治理调整，过旺的社会需求得到控制，但国民经济发展的难关尚未渡过，国民生产总值增长率很低。如何在经济环境中缓解总需求超过总供给的矛盾，整顿生产、建设、流通和分配中的混乱现象；如何在体制改革上增强企业，特别是大中型国有企业的活力，成为需要重点解决的问题。而这些问题的核心在于原有计划经济体制被打破，而新的经济体制尚未完全建立起来。既非集中计划经济，又非有计划的商品经济，新、旧两种体制都不健全，都不能很好地发挥作用。

其三，一些重大理论问题尚未取得共识，党内外"左"倾、右倾思潮，特别是"左"倾思潮有所抬头。比如在姓"社"姓"资"的争论中，把改革开放说成是引进和发展资本主义，认为多一分外资就是多一分资本主义，多发展一些私营企业和个体经济就会改变社会主义性质，乡镇企业是党内和社会上不正之风的来源，农村家庭承包制是集体经济瓦解的根源；在市场经济与计划经济的问题上，认为计划经济是社会主义经济的一个基本特征，搞市场经济就是取消公有制，就是否定党的领导，否定社会主义制度；在党的工作中心上，"以阶级斗争为纲"再次抬头，认为党和国家面临着阶级斗争与全面建设的双重任务，只有正确估量和进行阶级斗争，才能保证现代化建设的社会主义方向，等等。在这些思潮的影响下，有人对党的基本路线发生动摇，对改革开放的方向产生怀疑，而这恰恰不利于经济建设。正如邓小平在南方谈话中指出的："现在，有右的东西影响我们，也有'左'的东西影响我们，但根深蒂固的还是'左'的东西。""右可以葬送社会主义，'左'也可以葬送社会主义。"①

1989年6月，在党的十三届四中全会上，形成了以江泽民为核心的党中央第三代领导集体。新的中央领导集体，一手抓治理整顿、深化改革，一手抓党的建设、精神文明建设和思想政治建设。到1992年，全国政治局面趋向稳定，经济形势逐步好转，思想战线出现新的转机。特别是根据党的十三届五中全会《关于进一步治理整顿和深化改革的决定》精神进行的三年治理整顿的结束和"七五"计划的完成，为加快改革开放和社会主义现代化建设创造了有利条件。一定程度的物质基础积累起来，再加上较为宽松的经济环境和国家对经济发展宏观调控能力的大为加强，都为我国经济的进一步发展奠定了扎实的基础。只是，在国际国内的复杂形势下，中国该举什么旗、走什么路？中国的改革开放又该如何谋划、如何发展？这些都成为必须从理论上给予明确答复的重大政治问题。

1992年，不仅改革走到了重大的历史关头，党也将根据五年召开一次全国代表大会的惯例，召开第十四次全国代表大会。对于这次大会，国际国内都十分关注。人们都期待着在这次会上能对中国未来的道路和发展问题给予清晰的解答，从而澄清疑惑，统一思想，凝聚力量。因此，召开这次大会必须要有充分的理论准备和思想准备。此时的邓小平，虽然已经不再担任领导职务，但仍然心系改革开放事业，没有停止思考、追求、探索社会主义。而南方谈话的发表，既是在酝酿党的十四大的过程中经过深思熟虑形成的，又为党的十四大的召开做好了理论准备。3月9日、10日，中央政治局专门开会讨论这篇谈话，并决定以南方谈话为指导思想起草十四大

---

① 《邓小平文选》第3卷，人民出版社1993年版，第375页。

报告。党的十四大报告从1992年2月开始起草，起草小组按照中央政治局常委会和江泽民总书记的要求，以邓小平南方谈话为指导写出第一稿；经政治局常委会、政治局会议多次修改后，报告第六稿发到全国一百一十九个地方、部门和单位征求意见，三千多人参加了讨论，报告还征求了民主党派、无党派知名人士和一些德高望重的老同志、有关专家学者的意见。①党的十四大通过的已是报告的第十一稿，是全党集体智慧的结晶。以邓小平南方谈话和党的十四大作为标志，我国改革开放和社会主义现代化建设进入新的发展阶段。

---

① 陈雪薇：《十一届三中全会以来重大事件和决策调查》，中共中央党校出版社1998年版，第501—506页。

第二章
邓小平的个人特质与南方谈话的产生

邓小平不是奉行官僚哲学的政客，而是具有鲜明个性特征的政治家，其卓越的个人魅力举世闻名。不过，以往在对像南方谈话这样的重大历史事件的研究中，对当事人的个人特点与历史事件的关系关注得还不够。相对而言，国外学者在这一方面的研究值得借鉴，尽管其观点不一定准确。比如，在1977年至1989年间曾14次与邓小平会晤，并帮助安排了邓小平1979年访问美国之行的美国东西方中心原主席迈克尔·奥克森伯格就认为："邓小平的南方之旅很简单，但是它传达出的却是邓小平作为一个伟大政治家的品质。""邓小平之所以能够发表南方谈话，与他个人品质关系很大，包括他的雄心壮志、他对中国未来的构想和他的政治力量，这些因素使邓小平能够在发起新一轮改革方面有很大的自主权。"①

事实上,邓小平之所以发表南方谈话当然与其个人特点有密切联系,这包括从外在到内心的多个层面,如系统探讨将是一个非常宏大的题目,篇幅所限,这里仅从形式的方面进行讨论。概括来说,至少从以下四个方面,可以看出南方谈话的产生与完成形态和邓小平的个人特质的关系。

一、邓小平善于使用"谈话"的工作方法

对于大多数人来说,表达思想主要有两种方式:一是说,即语言;二是写,即文字。二者有显著区别,但是很多时候又可以相互转化。在我国古代,先秦诸子散文就有谈话式,一部《论语》即是将孔子及其弟子的谈话收录整理而成的经典;在西方也是如此,比如西方哲学家公认的"哲学大全"——柏拉图的《理想国》,和他大多数著作一样是以苏格拉底为主角用对话体写成的。到了近代,尤其在政治领域,这样的转化更加普遍,一篇精心撰写的讲话稿可以催生出著名演讲,一次精彩的即席谈话经过记录整理可以流传为文学名篇,这样的例子不胜枚举。中国共产党的许多领袖都能谈善写,这是他们重要的工作方式,既在政治上发挥了重要的历史作用,更给我们留下了宝贵的思想和理论财富。毛泽东、邓小平都是其中的卓越代表。邓小平富有特色的"谈话"早已闻名遐迩,翻开

---

① Michel Oksenberg, "Deng Xiaoping's Nanxun in Perspective", John Wong and Zheng Yongnian eds, *The Nanxun Legacy and China's Development in the Post—Deng Era*, World Scientific Press, 2001, pp.19—26.迈克尔·奥克森伯格(Michel Oksenberg)于2001年2月22日病故,年仅62岁。

《邓小平文选》，经典的"谈话"比比皆是，这一特点不需要再详加评述。但讨论这一问题，首先要澄清一个误解，除了许多精彩的"谈话"，在邓小平漫长的革命生涯中，阅读、调研和写作也是其工作和生活的重要组成部分。

（一）邓小平的"谈话"以阅读、调研和写作为基础[①]

首先看邓小平的阅读。他在南方谈话中说："我读的书并不多，就是一条，相信毛主席讲的实事求是。"[②]与富有诗人气质、经常引经据典的毛泽东相比，邓小平给人的印象是沉默寡言、讲话朴实无华。但是邓小平并非真的"读书不多"，相反，他一生喜欢读书，而且是博览群书。

在家乡广安，邓小平从1909年私塾发蒙到考入广安县立中学，接受的是中国传统的国学教育，他不仅书读得好，字也写得不错。十六岁时，邓小平远渡重洋，从留法勤工俭学到赴苏联学习，在欧洲六年多不平凡的留学生活中，他没有太多安静读书的日子，却在浪漫的法兰西接触了马克思主义，成长为一名坚定的共产主义者和职业革命家。《共产党宣言》《共产主义ABC》这些地下印刷的小册子成为邓小平的启蒙读物，以至于法国警察在搜查他的住所时找到的都是这些书。南方谈话时，邓小平还说："我的入门老师是《共产党宣言》和《共产主义ABC》。"[③]来到红都莫斯科，尽管只有十个月，但那是邓小平唯一接受正规高等教育的快乐时

---

① 本小节的部分内容，已发表在《党的文献》2011年第8期，题为《邓小平的"算账"决策方法》。
② 《邓小平文选》第3卷，人民出版社1993年版，第382页。
③ 《邓小平文选》第3卷，人民出版社1993年版，第382页。

光。当时的他这样说道："我更感觉到我对于共产主义的研究太粗浅"，"我能留俄一天，我便要努力研究一天，务使自己对于共产主义有一个相当的认识"。①邓小平如饥似渴地读书，他在填写的党员调查表上如实地写下了自己的读书情况："马克思、恩格斯：《共产党宣言》，孙文：《建国方略》、《民族主义》、《民权主义》、《孙中山先生演讲录》、《国民党演讲集》二集，《陈独秀先生演讲录》。""《新建设》、《新青年》、《向导》、《中国青年》、《广州民国日报》。"②战争时期，主政西南，十年总书记，繁忙的工作没有给邓小平太多的空余时间，但是他从来没有放松过学习，更没有远离书本。据他的老部下刘复之回忆："他（邓小平）好读书，在艰苦的战争岁月，我几次在行军出发前整理文件挑子，箱子里总装几本书，有马列的书，也有小说。我清楚地记得有一本是列夫·托尔斯泰的《战争与和平》。"③在江西的日子，邓小平差不多每天上午去工厂参加劳动，把下午和晚上的时间都用来读书，而且"每日都读至深夜"。他的小女儿邓榕在谈到邓小平这段特殊的读书生活时说："在孤寂的年代，靠着读书，可以疏解寂寞，可以充实生活，可以增长知识，可以陶冶情操，可以安静心灵。父母亲都喜欢看书，在闲暇的午后，在万籁俱静的夜晚，书，陪伴着他们共度岁月。"④历史转折之后，第三次复出的邓小平以常

---

① 中共中央文献研究室编：《邓小平年谱（1904—1974）》（上），中央文献出版社2009年版，第28页。
② 中共中央文献研究室编：《邓小平年谱（1904—1974）》（上），中央文献出版社2009年版，第28页。
③ 刘复之采访记录，2004年。
④ 邓榕：《我的父亲邓小平——"文革"岁月》，中央文献出版社2010年版，第133页。

人难以想象的魄力与活力,开创了一个崭新的时代,在夜以继日的繁忙工作中,阅读依然是他每天的必修课。据邓榕回忆:"父亲没有看过《马克思恩格斯全集》,他看的是《马克思恩格斯选集》,通读了《列宁全集》。""他最喜欢中国古典史书,特别是《资治通鉴》。《资治通鉴》不知道看过多少遍了,应该叫熟读。他通读'二十四史',喜欢里面的《新唐书》和《后汉书》。老爷子还特别爱看《三国志》。""政治人物传记看得多,主要是二战,跟他自己的军事生涯有关的,比如苏联的《朱可夫回忆录》等,他很注意地看过。"[①]邓小平还喜欢看地图和字典等工具书,他的办公室里有一部线装的《康熙字典》,已经被他翻得非常破旧了。广泛阅读的经历,与邓小平"谈话"的内容联系密切,如同他的秘书王瑞林所说:"首长每天都要读大量的文电、资料和书籍,包括国外的很多资料,从不间断,所以他总有比常人更高的眼界,总能提出一些新概念、新提法,比如'小康'、'有中国特色的社会主义'。这些想法彻底地改变了中国,融入了中国百姓的日常生活。"[②]

再来看邓小平的调查研究,邓小平称自己是"实事求是派",思考问题、制定政策都坚持一切从实际出发,理论联系实际,尊重实践。他非常重视调查研究,经常深入工厂和农村,了解实际情况和群众的真实想法,以凭决策。在调研过程中,"喜欢问数字,爱算账"是其重要特点。

1948年4月25日,刘伯承和邓小平正带领部队在大别山区奋战,过去九个月仅歼敌四个旅,有人怀疑局面变坏了。邓小平在鲁

---

① 邓榕采访记录,2004年。
② 王瑞林采访记录,2014年。

山报告中指出:"其实只要好好地算算账,就会懂得的。"他用数字分析形势。首先,"从战略上我们由防御转为进攻,前进了一千里,占领了四千五百万人口的区域","在敌人控制的三万万人口里面,去掉了将近六分之一"。其次,消灭敌人,"全国战场自一九四六年七月到一九四八年二月,共歼敌将近二百一十万人,三月份至少歼敌十几万人","我们吃了苦头,但是换得了更大的胜利,对敌人的打击更沉重了,而且我们的队伍也在发展壮大"。经过"算账"他得出结论:"从总体上说,力量比过去大了。"①随后,他又用"算账"的方式提出了工商业政策:"说不让资本家剥削,听起来是革命思想,一算账就知道这不是革命思想,并可使革命遭受失败。我大军在中原,几十万人要吃饭,要穿衣,不注意工商业,根本不能维持。"②正是根据精密计算,中原战场上的三路野战军制定出正确的政策策略,夺取了反攻胜利。

而反映这种调查研究风格,最典型的是邓小平制定中国现代化"三步走"战略。1978年前后,邓小平频繁出访,总是要求参观所访国最先进的工业和高科技项目,通过实地考察,反复询问,计算中国与世界的实际差距。在日本,邓小平到神奈川县日产汽车公司的工厂车间参观,当了解到那里的劳动生产率比当时中国长春第一汽车制造厂高几十倍时,他说:"我懂得什么是现代化了。"③从实际出发,邓小平提出"中国式的现代化"的概念,即到20世纪末达到发达国家20世纪70年代的水平。邓小平估计,到20世纪末,我们的人均国民生产总值能达到一千美元左右。怎样得出的这个数字?

---

① 《邓小平文选》第1卷,人民出版社1994年版,第98页。
② 《邓小平文选》第1卷,人民出版社1994年版,第106页。
③ 李岚清:《突围》,中央文献出版社2008年版,第58页。

1979年10月4日，邓小平在省、市、自治区党委第一书记座谈会上公布了自己的"账目"："据澳大利亚的一个统计材料说，一九七七年，美国的国民生产总值按人口平均为八千七百多美元，占世界第五位。第一位是科威特，一万一千多美元。第二位是瑞士，一万美元。第三位是瑞典，九千四百多美元。第四位是挪威，八千八百多美元。我们到本世纪末国民生产总值能不能达到人均上千美元？"[1]得出人均国民生产总值一千美元的标准，邓小平的账还远没有算完，因为这个目标能否达到还不得而知。为此，1980年6、7月间，他先后到陕西、四川、湖北、河南等地考察。7月22日，他对河南省委负责同志说："对如何实现小康，我作了一些调查，让江苏、广东、山东、湖北、东北三省等省份，一个省一个省算账。""你们河南地处中原，你们算账的数字是'中原标准'、'中州标准'有一定的代表性。"[2]考察期间，他反复说"要认真算账"。经过实地考察和计算，邓小平感到人均国民生产总值一千美元可能难以达到，于是又作了调整。1981年4月14日，他在会见外宾时介绍："经过这一时期的摸索，看来达到一千美元也不容易，比如说八百、九百，就算八百，也算是一个小康生活了。"[3]邓小平提出：到20世纪末人均国民生产总值争取达到一千美元，最低达到八百美元。目标确定后，邓小平又开始计算其能否按时实现。1983年2月，邓小平到江苏、浙江、上海等地考察。十多天时间里，他反复询问：到

---

[1] 《邓小平文选》第2卷，人民出版社1994年版，第194页。
[2] 中共中央文献研究室编：《邓小平年谱（1975—1997）》（上），中央文献出版社2004年版，第659页。
[3] 中共中央文献研究室编：《邓小平年谱（1975—1997）》（下），中央文献出版社2004年版，第732页。

2000年，能不能实现翻两番？有没有信心？人均八百美元，达到这样的水平，社会上是一个什么面貌？令邓小平高兴的是，各地呈现出良好的发展态势，"人们喜气洋洋"①。在不断完善小康社会目标的基础上，邓小平又开始进一步思考中国下一个世纪的发展目标。1987年4月16日，他在会见香港特别行政区基本法起草委员会委员时，又算了一笔账："到本世纪末，中国人均国民生产总值将达到八百至一千美元，看来一千美元是有希望的。世界上一百几十个国家，那时我们恐怕还是在五十名以下吧，但是我们国家的力量就不同了。那时人口是十二亿至十二亿五千万，国民生产总值就是一万至一万二千亿美元了。"②接着指出：更重要的是，有了这个基础，再翻两番，达到人均四千美元的水平，在世界上虽然还是在几十名以下，但是中国那时十五亿人口，国民生产总值就是六万亿美元，这个数字肯定是居世界前列的。时至今日，我国即将全面建成小康社会。注重调查研究，"爱算账"，为邓小平的"谈话"奠定了坚实的科学基础。

最后来看邓小平的写作。邓小平一生并没有文学性的创作，1993年底在视察上海浦东建设情况时说过一句诗一般的话："喜看今日路，胜读百年书。"③算是唯一的例外。但是，从早年在法国参加革命时从事《赤光》杂志文章的编辑和写作，到长征时期担任《红星报》的主编，再到逐渐担任党政军的高级领导人员，工作用的报告、总结、评论等文章，邓小平写得非常多，而且水平很高，

---

① 《邓小平文选》第3卷，人民出版社1993年版，第24页。
② 《邓小平文选》第3卷，人民出版社1993年版，第215—216页。
③ 中共中央文献研究室编：《邓小平年谱（1975—1997）》（下），中央文献出版社2004年版，第1367页。

堪称范文。毛泽东对邓小平的公文写作非常赏识，在批示中经常有"此报很好"、"内容极好"、"极可宝贵"、"非常好"之类的赞语。

邓小平曾经总结："拿笔杆是实行领导的主要方法。领导同志要学会拿笔杆。开会是一种领导方法，是必需的，但到会的人总是少数，即使做个大报告，也只有几百人听。个别谈话也是一种领导方法，但只能是'个别'。实现领导最广泛的方法是用笔杆子。用笔写出来传播就广，而且经过写，思想就提炼了，比较周密。所以用笔领导是领导的主要方法，这是毛主席告诉我们的。凡不会写的要学会写，能写而不精的要慢慢地精。""'笔杆子太重'，不会写，怎么办？要同各地区领导同志谈通，说明拿笔杆的重要、新闻工作的重要，不懂得用笔杆子，这个领导本身就是很有缺陷的。写文章也不是很困难，主要是要意思好。领导同志具备这个条件：了解情况比较多，看问题比较全面、正确。技术方面的问题是次要的，自己努力，别人帮助，慢慢就会提高。"[①]他本人就是善拿"笔杆子"的典范。

邓小平的写作特点，首先是简明扼要，条理清晰。比如，1944年7月，毛泽东给七个地方的中央局或中央分局负责人发了一封电报，列举了"请予电复"的十个问题，内容涉及各抗日根据地工作的各方面内容。邓小平的复电仅七百余字，但十个问题均答复得非常清楚。因此，毛泽东致电邓小平："关于十个问题的答复，早已收到，内容极好。除抄给此间许多同志阅读外，并转发各地参考。

---

① 《邓小平文选》第1卷，人民出版社1994年版，第145—146页。

我完全同意你们的路线,望坚持贯彻下去。"①其次是内容切合实际,行之有效。比如,1948年1月,毛泽东就新解放区各项政策问题询问邓小平,后者数电答复,很有见地。2月17日,毛泽东批转了其中的《新区土改政策之补充意见》,并在按语中说:"小平所述大别山经验极可宝贵,望各地各军采纳应用。"②第三,邓小平的写作效率也很高。比如1948年1月,中共中央发出《关于建立报告制度》,适应解放战争的需要,规定各中央局和分局由书记负责,每两个月向中央和中央主席做一次综合报告。当时邓小平任中原局书记,带领晋冀鲁豫野战军正在大别山区奋战,斗争环境极其艰险,但从那时起,一直到1952年调到中央工作,除特殊情况向中央申明原因外,他坚持每两个月向中央书面报告一次。毛泽东评价:"书记在前线亦是可以做报告的,邓小平同志在大别山那样紧张的环境亦做了几次很好的报告。"③邓小平写作的形式与风格,与他的"谈话"完全一致,长时间的写作训练,也培育了其朴实无华、直率简洁,却又内涵丰富、引人入胜的表达方式。正如毛泽东所说:"看邓小平的报告,好像吃冰糖葫芦。"④

在阅读、调研和写作的坚实基础上,再加以深入的思考,邓小平的"谈话"才具备了特殊的力量,在邓小平成为中国共产党第二代中央领导集体的核心后,作为其阐述观点、作出决策、推动改

---

① 中共中央文献研究室编:《毛泽东年谱(1893—1949)》(修订本)中册,中央文献出版社2013年版,第569页。
② 中共中央文献研究室编:《邓小平年谱(1904—1974)》(中),中央文献出版社2009年版,第716页。
③ 中共中央文献研究室科研管理部编:《邓小平著作是怎样编辑出版的》,中央文献出版社2010年版,第58页。
④ 中共中央文献研究室科研管理部编:《邓小平著作是怎样编辑出版的》,中央文献出版社2010年版,第58页。

革、排除干扰的一种重要工作形式,承担起邓小平理论发展形成重要载体的历史使命。

(二)邓小平的"谈话"如何发挥历史作用[1]

作为世界瞩目的政治领袖,邓小平发表的许多谈话往往受到外界的普遍关注。但历史是复杂的和具体的,实际上邓小平的许多有重要理论意义的讲话有的长时间并不为外界所知,有的经历了很多步骤才在政治上发挥作用,甚至还有一些并没有在实际中产生效用。比如,早在1979年11月26日,邓小平在会见美国不列颠百科全书出版公司副总裁弗兰克·吉布尼和加拿大麦吉尔大学东亚研究所主任林达光等时,就提出了社会主义也可以搞市场经济的思想:"说市场经济只存在于资本主义社会,只有资本主义的市场经济,这肯定是不正确的。社会主义为什么不可以搞市场经济,这个不能说是资本主义。"[2]而社会主义市场经济是到1992年党的十四大才确立的改革目标,在1979年"社会主义也能搞市场经济"这个观点,当时在国内提出条件还很不成熟,所以虽然邓小平已有一个初步的想法,但是他在国内谈话中并未提及。这次外事谈话,虽然是目前可见最早提出"社会主义也可以搞市场经济"的重要理论节点,但在很长一个时期并没有在国内公布。探讨邓小平的"谈话"如何发挥历史作用,可举一例以做说明,这就是邓小平在十一届三中全会这一历史转折的关键时刻发挥的作用。

1978年以十一届三中全会为标志的历史转折,开创了我国改

---

[1] 本小节部分内容已发表在《党的文献》2012年第5期,题为《邓小平两次外事谈话与1978年历史转折》。
[2] 《邓小平文选》第2卷,人民出版社1994年版,第236页。

革开放的辉煌道路，是中国历史上浓墨重彩的一笔。而关于邓小平在这次历史转折中发挥怎样的作用，学术界把大部分精力投入研究"宣言书"——《解放思想，实事求是，团结一致向前看》的起草和发表过程以及内涵与意义上。实际上，在这一历史过程中，邓小平的几次重要谈话也有着不可忽视的历史作用。

首先，我们可以对邓小平在历史转折中发挥的作用有一个初步的概括，这在理论界尚未有明确答案。我认为，邓小平在历史转折过程中主要发挥的是引导作用。

众所周知，历史转折得以实现，最初由于邓小平的提议，中央工作会议先用两三天的时间讨论从1979年起把全党工作重点转移到社会主义现代化建设上来的问题，之后由陈云举起了改变局面的"火把"，此后全体与会人员进行的面对面的、完全民主的激烈争论构成实现转折的主要力量。这种力量不是来自邓小平一个人，而是来自全体与会同志，来自中国共产党的生命力和战斗力。甚至包括在会议上受到批评的一些同志，他们也没有强行压制会议进行，并在一定时机做了检讨，顺应了局势发展，客观上有利于历史转折的实现。但是，我们需要看到，转折力量的爆发是针对解决冤假错案等历史问题而引起的，直接指向中央领导力、组织和人事问题。这种力量很强大，如果得不到恰当的引导，可能会造成党的领导的混乱，这在世界历史上有前车之鉴，很可能不会像今天看到的那样顺利地转向经济建设，最终影响四个现代化的实现，这是邓小平最不愿意看到的。"破"然后需要"立"。邓小平通过包括多次谈话在内的一系列行动，举重若轻地引导着力量"向前看"，较少地纠结历史问题，在国内保持安定团结，在国外争取良好环境，引导全国人民向前看，搞四个现代化。这就是邓小平在历史转折中发挥的最主要作用，他也得到了全党同志的有力支持。那么，发挥这一作用，邓小平到底做了哪些工作呢？

概括来说，邓小平有关历史转折的一系列行动可以分为三大类：外事谈话，国内谈话，"宣言书"的起草和发表。

首先，外事谈话。为什么把外事谈话列在首位？这是因为这一方面学术界普遍并未注意，而其确实发挥了重要历史作用。实际上，在很多重要的外事场合，邓小平都在谈话中提出了重要观点，切中时政，释放明确的信号，在告知世界的同时，也通过各种渠道对国内政治产生影响。在1978年历史转折中至关重要的中央工作会议运行到紧要关头的时刻，有两次外事谈话尤其重要。

这两次重要的外事谈话，指的是1978年11月26日邓小平会见时任日本民社党委员长佐佐木良作率领的日本民社党第二次访华团，以及11月27日邓小平会见美国专栏作家罗伯特·诺瓦克时的谈话。

众所周知，1978年底，历史转折的主要问题是在中央工作会议上解决的。中央工作会议开幕之时，邓小平不在国内。11月5日，邓小平开始访问泰国、马来西亚、新加坡，这是中华人民共和国领导人第一次访问这三个国家，为我国争取良好的周边环境发挥了重要作用。陈云在东北组发出"要解决'文化大革命'中遗留的一大批重大问题和一些重要领导人的功过是非问题"的六发"响炮"的同时，邓小平正在新加坡与李光耀总理会谈。所以邓小平没有参加中央工作会议前半期的激烈争论，他是11月14日晚上才回到北京的。但是一回到北京，邓小平马上成为会内会外的主角，他本人也积极参会，进行了一系列重要活动。到25日，华国锋在第三次全体会议上代表中央政治局讲话，宣布为天安门事件和涉及党的领导人的一些已经查明的重大错案平反，这标志着围绕历史转折的斗争已经取得了阶段性胜利。邓小平的这两次外事谈话即是在此之后的26、27日。

11月26日上午10时，在人民大会堂南门接待厅，邓小平会见了日本民社党第二次访华团，包括佐佐木良作、夫人总子等十一人，中方陪同人员有廖承志等六人。在一个半小时的谈话中，除去礼仪性的寒暄，邓小平主要以回答佐佐木提问的形式谈了六个问题：关于天安门事件，关于贴大字报，关于安定团结，关于自力更生和接受外援的关系，关于政府贷款。其中，需要注意的一些话是："过去对天安门事件的评价是不对的，北京市委肯定天安门事件是广大群众悼念周总理、反对'四人帮'，是革命行动，这是我们中央批准的，实际上就是我们中央表示的态度。不久前，《人民日报》发表了一篇评论员文章《实事求是，有错必纠》，国际上反响很大。这篇文章主要是针对天安门事件讲的。有错必纠是毛主席历来提倡的。对天安门事件处理错了，当然应该纠正。如果还有别的事情过去处理不正确，也应该实事求是地加以纠正。勇于纠正错误，这是有信心的表现。当然，解决这样复杂的问题总要有一个过程，现在时机成熟了。有人有一个错觉，以为重新评价天安门事件又要乱，其实不会，人民是可以信任的。过去'四人帮'不让发表不同意见，结果激起了一九七六年清明节人民的义愤。天安门事件确实没有任何组织，完全是群众自发的啊！反映了人民的觉悟水平、政治水平。群众是最希望安定团结的局面。现在不但中央的领导，地方的领导也一样，都一心一意要搞四个现代化。搞四个现代化没有安定团结的局面是不行的。""我们处理这些问题就是要把过去的问题了结一下，使全国人民向前看。所有错案、冤案，人民和干部不满意的事，一起解决。了结了这些问题，大家心情就舒畅了，一心一意向前看，搞四个现代化。对这个问题，可以说我们全党是百分之百的一致。"①

再来看第二次谈话。次日上午10时至12时10分,邓小平在人民大会堂新疆厅会见美国专栏作家罗伯特·诺瓦克,共谈了八个问题:对毛主席的评价问题,关于对彭德怀重新评价的问题,驳所谓"权力之争",关于大字报和安定团结的问题,关于"文化大革命",关于中美关系,关于美国从南朝鲜撤军,关于苏联的霸权主义。其中,在谈到对毛泽东、毛泽东思想的评价时指出:"中国人民都知道,没有毛泽东主席就没有新中国。这个历史是抹不掉的。毛主席从来就提倡把马列主义的真理同中国革命的具体实践相结合,不是照抄照搬某句话。毛主席历来反对本本主义。我们对待毛泽东思想也是一样。你们大概注意到了,我们提倡要完整地、准确地掌握和运用毛泽东思想。因为有些问题毛主席在世时不可能提出。按照马列主义的原理,我们不能要求任何伟大的人物、伟大的领袖每句话在任何时候都是适用的。"在回答一些大字报批判了一些人是否是一个信号,说明不久将要把他们开除出政治局时,指出:"不会。对一个人的评价不能只看他一段时间的表现。我们现在开的会主要是议论如何实现四个现代化的问题,但现在也确实想把过去有些冤案、错案和群众不满意的东西清理一下。群众对有些犯了错误的同志,可以进行批评。这些批评我看基本上是对的。我们对有些问题也要清理一下,比如说,北京市委宣布天安门事件是革命行动,而不是反革命事件。这是我们党中央的意见,全国人民的意见。这个问题清理一下就过去了,目的就是引导全国人民向前

---

① 中共中央文献研究室编:《邓小平年谱(1975—1997)》(上),中央文献出版社2004年版,第436—437页。

看。搞四个现代化,这是我们会议的中心问题。""凡是错误的都要纠正。有些人一提到纠正就怕,好像一提纠正就是针对毛主席的。这个看法就错了。现在,有人对我们进行的'实践是检验真理的唯一标准'这个理论问题的讨论有议论。我认为,有这些争论是好事,千篇一律倒是僵化的表现。你们的报纸有多少不同的议论!我们过去的报纸办得太单调,所以现在一有争论就有人以为是'权力之争'了。这是过去简单化形成的这么一种印象。"[1]

概括来说,邓小平这两次外事谈话提出了很多重要观点,涉及国内国外两个方面,其中关系历史转折的是国内问题;又包括政治和经济两大方面,经济方面包括经济管理改革和引进、贷款等重要问题,但本文要讨论的是政治问题。政治方面,邓小平直接切入当时的现实局势,传递出三个明确信号:1.明确支持解决历史问题;2.对当前的政治格局,强调安定团结;3.所做一切都是为了引导全国人民向前看,搞四个现代化。联系当时的国内政治态势,邓小平的思路很清晰:一方面充分肯定前一阶段的斗争成果;另一方面迅速将汇聚的力量引导到经济建设上来,为此争取良好的内部外部环境。从后来的历史发展来看,这种思路正是中国未来所走的道路。

那么,邓小平的思路如何在历史转折中得到落实?这经历了一个具体的历史过程。26日上午邓小平会见民社党访华团后,首先做出反应的是外国媒体。日本时事社当天以题为"没有必要就天安门事件作出新的决定——邓小平副主席谈话要点"的文章,将邓小平的谈话总结为十九点,其中半数篇幅在谈历史问题(前九条),

---

[1] 中共中央文献研究室编:《邓小平年谱(1975—1997)》(上),中央文献出版社2004年版,第438—439页。

其他方面也都得到体现。电文从北京传达东京，日本共同社于26日晚对此进行了报道，美联、法新、合众、路透等西方四大通讯社先后于当天北京时间十九点以后据共同社消息做了转播，约四千二百字，无评论。对此，新华社《参考资料》第17058期做了报道，中央办公厅印发各部门，但是印发时间已经是12月1日。在此之前，27日，谈话要点已经在中央工作会议上发生作用。27日晚7时到11时半，邓小平和华国锋、叶剑英、李先念、汪东兴听取中共中央工作会议各召集人彭冲、王恩茂、秦基伟、段君毅、汪锋、安平生的汇报。在这次汇报中，大家提出邓小平26日同佐佐木良作谈话的十九条可否向干部传达，并根据谈话精神向群众做工作，邓小平表态："那个谈话的概括基本正确。"华国锋表示："小平同志和日本民社党佐佐木那个谈话可以传达。"这成为这次外事谈话在会议上发挥作用的重要一步。需要说明的是，就在当天，新华社比较详细地报道了这次谈话内容。那么，召集人们准备传达的是哪一个版本呢？实际上，新华社的报道并没有总结为十九条，而且在28日的《人民日报》上全文刊登，美联社称之为"异乎寻常地详细报道"[1]，实际上并没有十九条详细[2]。很显然，召集人们是根据外媒的报道，邓小平说"基本正确"指的也是日本记者的概括。

于是，常委听汇报会上的讲话迅速传达到各分组，邓小平同佐佐木的谈话要点，中央工作会议秘书组也在28日印发给会议出席者。[3]尽管当天《人民日报》也有报道，但是肯定没有会议文件来得

---

[1] 方华：《参考的启示（1977—1979）》，陕西师范大学出版社1999年版，第226页。
[2] 参见《人民日报》，1979年11月28日。
[3] 于光远：《1978：我亲历的那次历史大转折》，中央编译出版社2008年版，第158—160页。

直接。从中我们可以看出，邓小平与佐佐木的外事谈话，在国内正式报道之前，已经被敏感的与会人员通过外媒捕捉到，并迅速提交常委通过，在会议上进行传达，发挥作用。

再来看与诺瓦克的谈话，实际上发挥作用的速度更快。27日邓小平与诺瓦克谈话结束时已经是中午12点10分，当天新华社发了一则简要消息：国务院副总理邓小平今天上午在会见美国专栏作家罗伯特·诺瓦克谈到我国实现四个现代化的进程时说，马克思列宁主义、毛泽东思想是我国实现四个现代化的指导思想。邓副总理说，毛主席在中国历史上的伟大功绩是难以用言语表达的。在中国，人人都懂得"没有毛主席就没有新中国"。他说，我们在实现四个现代化进程中，要善于完整地准确地掌握和运用毛泽东思想。我们国家的政治生活要生动活泼、心情舒畅。同一天，外交部新闻司编写了《外国记者情况简报》，将原来的八个问题删节为有关国内问题的前四个问题，即关于毛主席的评价问题、关于对彭德怀重新评价问题、驳所谓"权力之争"、关于大字报和安定团结的问题。这则消息28日在《人民日报》与佐佐木谈话同篇报道，这期《简报》也在28日由秘书组发给了中央工作会议出席者。于是，邓小平的两次外事谈话共同在会内发挥作用，他的思路开始被与会人员接受。

为什么只说这两次外事谈话呢？实际上，紧接着这两次谈话，28日上午会见美国友好人士斯蒂尔，29日上午会见竹入义胜率领的日本公明党第七次访华团，邓小平也都发表了重要谈话，思路一致。比如，在会见竹入义胜时他指出："要搞四个现代化，就要创造一个良好的政治气氛，求得一个安定团结的政治局面，使党内外广大群众心情舒畅。对过去有些事情，群众不满意的，也确实有错的，要按照毛主席实事求是、有错必纠的方针，把它纠正过来，把那些冤案、错案了结了。大的就是天安门事件这样的问题，错了就改嘛，改了就完了。对有些人，过去搞得不对的，搞过头了的，要改过来，比如对彭德怀同志的评价。这样去引导全党、全国人民一心一意奔向四个现代化。实际上，我们现在议的就是怎么样万众一心搞四个现代化，中心议题就是这个。"[1]但是，从目前的资料来看，28日、29日的谈话并没有在会内进行传达，新华社报道也极其简略。上述与竹入义胜的会谈11月30日的《人民日报》曾刊登一条消息，说"宾主进行了亲切友好的谈话。邓副总理还回答了竹入委员长提出的问题"，只字未提具体内容[2]，在中央工作会议亲历者的各种回忆中更是完全没有痕迹。如果有间接发挥的作用，也必然是在前两次谈话作用的基础上进行加强，所以尽管时间相近、内容相似，实际作用却不可等量齐观。

其次，国内谈话。可以11月25日下午，邓小平和华国锋、叶剑英、李先念、汪东兴听取中共北京市委负责人林乎加、贾庭三和共青团中央负责人韩英、胡启立汇报天安门事件平反后群众的反映和北京市街头大字报情况时的讲话，以及前文所述27日晚邓小平和华国锋、叶剑英、李先念、汪东兴听取中共中央工作会议各组召集人汇报时的讲话为代表。整体来看，国内谈话与外事谈话中心思想一致，基本观点相同，力度也相似。而且，邓小平喜欢在外事谈话中联系国内形势，在国内讲话中则具备国际视野，提出了人事安排上"只进不出"的原则："现在国际上就看我们有什么人事变动，加

---

[1] 中共中央文献研究室编：《邓小平年谱（1975—1997）》（上），中央文献出版社2004年版，第443页。
[2] 参见《邓小平副总理会见竹入义胜委员长等日本朋友》，《人民日报》，1978年11月30日。

人可以，减人不行，管你多大问题都不动，硬着头皮也不动。这是大局。好多外国人要和我们做生意，也看这个大局。"[1]国内谈话传达速度更快，发挥作用更为直接，不过次数较少，一些常委间的谈话外界不得而知。可以说，邓小平的国内谈话与外事谈话相辅相成，共同对国内政治发生作用。

最后，"宣言书"的起草和发表。关于《解放思想，实事求是，团结一致向前看》这篇重要历史文献的形成、发表和意义，一直都是社会各界关注的对象，其间复杂的过程这里不必赘述。要说明的是，如何看待邓小平这一系列行动间的相互关系。大致来说，"宣言书"的起草是邓小平在这一个月的时间里花费时间和精力最多的事情，是邓小平这一阶段整体思路的集大成者，全面地、系统地、完整地、有力地提出了邓小平开创改革开放事业的战略思想，是结束旧问题、开启新时代的钥匙。"宣言书"产生了极其广泛和深远的影响，在历史转折中发挥的作用是决定性的，这是毫无疑问的。但是，如同解放战争仅仅拥有"三大战役"是不够的，之前还需要一系列中小战役的胜利，为"大决战"打下基础，这就是邓小平国内谈话和外事谈话的作用。如何实现历史转折，转折转向哪里，新旧时代的衔接如何过渡，这是攸关国家命运的选择。在"宣言书"紧张起草的过程中，邓小平也在不断归纳自己的思路，凝结自己的观点，这在他与胡乔木等人研讨讲话稿时体现出来，但在外界，包括如火如荼的中央工作会议无法知悉。而"宣言书"发表前，邓小平多次外事和国内谈话，将一系列鲜明观点、明确信号和

---

[1] 中共中央文献研究室编：《邓小平年谱（1975—1997）》（上），中央文献出版社2004年版，第441页。

清晰思路表达出来,依靠邓小平长期积累的政治威望,众望所归的社会要求,通过各种渠道和历史过程,在历史转折的关键进程中发挥了"先锋"作用,为"宣言书"的发表打下了良好的基础。中央工作会议12月13日结束,15日才散会,这两天时间就是对邓小平、叶剑英等人在闭幕会议上讲话的学习,就是"宣言书"发挥作用的时机,就是"宣言书"成为"实际上随后召开的十一届三中全会的主题报告"的过程。最终,在12月18日至22日党的十一届三中全会上历史转折得以实现。

从这一重要事例可以看出,邓小平的许多"谈话"发挥了重要的历史作用,值得仔细研究。而南方谈话作为邓小平革命生涯的压台之作,更是其中的重中之重。

二、邓小平具备唯物辩证的思维方法[①]

理解邓小平的个人特质与南方谈话产生的关系,还应熟悉他唯物辩证的思维方法。习近平同志指出:"邓小平同志最鲜明的思想和实践特点,就是从实际出发、从世界大势出发、从国情出发,始终坚持我们党一贯倡导的实事求是、群众路线、独立自主。"[②]探讨邓小平唯物辩证的思维方法,择其要者,可以包括实事求是、解放思想、着眼大局、辩证思维、立足实践、群众观点等方面。

关于实事求是。习近平总书记指出:"实事求是,是邓小平同

---

① 本小节的部分内容已发表在《党的文献》2012年第1期,题为《邓小平思想精华的集中展现——〈邓小平思想年编(1975—1997)〉的主要特色和内容》。
② 习近平:《在纪念邓小平同志诞辰110周年座谈会上的讲话》,《人民日报》,2014年8月21日。

志一生最重要的思想特点,也永远是中国共产党人应该遵循的思想方法。"①这一思想方法有三层含义。首先,一切从实际出发去分析情况,思考问题。邓小平说:"任何国家、任何地区都有自己的特点,我们应该根据自己的特点制订本国的方针、政策、目标和计划。过去,我们没有这样做,犯错误就犯在这里;这几年成功,原因也在这里。"②其次,要求真务实,力戒空谈。邓小平反复强调要"做老实人,说老实话,办老实事"③。他还说:"不搞争论,是我的一个发明。不争论,是为了争取时间干。"④最后,要有错必纠。邓小平多次讲,我们干的是全新的事业,不要怕犯错误,但要及时总结经验教训,以利继续前进。

关于解放思想。中国特色社会主义新道路,首先就是在解放思想的大旗下敢闯敢拼出来的。解放思想的思想方法有三层含义:其一,研究新情况,解决新问题。邓小平指出:"解放思想必须真正解决问题。要真正仔细地研究新情况,解决新问题,切实地想办法使我们的步伐快一些,使生产力发展快一些,使国民收入增加快一些,把领导工作做得更好一些。"⑤其二,胆子要大,要敢闯敢试。经济特区创建伊始,邓小平就说:"中央没有钱,可以给些政策,你

---

① 习近平:《在纪念邓小平同志诞辰110周年座谈会上的讲话》,《人民日报》,2014年8月21日。
② 中共中央文献研究室编:《邓小平年谱(1975—1997)》(下),中央文献出版社2004年版,第909页。
③ 《邓小平文集(1949—1974)》下卷,人民出版社2014年版,第128页。
④ 《邓小平文选》第3卷,人民出版社1993年版,第374页。
⑤ 中共中央文献研究室编:《邓小平思想年编(1975—1997)》,中央文献出版社2011年版,第295页。

们自己去搞，杀出一条血路来。"①他多次强调：看准了的，就大胆地试、大胆地闯。没有一点闯的精神，就走不出一条新路，就干不出新的事业。②其三，要不断进行理论创新。在马克思主义中国化的历程中，邓小平既继承前人又突破陈规，以巨大的政治勇气和理论勇气，创立了邓小平理论。这是解放思想这一思想方法的成功体现。

关于着眼大局。邓小平爱讲"大局"，善讲"大局"。他自己说："不管对现在还是对未来，我讲的东西都不是从小角度讲的，而是从大局讲的。"③邓小平着眼大局的思想方法，也有三层含义：第一，正确处理局部与整体的关系。邓小平提倡要顾全大局，指出："有些事从局部看可行，从大局看不可行；有些事从局部看不可行，从大局看可行。归根到底要顾全大局。"④在评价毛泽东历史功过问题时，邓小平就不是从个人恩怨出发，而是着眼于党和国家的大局。他认为："否定毛主席，就是否定了中华人民共和国，否定了整个这一段历史。所以，有好多问题应该从大局着眼，不能搞得太细。现在的关键是安定团结。处理遗留问题，为的是集中力量向前看。"⑤第二，要坚持矛盾论，抓主要矛盾的主要方面，即抓重点。这一点，最突出的体现就是他强调经济建设是现代化建设的"中心"和"大局"，其他一切工作要围绕这个"中心"，服从这

---

① 中共中央文献研究室编：《邓小平思想年编（1975—1997）》，中央文献出版社2011年版，第236页。
② 《邓小平文选》第3卷，人民出版社1993年版，第372页。
③ 中共中央文献研究室编：《邓小平思想年编（1975—1997）》，中央文献出版社2011年版，第718页。
④ 《邓小平文选》第2卷，人民出版社1994年版，第82页。
⑤ 中共中央文献研究室编：《邓小平思想年编（1975—1997）》，中央文献出版社2011年版，第223页。

个"大局"。第三,要有全球视野和未来眼光。邓小平多次强调,领导班子"眼界要非常宽阔,胸襟要非常宽阔"①,"要从大局看问题,放眼世界,放眼未来,也放眼当前,放眼一切方面"②。

关于辩证思维。邓小平是高超的辩证法大师,将辩证思维体现得最充分的,是他经常说"两句话"、强调用"两手抓"。说"两句话",就是全面辩证地看待问题。比如,他在向外宾介绍中国国情时常说:"中国的情况可以归结为两句话:一是很落后,二是有希望。"③又如,关于经济特区,他说:"现在我要肯定两句话:第一句话是,建立经济特区的政策是正确的;第二句话是,经济特区还是一个试验。"④从"两句话"的辩证思维出发,在实践中就是"两手抓"。邓小平多次强调:"要坚持两手抓,一手抓改革开放,一手抓打击各种犯罪活动。这两只手都要硬。"⑤他认为两手抓,"就是两点论"⑥,就是坚持全面辩证地看待和处理问题。

关于立足实践。邓小平崇尚实践,他的思想脉搏随着实践的发展而深化和扩展。他指出:"我们改革开放的成功,不是靠本本,而是靠实践,靠实事求是。"⑦这里有两层含义。首先,要立足全体人民的实践,尊重群众的首创精神。在这方面,邓小平是典范。他热情支持、鼓励、保护、引导人民群众的首创精神,他强调:"改

---

① 《邓小平文选》第3卷,人民出版社1993年版,第299页。
② 《邓小平文选》第3卷,人民出版社1993年版,第300页。
③ 中共中央文献研究室编:《邓小平思想年编(1975—1997)》,中央文献出版社2011年版,第406页。
④ 《邓小平文选》第3卷,人民出版社1993年版,第133页。
⑤ 《邓小平文选》第3卷,人民出版社1993年版,第378页。
⑥ 《邓小平文选》第3卷,人民出版社1993年版,第306页。
⑦ 《邓小平文选》第3卷,人民出版社1993年版,第382页。

革开放中许许多多的东西，都是群众在实践中提出来的"①，乡镇企业、承包责任制等都是"群众的智慧，集体的智慧"②。其次，要善于总结实践中的经验教训，升华为带规律性的理论认识，在此基础上制定正确的方针政策。正如邓小平所说："我的功劳是把这些新事物概括起来，加以提倡。"③这是领导智慧的体现。

关于群众观点。其中最重要的，是他始终以人民群众的利益为根本出发点和最终归宿。在各个历史时期，邓小平的思考有其侧重点，但始终不变的是对社会主义的忠诚和对人民生活的关心。从1975年全面整顿时提出"对于人民生活水平，我们采取逐步提高的办法"④，到1978年历史转折时提出"我们的根本问题是要搞四个现代化，提高人民生活水平"⑤，到20世纪80年代提出"发展经济，到本世纪末翻两番，国民生产总值按人口平均达到八百美元，人民生活达到小康水平"⑥，再到提出"三个有利于"标准，邓小平的政治生涯，就是为人民群众根本利益不懈奋斗的伟大历程。

这些符合马克思主义唯物辩证原理的思维方法，内化于心，构成了邓小平内在深邃的思想特质；外化于行，通过邓小平卓越的领导和工作方式表现出来，南方谈话是其最鲜活的体现。

---

① 中共中央文献研究室编：《邓小平思想年编（1975—1997）》，中央文献出版社2011年版，第711页。
② 中共中央文献研究室编：《邓小平思想年编（1975—1997）》，中央文献出版社2011年版，第712页。
③ 中共中央文献研究室编：《邓小平思想年编（1975—1997）》，中央文献出版社2011年版，第712页。
④ 中共中央文献研究室编：《邓小平思想年编（1975—1997）》，中央文献出版社2011年版，第32页。
⑤ 中共中央文献研究室编：《邓小平思想年编（1975—1997）》，中央文献出版社2011年版，第250页。
⑥ 《邓小平文选》第3卷，人民出版社1993年版，第77页。

三、邓小平具有坚定的共产主义信仰

关于邓小平坚定的共产主义信仰，习近平总书记指出："我们纪念邓小平同志，就要学习他对共产主义远大理想和中国特色社会主义信念无比坚定的崇高品格。信念坚定，是邓小平同志一生最鲜明的政治品格，也永远是中国共产党人应该挺起的精神脊梁。"[1]

随着改革开放的开展，有一些对中国的新变化不满意的人质疑中国道路的社会主义性质，也质疑领导改革开放事业的邓小平的共产主义信仰。但实际上，有识之士早已公认，在20世纪最后几十年，在中国乃至全世界，邓小平是坚持共产主义信仰和社会主义道路最坚定的政治领袖。邓小平矢志不渝地坚持共产主义理想信念，始终如一地忠诚党和人民的事业。坚定的信仰是他终生顽强奋斗的根本动力，也是他创造辉煌业绩的内在原因。

在革命早期，邓小平就在自传中说："我从来就未受过其他思想的浸入，一直就是相当共产主义的。"[2]虽然在革命工作中屡受挫折，但是邓小平从未对自己的信仰产生过动摇。后来，毛泽东多次评价"他没历史问题。即没有投降过敌人"[3]，称赞他"政治思想强"、"人才难得"[4]。

改革开放新时期，共产主义信仰更是邓小平经常强调的内容，

---

[1] 习近平：《在纪念邓小平同志诞辰110周年座谈会上的讲话》，《人民日报》，2014年8月21日。
[2] 邓小平在莫斯科中山大学学习期间填写的履历表，1926年1月。
[3] 中共中央文献研究室编：《邓小平年谱（1904—1974）》（下），中央文献出版社2009年版，第1961页。
[4] 中共中央文献研究室编：《邓小平年谱（1904—1974）》（下），中央文献出版社2009年版，第2076页。

有很多经典的论述。比如，1985年8月他在会见津巴布韦非洲民族联盟主席、政府总理穆加贝时谈到："马克思主义的另一个名词就是共产主义。我们多年奋斗就是为了共产主义，我们的信念理想就是要搞共产主义。在我们最困难的时期，共产主义的理想是我们的精神支柱，多少人牺牲就是为了实现这个理想。"①同年9月，在意义重大的中国共产党全国代表会议上，邓小平讲话指出："过去我们党无论怎样弱小，无论遇到什么困难，一直有强大的战斗力，因为我们有马克思主义和共产主义的信念。有了共同的理想，也就有了铁的纪律。无论过去、现在和将来，这都是我们的真正优势。"②1986年9月，他在接受美国记者华莱士采访时说："我是个马克思主义者。我一直遵循马克思主义的基本原则。马克思主义，另一个词叫共产主义。我们过去干革命，打天下，建立中华人民共和国，就因为有这个信念，有这个理想。我们有理想，把马克思主义基本原则同中国实际相结合，所以我们才能取得胜利。革命胜利以后搞建设，我们也是把马克思主义的基本原则同中国实际相结合。我们搞四个现代化建设，人们常常忘记是什么样的四个现代化，是社会主义的四个现代化。这就是我们今天做的事。"③1986年11月，在会见日本首相中曾根康弘时他表示："根据我长期从事政治和军事活动的经验，我认为，最重要的是人的团结，要团结就要有共同的理想和坚定的信念。我们过去几十年艰苦奋斗，就是靠用坚定的信念把人民团结起来，为人民自己的利益而奋斗。没有这样的信念，就没有凝聚力。没有这样的信念，就没有一切。我们共产

---

① 《邓小平文选》第3卷，人民出版社1993年版，第137页。
② 《邓小平文选》第3卷，人民出版社1993年版，第144页。
③ 《邓小平文选》第3卷，人民出版社1993年版，第173页。

党人的最高理想是实现共产主义,在不同历史阶段又有代表那个阶段最广大人民利益的奋斗纲领。因此我们才能够团结和动员最广大的人民群众,叫做万众一心。有了这样的团结,任何困难和挫折都能克服。过去我们打败国民党用美国装备武装起来的几百万现代化军队,就靠这一条。那时我们没有飞机,没有大炮,主要是靠人。所以我说,人的因素重要,不是指普通的人,而是指认识到人民自己的利益并为之而奋斗的有坚定信念的人。对我们军队来说,有坚定的信念现在仍然是一个建军的原则,仍然不能丢掉,这是中国自己的特点。在军队里要讲信念,在人民中间,在青年中间,也要讲信念。"[1]

退休后,邓小平的理想信念也丝毫没有改变,而且更加真挚。1992年7月,他在与弟弟邓垦的谈话中真诚地说:"共产主义理想是伟大的,但要经过相当长的历史阶段才能达到。社会主义是可爱的,为社会主义奋斗是值得的。这同时也是为共产主义奋斗。"[2]1993年夏,年近九旬的邓小平冒着酷暑审阅了《邓小平文选》第三卷全部文稿,他说:"这本书有针对性,教育人民,现在正用得着"[3],"这是个政治交代的东西"[4]。曾参加《邓选》第三卷编辑工作的郑必坚回忆说:"在小平同志指导下编第三卷的亲历,还使我想到:像小平同志这样一位代表了时代的伟大人物,以

---

[1] 《邓小平文选》第3卷,人民出版社1993年版,第190—191页。
[2] 中共中央文献研究室编:《邓小平年谱(1975—1997)》(下),中央文献出版社2004年版,第1348页。
[3] 中共中央文献研究室编:《邓小平年谱(1975—1997)》(下),中央文献出版社2004年版,第1362页。
[4] 中共中央文献研究室编:《邓小平年谱(1975—1997)》(下),中央文献出版社2004年版,第1363页。

89岁的高龄，在伏暑盛夏的时节，亲身投入编审工作，而且抓得那样紧、那样细致，终于完成了一部具有重大现实和长远的战略意义的理论著作，把它作为'政治交代'献给党，献给祖国和人民。这种情形，古往今来，恐怕也是罕见的吧！"[1]邓小平晚年的论述，在对人类社会发展规律的科学把握中，表达了一位共产主义者坚定的理想信念，激励着全党为中国特色社会主义事业不懈奋斗的信心和热情，凝聚各方力量从而夯实了广泛牢固的群众基础。邓小平坚信马克思主义是科学，坚信马克思主义就是坚持和发展社会主义。

信念坚定的人总是受人尊重，邓小平的这一品质也得到了全世界来自不同政治立场的人士的充分肯定。比如，古巴部长会议副主席何塞·路易斯·加西亚评价："邓小平的一生有许多光辉业绩，其中最为突出的是他从青少年时代起便以全部的热忱忠诚地为争取中国独立和社会主义事业做出了巨大贡献。"柬埔寨前国王西哈努克说："邓小平是一个伟大的人，而他的伟大源于他对自己国家和民族的忠诚。"瑞典前首相卡尔松评价："我遇见了一位能掌握住国家局势的领导人。邓小平能够代表他的整个国家说话，他流露出绝对的信心，胸有成竹和意志坚强。"英国女王伊丽莎白二世则说："他（邓小平）在中国的历史上发挥了如此显著的作用，中国人民将永远怀念他。"芬兰前首相索尔萨称赞："我们芬兰语中有个特别的词汇：忍耐。含义是拥有崇高的信仰，对为之奋斗的事业充满信心。这个忍耐与信仰便是邓小平的财产。"而关于邓小平信念坚定的品质，最精辟的评述莫过于习近平总书记指出的：

---

[1] 中共中央文献研究室科研管理部编：《邓小平著作是怎样编辑出版的》，中央文献出版社2010年版，第221页。

"革命理想高于天。没有一大批具有坚定共产主义理想的中华儿女，就没有中国共产党，也就没有新中国，更没有今天我国的发展进步。要把我国发展得更好，离不开理想信念的力量。我们共产党人锤炼党性，首要的就是坚定共产主义远大理想和中国特色社会主义共同理想。我们要学习邓小平同志矢志不渝为社会主义、共产主义而奋斗的执着精神，坚定中国特色社会主义道路自信、理论自信、制度自信，坚忍不拔、风雨无阻朝着我们的目标奋勇前进。"①

关于在新的国际环境下继续在中国坚持社会主义的问题，除了南方谈话，邓小平在1989年9月，即苏东剧变前讲的一番话在今天仍然具有指导意义："别人的事情我们管不了，只讲一个道理：中国的社会主义是变不了的。中国肯定要沿着自己选择的社会主义道路走到底。谁也压不垮我们。只要中国不垮，世界上就有五分之一的人口在坚持社会主义。我们对社会主义的前途充满信心。"②

坚持信仰，除了坚定不移，还要实事求是。作为一位世纪伟人，邓小平亲身经历了中国革命、建设、改革各个历史时期的艰辛历程，深深了解中国人民、中国共产党通过艰苦的斗争和探索，选择马克思主义和社会主义道路的历史过程，坚信必须把马克思主义的基本原理同中国的具体实际相结合，不断开拓创新，走自己的道路，才能实现中华民族的振兴。四十多年来，中国正是在沿着邓小平开创的中国特色社会主义道路不断前进，创造了经济健康发展的奇迹，形成了政治稳定、经济发展、民族团结、社会进步的生机勃勃的局面。"只要中国社会主义不倒，社会主义在世界将始终站得

---

① 习近平：《在纪念邓小平同志诞辰110周年座谈会上的讲话》，《人民日报》，2014年8月21日。

② 《邓小平文选》第3卷，人民出版社1993年版，第320—321页。

住。"①中国特色社会主义的鲜活实践显示了社会主义的巨大活力和发展前景，是世界社会主义发展史上的一座里程碑。

这其中，有以往并没有得到足够重视的三点值得说明：

第一，实事求是地坚持信仰，是邓小平在革命生涯早期就展现出来的卓越品质。最鲜活的事例就是从莫斯科留学到中央苏区第一次挫折的经历。

关于邓小平在莫斯科的学习经历，外界并不是很熟悉。邓小平离开法国去苏联莫斯科，是1925年5月中共旅欧支部决定的。鉴于当时国内轰轰烈烈的大革命运动的发展急需大批干部，中共旅欧支部决定选送一批干部先到莫斯科东方劳动者共产主义大学学习一段时间，然后再回国工作。中共旅欧支部在给中共旅莫支部的信中，提出了一份拟派赴莫斯科学习的人员名单，邓小平就在其中。邓小平非常珍惜这次学习机会，他到莫斯科不久在《自传》中写了"来俄的志愿"："我过去在西欧团体工作时，每每感觉到能力的不足，以致往往发生错误，因此我便早有来俄学习的决心。""我能留俄一天，便要努力研究一天，务使自己对于共产主义有一个相当的认识。我还觉得我们东方的青年，自由意志颇为浓厚而且思想行动亦难系统化，这实于我们将来的工作大有妨碍。所以，我来俄的志愿，尤其是要来受铁的纪律的训练，共产主义的洗礼，使我的思想行动都成为一贯的共产主义化。"后来，莫斯科中山大学的党支部给他的鉴定中有"学习优秀，党性强"的评语。

这段经历首先说明一个问题：有实践经验的邓小平也十分注意马克思主义的经典理论的学习，并且学习效果很好。那么，这与

---

① 《邓小平文选》第3卷，人民出版社1993年版，第346页。

他的第一次政治磨难有什么联系呢？在中央苏区，邓小平在"邓、毛、谢、古"事件中遭遇了政治生涯中的第一次跌落。这与他在莫斯科的学习有什么关系呢？

实际上，从苏联学成回国的同志理论功底较好，当时更受重视，担任党内领导职务的比较多，但他们比较容易受到教条主义束缚，在中央苏区对邓小平施加批判的人，有不少是他在莫斯科和法国的同学和战友。相反的，邓小平与毛泽东除了在八七会议上的一面之缘，此前几乎没有什么交集。如果用时下流行的一些"背景"、"圈子"、"山头"的庸俗政治学的观点来看，邓小平在中央苏区的行为简直不可理解。在支持毛泽东正确主张的人中，邓小平有苏联学习背景，遭受严厉打击亦不更改，这在当时非常少见。

当时对邓小平的打击可谓十分沉重，他的性格也由爱说爱笑、善于辩论的"小钢炮"转变为后来的坚毅内敛、沉默寡言。尽管如此，二十九岁的邓小平既表现出了对党的忠诚，也表现出超出他年龄的坚定性。当被撤去职务，送到红军总政治部驻地一间小破屋里隔离审查，并被责令作出"申明"和"检查"时，他仍未妥协。邓小平陈述道："我所上交的两份检查，写的全是实话。回顾历史，认为自己所做的一切，是对党的事业负责任的，是对中国革命负责任的……"[①]他坚定地认为自己的主张和做法是正确的，决不承认自己是机会主义。不管遇到怎样的责难，邓小平坚信自己执行的是马克思主义的正确路线，正确的就要坚持。难能可贵的是，邓小平的态度始终是积极地要求工作，没有怨恨批判他的人，相反，批判他的大多数人后来成了邓小平的亲密战友和团结对象。

---

① 莫志斌：《邓小平与毛泽东》，人民出版社2014年版，第152页。

由这一事例可以看出，实事求是地坚持信仰，是邓小平在革命生涯早期就展现出来的卓越品质。

第二，改革开放以后，邓小平曾就实事求是地坚持马克思主义的问题，向世界做专门阐释。其中最重要的论述当数1985年他与几位第三世界国家政要的会谈。

1984年十二届三中全会后，中国进入了全面改革阶段，这在1985年已经取得了初步成效，也引起了全世界的广泛关注，在收获许多赞誉的同时，也遭到了来自国内外的一些质疑，主要是针对改革的性质问题，有人认为改革开放损害了社会主义的国家性质。这一点，邓小平早有预计。他在中顾委三次全会的讲话中说，作为全面改革纲领的《关于经济体制改革的决定》，"有些是我们老祖宗没有说过的话，有些新话"，"会被看作'异端'"[①]。

1985年8月21日，邓小平会见了坦桑尼亚联合共和国总统尼雷尔。作为中国人民的老朋友，尼雷尔向邓小平提出，一些西方特别是资本主义国家的评论家说，中国目前的改革最终将导致资本主义，放弃社会主义。对此，邓小平表示："世界上对我国的经济改革有两种评论。有些评论家认为改革会使中国放弃社会主义，另一些评论家则认为中国不会放弃社会主义。后一种看法比较有眼光。"[②]

邓小平阐述，坚持四项基本原则已经写进了宪法，"问题是怎么坚持。是坚持那种不能摆脱贫穷落后状态的政策，还是在坚持四项原则的基础上选择好的政策，使社会生产力得到比较快的发

---

① 《邓小平文选》第3卷，人民出版社1993年版，第91页。
② 《邓小平文选》第3卷，人民出版社1993年版，第134页。

展"①。"对内搞活经济，是活了社会主义，没有伤害社会主义的本质。至于吸收外国资金，这是作为发展社会生产力的一个补充，不用担心它会冲击社会主义制度。搞活开放也会带来消极影响，我们要意识到这一点，但有办法解决，没有什么了不起。因为从政治上讲，我们的国家机器是社会主义性质的，它有能力保障社会主义制度。从经济上讲，我国的社会主义经济在工业、农业、商业和其他方面已经建立了相当坚实的基础。"②他自信地阐释我国的改革开放，是在社会主义经济基础上和政治制度下，搞活社会主义的政策，不会改变社会主义。他说："我们的改革不仅在中国，而且在国际范围内也是一种试验，我们相信会成功。如果成功了，可以对世界上的社会主义事业和不发达国家的发展提供某些经验。"③

一周后，邓小平又会见了津巴布韦非洲民族联盟主席、政府总理穆加贝。会谈开始后，邓小平首先向穆加贝介绍了我们对中华人民共和国成立以来经济建设的经验教训的总结和近几年的经济改革。他表明："要发展生产力，经济体制改革是必由之路，对此我们有充分的信心。"④穆加贝也坦率地向邓小平提出了改革开放的性质问题，邓小平则明确地回答："在改革中坚持社会主义方向，这是一个很重要的问题。我们要实现工业、农业、国防和科技现代化，但在四个现代化前面有'社会主义'四个字，叫'社会主义四个现代化'。我们现在讲的对内搞活经济、对外开放是在坚持社会主义原则下开展的。社会主义有两个非常重要的方面，一是以公有

---

① 《邓小平文选》第3卷，人民出版社1993年版，第134—135页。
② 《邓小平文选》第3卷，人民出版社1993年版，第135页。
③ 《邓小平文选》第3卷，人民出版社1993年版，第135页。
④ 《邓小平文选》第3卷，人民出版社1993年版，第138页。

制为主体,二是不搞两极分化。"①"我还要说,我们社会主义的国家机器是强有力的。一旦发现偏离社会主义方向的情况,国家机器就会出面干预,把它纠正过来。开放政策是有风险的,会带来一些资本主义的腐朽东西。但是,我们的社会主义政策和国家机器有力量去克服这些东西。所以事情并不可怕。"②会谈后,穆加贝表示了对中国改革的理解,但没有完全听进去,不出邓小平预料,后来津巴布韦走了弯路。邓小平在80年代中期的这一系列谈话,明确地回答了国内外对中国改革性质的疑问,在世界范围引起强烈反响,在一定程度上排除了干扰,也取得了国际上的理解和尊重。关于实事求是地坚持马克思主义,国内外普遍接受了邓小平1985年在党的全国代表会议上提出的:"马克思主义理论从来不是教条,而是行动的指南。它要求人们根据它的基本原则和基本方法,不断结合变化着的实际,探索解决新问题的答案,从而也发展马克思主义理论本身。"③

第三,南方谈话中邓小平对实事求是地坚持马克思主义进行了论述。

邓小平在赴珠海船上发表的"学马列要精,要管用的"一段论述④,经常被用以指导马克思主义研究工作,以及反对形式主义等领域。这都是正确的,不过必须认识到,这段话最核心的内容是:"实事求是是马克思主义的精髓。要提倡这个,不要提倡本本。我

---

① 《邓小平文选》第3卷,人民出版社1993年版,第138页。
② 《邓小平文选》第3卷,人民出版社1993年版,第139页。
③ 《邓小平文选》第3卷,人民出版社1993年版,第146页。
④ 参见《邓小平文选》第3卷,人民出版社1993年版,第382页。

们改革开放的成功，不是靠本本，而是靠实践，靠实事求是。"①解放思想、实事求是是邓小平理论的精髓，也是促使南方谈话产生的思想路线。

为了践行信仰，邓小平具有使命担当自觉，还可以从他在南方谈话前后的身体和精神状况的变化中认识，这长期以来并不为外界所知。

四、邓小平在南方谈话前后的身体和精神状态

邓小平在漫长的革命生涯中，一直保持着健康的体魄和充沛的精力，这源于他朴素的生活方式、乐观积极的生活态度，以及坚持锻炼身体，很多人将邓小平作为健康长寿的榜样。作为举足轻重的政治人物，他能够保持长时期的身体健康和思维敏捷又有特殊的意义。邓小平第三次复出时已经七十三岁，身体和精神状况对其能否承担起领导重任也存在一定的影响，对此他十分清楚，并且对自己进行了检验。1979年7月12日至15日，七十五岁的邓小平赴安徽黄山游览，当得知准备好了滑竿，他说："我下了决心，要步行上去。"②他还对黄山管理处职工和闻讯赶来的中外游客说："谢谢同志们的鼓励，这个山，我一定要上。"在陪同人员担心他走得太快，体力不支，劝他走慢一点时，他回答："这个事，你们不用教我，我比你们有经验。长征时不少人都跑垮了，我还是越走越有劲。"最终，三天时间，他全程走完了黄山，到游览结束的时候，

---

① 《邓小平文选》第3卷，人民出版社1993年版，第382页。
② 中共中央文献研究室编：《邓小平年谱（1975—1997）》（上），中央文献出版社2004年版，第534—535页。

他对万里等人说："黄山这一课，证明我完全合格。"①"这一课"更包含着检验的性质。在领导中国实行改革开放，打开社会主义现代化建设新局面的过程中，其开放的视野、充沛的精力、敏捷的思维、精确的记忆、果断的作风给所有见过他的人都留下了深刻印象。时任美国总统卡特与邓小平会谈后在当天的日记里写道："邓给我一个很好的印象，他个子不高、身体结实、聪明机智、言谈坦率、富有魄力、仪表不凡、信心十足、态度友好，同他会谈真是一件乐事。"

作为成熟的无产阶级革命家，无论身处何种境遇，邓小平的心态始终保持从容镇定。习近平总书记指出："坦荡无私，是邓小平同志一生最光辉的人格魅力，也永远是中国共产党人应该锤炼的品质修养。"②经过近一个世纪的磨炼，邓小平在一定程度上达到了"不以物喜，不以己悲"的精神境界。第二次被打倒期间，邓小平被下放江西新建县监管劳动。一次，他的老朋友张鼎丞的女儿张九九偷偷去看望他，却见到处于逆境中的邓小平是这样一番景象："因为邓叔叔已经吃完饭，准备上楼了，所以他正站在楼梯上。我和华川两个人一看见他也很激动，可是邓老爷子什么也没说，就问我们：'吃饭没有？搞饭吃！'就是完全不是一种落难人的感受。他也没多说什么话，但你就觉得他还是一个总书记，还是在那个位置上，他的气势就把你压住了。当时的感觉就是他还是一个领袖人

---

① 中共中央文献研究室编：《邓小平年谱（1975—1997）》（上），中央文献出版社2004年版，第535页。
② 习近平：《在纪念邓小平同志诞辰110周年座谈会上的讲话》，《人民日报》，2014年8月21日。

物。"①所以，整体看来，晚年的邓小平在身体和精神方面的情况还是非常好的。但是，具体到南方谈话前后，还有一些不为人知的特殊情况。

尽管像邓小平这样的革命者从不计较个人得失，但也存在会对他们的身心造成重要影响的因素，这其中最重要的恐怕是人民的安危冷暖以及他们所领导的事业的盛衰成败。"身体是革命的本钱"是毛泽东的名言，他一直拥有出色的身体素质，"自信人生二百年，会当击水三千里"。但是林彪叛国出逃的"九一三"事件，以及由此客观上宣告的"文化大革命"在理论和实践上的失败给毛泽东造成很大的创伤。从1971年9月到1972年2月，毛泽东两次生重病。1971年10月8日他在会见埃塞俄比亚皇帝海尔·塞拉西时说："早几个星期前，我因为心脏病已经死了一次了，上天去了，见了一次上帝，现在又回来了。"②这样严重的病情，此前毛泽东从来没有遭遇过，此后也再没有恢复到最佳状态。

时过境迁，邓小平领导的"中国的第二次革命"——改革开放事业虽然也不是一帆风顺，每一步都要克服各种艰难险阻，但是总体发展趋势良好，没有发生大的波折。不过，由于自身的一些失误以及国际大气候和国内小气候的影响，1988年和1989年我国连续遭遇了经济风波和政治风波，是社会主义现代化建设道路上比较大的挫折，虽然在邓小平等人的领导和全党全国的共同努力下，我国最终度过了危机，但对年事已高的邓小平来说，这一阶段身心上承受了不小的压力。1989年，邓小平终于实现了退休的夙愿，十三届

---

① 张九九采访记录，1997年。
② 中共中央文献研究室编：《毛泽东传（1949—1976）》（下），中央文献出版社2003年版，第1611页。

五中全会审议通过《关于同意邓小平同志辞去中共中央军事委员会主席职务的决定》后,邓小平向全体与会同志公开致谢:"感谢同志们的理解和支持,全会接受了我退休的请求。衷心地感谢全会,衷心地感谢同志们。"①此时的邓小平看起来依然精神矍铄,但有一个不被人注意的细节:这一年,邓小平的保健医生根据他的身体情况,建议他戒掉陪伴了近七十年的香烟。邓小平对此的回答是:"好嘛,我试一下。"从此,他再也没有抽过一口香烟。11月17日,邓小平接见外宾,对美国前驻华大使伦纳德·伍德科克夫妇说:"我已经八十五岁了,要想到总有一天要糊涂的。要避免在糊涂时做糊涂事,说糊涂话,避免给别的领导人制造麻烦。不要糊涂时犯错误,这是我的真实想法。"②

到1992年初南方谈话之前,邓小平的生活依然简单规律,他继续定点起床吃饭,每天做自己编的体操,按固定的圈数在院中散步,似乎没有什么变化,甚至比往常更加沉静。但是家人和身边的工作人员还是隐隐感觉到他似乎在进行非常深入的思考:"实际上是我父亲有一个系列的思考,在他南巡讲话之前,就是在89年以后,他一直在思考这个问题。"③"他就一直是不说话,实际上脑子里都在想。他虽然没有写一个字、打一个字的草稿,但是所有的话都在他脑子里。所以才能把他自己想说的话说出来,然后一个字都不用改,就是一篇很好的文章。"④

---

① 中共中央文献研究室编:《邓小平年谱(1975—1997)》(下),中央文献出版社2004年版,第1296页。
② 中共中央文献研究室编:《邓小平年谱(1975—1997)》(下),中央文献出版社2004年版,第1299—1300页。
③ 邓榕采访记录,2014年。
④ 邓楠采访记录,2014年。

但就邓小平当时的身体情况来说,并不是非常好。1992年1月17日,在北京火车站最东侧的站台,邓小平登上了南下的专列。专列的列车长齐文明回忆他当时的状况:"八十八岁高龄,但是从精神面貌上还是很好,不像他那个年岁的老人。但是实际上年龄在那,走路啊由原来的那么快,(变成)上下车需要搀了,包括他身边的人员和我们乘务员都(去)搀扶。"① 当时的列车员李坤也说:"在南巡的时候,我也有幸担当他的乘务工作,他其实从北京上车的时候他身体并不是很好。"② 而当时邓小平给工作人员最深的印象还是在非常投入地进行思考。列车员梁石春说:"在车上就是工作,总是那样的,白天晚上就是工作那样子的,看着他挺辛劳的那样子的。"③ 服务员贾迎光也说:"什么话也没有,你眼前过人他眼珠子都不带转的,就是旁边已经没有什么那种感觉,就是在特别专一地在那儿思考,挺辛苦的。我们有时候看看都比较心疼他。"④ 不过,此时还没有人能猜想到邓小平在思考的内容和他将要采取的行动。

然而,1月18日,当专列抵达武昌车站时,邓小平却开始展现出不一样的状态。严格地说,武汉不是此行真正的目的地,只是列车为了补给停靠二十九分钟,按照安排,邓小平将在车站上听取湖北省委书记关广富的简短汇报。武昌火车站的站台只有短短的五百米。邓小平一边走一边听汇报,时而插上几句话,时而停下脚步。据关广富回忆,他们就这样来回走了四趟,一共停下来六次。他们

---

① 齐文明采访记录,2014年。
② 李坤采访记录,2004年。
③ 梁石春采访记录,2004年。
④ 贾迎光采访记录,2004年。

走走停停，边走边谈，这是一次信息高度浓缩的谈话，邓小平出人意料地谈了许多重要问题。当时，无论是湖北省委的领导还是专列上的人员都没有做好准备："因为（邓小平）出去不爱讲话的，所以我们也没有说跟在他旁边，或者记录或者录音这种习惯从来没有的，那突然他讲了这么多的话，我们当时就有点措手不及。"[①]11点02分，火车重新开动向南方驶去后，关广富、郭树言、钱运录三人凭着记忆，将邓小平的谈话内容记录下来，由钱运录做笔录。当夜，湖北省委将这份谈话记录传至中共中央办公厅。武昌火车站的谈话成为南方谈话的开端，邓小平也由此转换到一种特殊的精神状态，甚至可以说有一些亢奋。列车员李坤回忆："也可能他心里有一团火呀。他每次一到了站台，他马上就感觉好像不用人扶了那种感觉，而且到了地方也是这样的，就是说精神状态马上就不一样。"[②]

这种状态在抵达深圳时达到高峰，并一直持续。1月19日上午9时，专列抵达深圳，邓小平一行入住深圳迎宾馆。考虑到邓小平年近九十，并且坐了几天的火车，到深圳的第一天只安排休息，当地没有安排任何考察活动。但是，邓小平在房间刚刚坐定，就对陪同人员说："到了深圳，我坐不住啊，想到外边去看看。"[③]上午10点，他就在广东省委书记谢非、深圳市委书记李灏等人陪同下开始参观深圳市容，一路又发表许多重要谈话。他还到了皇岗口岸，站在深圳河大桥桥头，长时间地眺望对面的香港。据陪伴在邓小平身边的家人回忆："1992年的时候，我们的感觉，他真的有一个不吐

---

① 邓榕采访记录，2014年。
② 李坤采访记录，2004年。
③ 吴松营：《邓小平南方谈话真情实录——记录人的记述》，人民出版社2012年版，第31页。

不为快的那种感觉,他一定要说。而且,那次我们就觉得跟往常不一样。你想1984年,他去深圳的时候,只听不说,基本上什么都没有说。但是1992年去深圳的时候,大不一样,就是你不让他说,他也非要说。"①在特区视察的各个场合,情况基本都是这样,他不仅不断地发表谈话,而且进行了很多活动,比如在深圳仙湖植物园亲手种下了一棵高山榕树,在珠海参观高技术企业亚洲仿真控制系统工程有限公司时,他主动要求:"我要握握年轻人的手,科学的希望在年轻人。"随即与两百多位科技工作者握手。可以说是神采奕奕,活力四射。

反映这种状态的一个鲜明例子是1月23日上午9点40分,邓小平结束了在深圳五天的考察,在蛇口港码头登上海关902快艇,启程到珠海特区考察。途中一个多小时的时间,主要是邓小平一直滔滔不绝地在说,女儿邓楠担心他太劳累,曾经打断过他两次,让邓小平休息一会儿。他马上又开始说,不让说都不行。"不但要说,而且语速非常快。而且这次讲话跟他以往的讲话一样,不用太多地整理,没有废话。"②

1月31日,邓小平到达上海,这是他视察南方的最后一站。2月7日,天气特别阴冷。但邓小平不顾天气寒冷出发到他特别关注的浦东考察。他先到南浦大桥,高兴地让在场的记者拍了一张全家福,接着又来到正在建设中的杨浦大桥工地,听取了建设总指挥朱志豪的介绍,还向在高处施工工人挥手致意。但是实际上,此时邓小平的身体已经出现了一些问题。据邓小平的家人回忆:"可能大家不

---

① 邓楠采访记录,2014年。
② 邓楠采访记录,2014年。

知道，到了上海以后，他就大病了一场。我觉得南巡讲话的时候，真是倾注了他的心血。"①

2月21日，邓小平乘专列回到北京，南方谈话宣告完成。邓小平根据规定开始乘坐专列是1951年，到1994年，四十三年间共乘坐七十一次，专列列车长说："1992年，南方谈话那次是最长的一次，三十六天。"②南方谈话后，家人和身边工作人员遗憾地发现，邓小平的身体状况迅速地恶化了。邓小平的长子邓朴方回忆："他最后讲这些话都是把命拼上了。""最后你看他讲话多激动、多频繁、多恳切，多用心啊，付出了自己的感情，甚至把自己那点精气神都要用完了。""他一下子身体就垮下来了，再也没有缓过来了。就是春蚕到死丝方尽，到最后了拼了老命把最后的政治交代完成。"③

邓小平1985年时曾说："测量我的健康有两条标准，一是游泳，二是打桥牌。能打桥牌就说明我的大脑还能起作用，能游泳说明体力还可以。"④他还说："我不喜欢室内游泳池，喜欢在大自然中游泳，自由度大一些，有股气势。"⑤所以，邓小平几乎每年夏季都会到北戴河畅游大海，每次至少要游一个半小时，绝不偷懒。然而，就在南方谈话后几个月，1992年的夏天，经过医疗小组的最终同意，邓小平一共下海游了八次，每次大约四十五分钟。而第八次就是他最后一次下海游泳，从此，他只能坐在岸边，默默注视着大海。

不过，在发表南方谈话后，邓小平的心情多了一份安宁与轻

---

① 邓楠采访记录，2004年。
② 齐文明采访记录，2014年。
③ 邓朴方采访记录，2014年。
④ 中共中央文献研究室编：《邓小平年谱（1975—1997）》（下），中央文献出版社2004年版，第1063页。
⑤ 《邓小平文选》第3卷，人民出版社1993年版，第324页。

松。1992年7月12日,邓小平同前来探望的弟弟邓垦谈话,革命一生的兄弟俩谈到了共产主义理想,邓小平专门提及南方谈话:"我个人不关重要,对我个人来讲现在死正好是时候,你们要想透要超脱旧的观念,自然规律违背不了,但是我还想多活,剩下的时间想看看。我这一生有一个阶段性的成果,这个阶段在历史长河中是个重要的曲折的阶段和取得最好效果的阶段,就是这次'南方谈话'定了调,这个调没有错。十二多亿人口有了明确的方向、道路和方法,市场经济是方法手段,不是确定社会性质,我们没有辜负这些年,做了应该做的事,做了好事,这辈子就可以了。"[1]

总之,共产主义是邓小平始终坚持的毕生信仰,既坚定不移又实事求是地坚持和发展马克思主义,是贯穿其理论和实践的重要品质,是南方谈话产生的基础。而从南方谈话前后邓小平身体和精神状况的变化,可以领略其崇高的使命担当自觉。

---

[1] 《党的文献》2014年增刊,第184页。

中 篇
思考·指引
ZHONGPIAN
SIKAO ZHIYIN

1992年1月24日上午，邓小平视察珠海生物化学制药厂（左）

1992年1月27日上午，邓小平视察珠海江海电子公司机芯总装车间（右）

第三章
南方谈话中
已经成熟的基本理论

南方谈话是邓小平理论的集大成之作，其中包含了非常丰富的思想内容，它们并非都处于同一个理论发展阶段。概括来说，邓小平在南方谈话中阐发的重要思想观点，可以归为三种类型：其一是邓小平经过长期观察、思考、论证，已经完全成熟并成为全党共识的中国特色社会主义基本理论，在南方谈话中他又进行了强调和阐发；其二是他在南方谈话之前就已经提出、演进，在南方谈话中进行了进一步的论证完善，完成理论总结，成为具有重大时代指导意义的理论观点；其三是邓小平在此前已经提及，但在南方谈话中才正式破题，而当时的实践还没有发展到那一步，甚至针对的是还没有在社会上充分显现的问题，他尚不能够展开系统论述，留待来者继续开展研究的一些重大的理论前沿问题。

就第一种类型来说，邓小平在南方谈话中重新加以强调和阐发的已经成熟的基本理论主要包括：社会主义本质论、党的基本路线、社会主义精神文明等。

一、社会主义本质论[①]

党的十五大报告对邓小平理论有一句重要评价："深刻地揭示社会主义的本质，把对社会主义的认识提高到新的科学水平。"[②]社会主义本质论，是邓小平理论中的关键课题，也是整个理论体系的基础性内容，在今天依然具有指导意义。关于社会主义本质的最终概括，是邓小平在南方谈话中明确提出的。

（一）南方谈话对社会主义本质论的总结

1992年1月22日上午，邓小平来到深圳市仙湖植物园，在这里见到了前一天抵达深圳的国家主席杨尚昆，并种下一棵高山榕。当天下午2时，邓小平和杨尚昆一起接见了中共深圳市委、市政府、市人大常委会、市政协、市纪委负责人，并发表了一次集中谈话。当天上午在往返于仙湖植物园和迎宾馆的途中，他已经发表了一些谈话。综合来看，邓小平当天各次谈话的主题和思路是一致的，内容非常丰富，尤其是下午，可以说是邓小平南方谈话深圳阶段的总结。

三天前，在邓小平刚刚抵达深圳时，广东省委书记谢非曾向邓

---

① 本节的部分内容已发表在《党的文献》2013年第6期，题为《从"北方谈话"到"南方谈话"——邓小平对社会主义本质的认识历程》。
② 中共中央文献研究室编：《十五大以来重要文献选编》（上），中央文献出版社2004年版，第10页。

小平汇报："广东、深圳的人民都想念您。有很多干部都等着您接见，排着队哩。"当时邓小平回答："不要见了。因为见了少数，得罪了多数。就是出去走走，看看市容。"①但是，在这三天时间里，他在视察过程中不断地与部分广东省、深圳市的干部谈话。把他头脑中已经思考许久的想法讲出来，在干部群众中发挥作用，明显是其此行的主题。在即将离开深圳的前夕，邓小平决定，在更大范围内，更集中、更充分地把问题谈清楚。协同老战友杨尚昆，他召集中央军委副主席刘华清、广州军区司令员朱敦法、香港新华社社长周南、广东省委书记谢非、深圳市委书记李灏、市长郑良玉等人在他所在的深圳迎宾馆座谈。说是座谈，但与邓小平往常的调研大相径庭，实际上主要是邓小平在讲。在22日下午的这次谈话中，邓小平从经济特区说起，涉及了许多重大理论和实践问题，甚至谈到了社会主义国家要向当今世界各国包括资本主义发达国家学习的问题，这在当时改革开放的前沿——深圳的建设者们听起来都觉得振聋发聩。谈话中的一项重要内容，就是邓小平明确总结了社会主义本质论：

"一九八四年我来过广东。当时，农村改革搞了几年，城市改革刚开始，经济特区才起步。八年过去了，这次来看，深圳、珠海特区和其他一些地方，发展得这么快，我没有想到。看了以后，信心增加了。

"革命是解放生产力，改革也是解放生产力。推翻帝国主义、封建主义、官僚资本主义的反动统治，使中国人民的生产力获得解

---

① 吴松营：《邓小平南方谈话真情实录——记录人的记述》，人民出版社2012年版，第33页。

放,这是革命,所以革命是解放生产力。社会主义基本制度确立以后,还要从根本上改变束缚生产力发展的经济体制,建立起充满生机和活力的社会主义经济体制,促进生产力的发展,这是改革,所以改革也是解放生产力。过去,只讲在社会主义条件下发展生产力,没有讲还要通过改革解放生产力,不完全。应该把解放生产力和发展生产力两个讲全了。"①

"计划多一点还是市场多一点,不是社会主义与资本主义的本质区别。计划经济不等于社会主义,资本主义也有计划;市场经济不等于资本主义,社会主义也有市场。计划和市场都是经济手段。社会主义的本质,是解放生产力,发展生产力,消灭剥削,消除两极分化,最终达到共同富裕。就是要对大家讲这个道理。证券、股市,这些东西究竟好不好,有没有危险,是不是资本主义独有的东西,社会主义能不能用?允许看,但要坚决地试。看对了,搞一两年对了,放开;错了,纠正,关了就是了。关,也可以快关,也可以慢关,也可以留一点尾巴。怕什么,坚持这种态度就不要紧,就不会犯大错误。总之,社会主义要赢得与资本主义相比较的优势,就必须大胆吸收和借鉴人类社会创造的一切文明成果,吸收和借鉴当今世界各国包括资本主义发达国家的一切反映现代社会化生产规律的先进经营方式、管理方法。"②

"社会主义的本质,是解放生产力,发展生产力,消灭剥削,消除两极分化,最终达到共同富裕。"这是邓小平对社会主义本质的最终概括。他还说:"就是要对大家讲这个道理。"这一概括是

---

① 《邓小平文选》第3卷,人民出版社1993年版,第370页。
② 《邓小平文选》第3卷,人民出版社1993年版,第373页。

高度凝练的理论总结，需要对其各个组成部分深入研究，才能真正理解其丰富内涵。邓小平探索社会主义本质的过程，也是他对这些组成部分不断认识的过程。梳理这一理论发展过程，可以帮助我们在一定程度上理解该理论的内涵。

（二）北方谈话与社会主义本质论的破题

社会主义本质论是邓小平对社会主义进行不断认识、深入研究和认真思考所取得的成果。邓小平对于社会主义本质的认识并非一蹴而就，而是经历了比较长的历史过程。前文已述，关于社会主义本质的最终概括，是邓小平在南方谈话中明确提出的。那么，社会主义的本质这个命题是从什么时候破题的呢？我认为，邓小平在十一届三中全会之前几个月的北方谈话中，就已经破题了。

1978年9月，邓小平应金日成邀请到朝鲜进行了一次短暂访问，回国后，他没有直接回北京，而是到东北三省及河北唐山、天津进行视察。一路上，他发表了一系列讲话，提出许多带有突破性的观点，史称"北方谈话"。尽管当时国内的主要媒体并没有详细报道，但是这些振聋发聩的讲话还是迅速传播开来，为党的十一届三中全会的召开提供了重要的思想基础。这其中，就有关于社会主义本质的开创性论述，尽管此时邓小平尚未使用"社会主义本质"这一概念。

在北方谈话中，邓小平关于社会主义本质最集中的论述是9月16日在长春听取中共吉林省委常委汇报工作时发表的讲话，他说："现在在世界上我们算贫困的国家，就是在第三世界，我们也属于比较不发达的那部分。我们是社会主义国家，社会主义制度优越性的根本表现，就是能够允许社会生产力以旧社会所没有的速度迅速发展,使人民不断增长的物质文化生活需要能够逐步得到满足。按照历史唯物主义的观点来讲,正确的政治领导的成果,归根结底要表现在社会生产力的发展上,人民物质文化生活的改善上。如果在一个很长的历史时期内,社会主义国家生产力发展的速度比资本主义国家慢,还谈什么优越性?我们要想一想,我们给人民究竟做了多少事情呢?我们一定要根据现在的有利条件加速发展生产力,使人民的物质生活好一些,使人民的文化生活、精神面貌好一些。"[1]

在这里,邓小平使用的是"社会主义优越性"这一概念,他提出,"社会主义制度优越性的根本表现,就是能够允许社会生产力以旧社会所没有的速度迅速发展,使人民不断增长的物质文化生活需要能够逐步得到满足"。以现有的材料来看,这是邓小平关于社会主义本质较早较全面的概括。邓小平是从两个方面进行概括的,其一是生产力的发展,其二是人民生活水平的提高,这是此时邓小平思考社会主义本质的两个基本点,也是他此后领导实现历史转折的基本思路。后来,这种认识被形象地概括为"贫穷不是社会主义"。正是基于这种认识,邓小平确立了中国共产党在新时期执政的出发点。

与此同时,邓小平在北方谈话中还初步提出了实现"社会主义优越性"的基本途径。

首先,打破平均主义。邓小平从社会主义按劳分配的基本原理出发,在北方谈话中反复强调要打破平均主义。9月15日,他在哈尔滨谈到:"按劳分配政策很值得研究,不能搞平均主义。管理好的企业,工资待遇应该不同。企业管理得好,为国家贡献大的,

---

[1]　《邓小平文选》第2卷,人民出版社1994年版,第128页。

应给予奖励，刺激技术水平、管理水平的提高。平均主义害处太大了。"[1]16日，他在长春再次指出："不管大中小企业，搞得好的要奖励，不能搞平均主义，要鼓励先进"[2]，"要真正搞按劳分配，鼓励向上，鼓励人们努力学习，这对社会主义的极大益处是发展社会生产力"[3]。20日，他在天津同样说："我们过去是吃大锅饭，鼓励懒汉，包括思想懒汉，管理水平、生活水平都提不高。现在不能搞平均主义。毛主席讲过先让一部分人富裕起来。好的管理人员也应该待遇高一点，不合格的要刷下来，鼓励大家想办法。讲物质刺激，实际上就是要刺激。"[4]后来，这一观点发展为"让一部分人先富起来"和"两个大局"，实际上是社会管理理念的根本转变。

其次，加强引进。邓小平在东北各地都谈到了引进，而最为集中的是在鞍钢："引进技术改造企业，第一要学会，第二要提高、创新。凡是引进的技术设备都应该是现代化的。世界在发展，我们不在技术上前进，不要说超过，赶都赶不上去，那才真正是爬行主义。我们要以世界先进的科学技术成果作为我们发展的起点，我们要有这个雄心壮志。引进先进技术设备后，一定要按照国际先进的管理方法、先进的经营方法、先进的定额来管理，也就是按照经济规律管理经济。一句话，就是要革命，不要改良，不要修修补

---

[1] 中共中央文献研究室编：《邓小平年谱（1975—1997）》（上），中央文献出版社2004年版，第376页。
[2] 中共中央文献研究室编：《邓小平年谱（1975—1997）》（上），中央文献出版社2004年版，第378页。
[3] 中共中央文献研究室编：《邓小平年谱（1975—1997）》（上），中央文献出版社2004年版，第379页。
[4] 中共中央文献研究室编：《邓小平年谱（1975—1997）》（上），中央文献出版社2004年版，第387页。

补。"①10月10日，邓小平进一步指出："我们引进先进技术，是为了发展生产力，提高人民生活水平，是有利于我们的社会主义国家和社会主义制度。"②这一思想此后迅速发展为"对外开放"政策。

第三，重新考虑体制问题。邓小平在北方谈话中反复说道："从总的状况来说，我们国家的体制，包括机构体制等，基本上是从苏联来的，人浮于事，机构重叠，官僚主义发展。文化大革命以前就这样。办一件事，人多了，转圈子。有好多体制问题要重新考虑。总的说来，我们的体制不适应现代化，上层建筑不适应新的要求。"③"企业管理，过去是苏联那一套，没有跳出那个圈子。那时候，苏联企业管理水平比资本主义国家落后得多，后来我们学了那个东西，有了那个东西比没有好。但现在连那个落后的东西也丢掉了，一片混乱。"④"要提倡、要教育所有的干部独立思考，不合理的东西可以大胆改革，也要给他这个权。"⑤总之一句话："现在我们的上层建筑非改不行。"⑥当然，这是个非常复杂的问题，邓小平当时想到的主要是扩大基层的自主权，但是这一思想不断发展完善，最终形成了"多个领域改革"的基本政策。

以上可以看出，早在十一届三中全会之前的北方谈话中，邓小

---

① 中共中央文献研究室编：《邓小平年谱（1975—1997）》（上），中央文献出版社2004年版，第384页。
② 《邓小平文选》第2卷，人民出版社1994年版，第133页。
③ 中共中央文献研究室编：《邓小平年谱（1975—1997）》（上），中央文献出版社2004年版，第376页。
④ 中共中央文献研究室编：《邓小平年谱（1975—1997）》（上），中央文献出版社2004年版，第378页。
⑤ 中共中央文献研究室编：《邓小平年谱（1975—1997）》（上），中央文献出版社2004年版，第381页。
⑥ 中共中央文献研究室编：《邓小平年谱（1975—1997）》（上），中央文献出版社2004年版，第384页。

平已经比较明确、全面地提出了社会主义本质的关键命题，实现了破题。当然，邓小平此时的概括与南方谈话的概括相比，存在着显著区别。这是此后十四年间邓小平对社会主义本质的认识不断深化的结果。

（三）邓小平对社会主义本质的认识历程

邓小平的"谈话"以朴实、坦率、简洁著称，用词也十分准确。"本质"一词，并非邓小平的常用语。他进行的本质性的概括，都是经过深思熟虑的。社会主义本质论的确立，是一项伟大的理论创新，这其中既有整体构建、逐步完善的高端设计，也有各个理论板块内部的突破创新、深刻总结。从北方谈话到南方谈话，邓小平对社会主义本质的认识经历了复杂而艰辛的过程。通过其中的几个重要节点，可以清晰地看出邓小平认识的逐渐深化。

1. 1978年："消灭剥削"与"社会主义制度优越性的根本表现"

在社会主义本质中，"消灭剥削"实际上是最早确立的要素，这是从建党伊始就明确了的。以马克思主义为指导思想，以共产主义为理想的中国共产党人，始终没有忘记"消灭剥削"的最终目标，并且进行了深刻的社会实践。

最初是以土地革命为代表的消灭封建剥削的斗争。1934年通过的《中华苏维埃共和国宪法大纲》就提出："中华苏维埃政权以消灭封建剥削及澈底的改善农民生活为目的，颁布土地法，主张没收一切地主阶级的土地，分配给雇农，贫农，中农，并以实现土地国有为目的。"①第二步是以社会主义改造为标志的消灭资本主义剥削的斗争。1954年通过的《中华人民共和国宪法》提出："中华人民共和国依靠国家机关和社会力量，通过社会主义工业化和社会主义改造，保证逐步消灭剥削制度，建立社会主义社会。"②江泽民在1991年将"消灭剥削制度和剥削阶级，确立了社会主义制度"作为党成立以来领导各族人民为中国进步做的第二件大事，并认为"这是我国几千年来最深刻、最伟大的社会变革"③。

对于"消灭剥削"，邓小平是始终不渝地坚持的，早在1965年他就明确提出："社会主义归根结底是消灭剥削制度。"④遗憾的是，以"消灭剥削"为目的的社会主义运动逐渐脱离国情实际，偏离了正确轨道，走向"一大二公"、"阶级斗争扩大化"和"文化大革命"。最终，尽管没有出现新的剥削阶级，但是国家处于内乱之中，人民处于"共同贫穷"的状态。这是邓小平所不能接受的。

因此，在北方谈话中，邓小平对社会主义的重新认识，首先是从否定的视角，从反思人们感同身受的一些与社会主义的优越性格格不入的现象入手的。在邓小平看来，1978年中国最大的社会现实，就是生产力落后，人民生活贫困。他不断强调这种现象的严重性："社会主义要表现出它的优越性，哪能像现在这样，搞了二十

---

① 中共中央文献研究室、中央档案馆编：《建党以来重要文献选编（1921—1949）》第11册，中央文献出版社2011年版，第161页。
② 中共中央文献研究室编：《建国以来重要文献选编》第5册，中央文献出版社1993年版，第522页。
③ 中共中央文献研究室编：《新时期党的建设文献选编》，中央文献出版社1991年版，第749页。
④ 中共中央文献研究室编：《邓小平年谱（1904—1974）》（下），中央文献出版社2009年版，第1847页。

多年还这么穷，那要社会主义干什么？"①"外国人议论中国人究竟能够忍耐多久，我们要注意这个话。"②"贫穷不是社会主义"，这是从现象上对社会主义的重新认识，从而引发了关于社会主义本质的重新思考。在坚持"消灭剥削"为最终目标的前提下，邓小平提出了新的设想："我们是社会主义国家，社会主义制度优越性的根本表现，就是能够允许社会生产力以旧社会所没有的速度迅速发展，使人民不断增长的物质文化生活需要能够逐步得到满足。"显然，这是邓小平针对实际现象对社会主义本质进行的初步归纳，还需要进一步的理论总结。但是，这种归纳已经具有重要的理论意义，尤其是"社会主义制度优越性的根本表现"中的"根本"二字，已经充分体现邓小平对这一问题的重视。这是邓小平认识社会主义本质的第一步。

2. 1980年：从"能够允许社会生产力以旧社会所没有的速度迅速发展"到"发展生产力"

现象归纳呼吁着理论总结，这在两年以后有所体现。

根据现有材料，邓小平首次使用"社会主义本质"一词是在1980年5月5日会见几内亚总统艾哈迈德·赛古·杜尔时："社会主义是一个很好的名词，但是如果搞不好，不能正确理解，不能采取正确的政策，那就体现不出社会主义的本质。"③

有意思的是，在这次谈话中，他也使用了"社会主义优越性"

---

① 中共中央文献研究室编：《邓小平年谱（1975—1997）》（上），中央文献出版社2004年版，第384页。
② 中共中央文献研究室编：《邓小平年谱（1975—1997）》（上），中央文献出版社2004年版，第380页。
③ 中共中央文献研究室编：《邓小平年谱（1975—1997）》（上），中央文献出版社2004年版，第629页。

的概念:"根据我们自己的经验,讲社会主义,首先就要使生产力发展,这是主要的。只有这样,才能表明社会主义的优越性。社会主义经济政策对不对,归根到底要看生产力是否发展,人民收入是否增加。这是压倒一切的标准。空讲社会主义不行,人民不相信。"①

从这段谈话中我们可以得到三个明确信息:

首先,"社会主义本质"这一概念的提出,表示此时的邓小平已经开始从理论层面考虑社会主义本质的问题,他提出"如果搞不好,不能正确理解,不能采取正确的政策,那就体现不出社会主义的本质",也反映出邓小平的这种思考具有极强的现实针对性。在这里,邓小平依然是从否定的角度提出这个崭新概念的,并未作出定义或者阐发内涵,可见他尚未考虑成熟。

其次,这段谈话揭示了邓小平关于此问题的思考维度。他的思考是从三个层面进行的:其一,在根本目标和理想信念层面,始终不渝地坚持社会主义。他明确表示:"社会主义是一个很好的名词","我们认为社会主义道路是正确的。我们现在进行一系列改革,仍然坚持四项基本原则,其中有一条就是坚持社会主义道路"。这是大前提。其二,从历史层面进行反思。他谈到:"在搞社会主义方面,毛泽东主席的最大功劳是将马克思列宁主义的普遍原理同中国革命的具体实践结合起来。我们最成功的是社会主义改造。"其三,在现实层面进行探索。他指出:"各个国家应该根据自己的特点来实行社会主义的政策。像中国这样的大国,也要考虑

---

① 中共中央文献研究室编:《邓小平年谱(1975—1997)》(上),中央文献出版社2004年版,第629页。

到国内各个不同地区的特点才行。"①

再次，此时邓小平从现象上对社会主义的认知已经比较明确，"发展生产力"已经被认为是社会主义本质的必然要素。他用了"根据我们的经验"这样的表述，表明这依然是现象的归纳。继而他明确指出，"讲社会主义，首先就要使生产力发展，这是主要的"，这说明他已经将"发展生产力"上升到社会主义本质的层次，而且这一概括显然比两年前的"能够允许社会生产力以旧社会所没有的速度迅速发展"更具理论色彩。从当时的其他情况来看，也印证了这一进展：随着对外开放和农村改革初见成效，1980年4、5月间，邓小平反复多次地谈到发展生产力对于社会主义的意义，因此《邓小平文选》第二卷才将这一时期的四篇讲话合为一篇，题目就叫"社会主义首先要发展生产力"。

3. 1985年："解放生产力，发展生产力"

邓小平再一次明确谈到"社会主义本质"，是在五年后的8月21日，这次他是为了说明改革问题："改革的性质同过去的革命一样，也是为了扫除发展社会生产力的障碍，使中国摆脱贫穷落后的状态。从这个意义上说，改革也可以叫革命性的变革。我们的经济改革，概括一点说，就是对内搞活，对外开放。""对内搞活经济，是活了社会主义，没有伤害社会主义的本质。"②

这次谈话，使"改革"与"社会主义本质"密切地联系起来，这是社会主义本质论发展的重要一步。邓小平明确地提出"改革"是"为了扫除发展社会生产力的障碍"，"没有伤害社会主义的本

---

① 中共中央文献研究室编：《邓小平年谱（1975—1997）》（上），中央文献出版社2004年版，第629页。
② 《邓小平文选》第3卷，人民出版社1993年版，第135页。

质"，实际上是社会主义本质论中"解放生产力"部分的雏形。

在南方谈话中，邓小平集中论述了"解放生产力"的问题："革命是解放生产力，改革也是解放生产力。推翻帝国主义、封建主义、官僚资本主义的反动统治，使中国人民的生产力获得解放，这是革命，所以革命是解放生产力。社会主义基本制度确立以后，还要从根本上改变束缚生产力发展的经济体制，建立起充满生机和活力的社会主义经济体制，促进生产力的发展，这是改革，所以改革也是解放生产力。过去，只讲在社会主义条件下发展生产力，没有讲还要通过改革解放生产力，不完全。应该把解放生产力和发展生产力两个讲全了。"①

这段话准确地说明了"改革"、"解放生产力"与"社会主义本质"的关系，而这种认识的明确开端，就是1985年。在这年的3月7日，邓小平就提出："经济体制，科技体制，这两方面的改革都是为了解放生产力。"② 8月30日，邓小平再次谈到："过去我们搞土地革命，是解放生产力，现在搞体制改革也是解放生产力，这也是一场革命。"③

自此时起，"改革"成为新的时代强音，而"解放生产力"也进入"社会主义本质论"的理论版图。它被放在"发展生产力"之前，更突出了改革的重要意义。

---

① 《邓小平文选》第3卷，人民出版社1993年版，第370页。
② 《邓小平文选》第3卷，人民出版社1993年版，第108页。
③ 中共中央文献研究室编：《邓小平年谱（1975—1997）》（下），中央文献出版社2004年版，第1072页。

4. 1990年：从"使人民不断增长的物质文化生活需要能够逐步得到满足"到"消灭剥削，消除两极分化，最终达到共同富裕"

邓小平第三次谈到"社会主义本质"，又是五年以后。值得注意的是，这次他谈的是共同富裕问题。

1990年12月24日，邓小平在同江泽民、杨尚昆、李鹏谈话时指出："共同致富，我们从改革一开始就讲，将来总有一天要成为中心课题。社会主义不是少数人富起来、大多数人穷，不是那个样子。社会主义最大的优越性就是共同富裕，这是体现社会主义本质的一个东西。如果搞两极分化，情况就不同了，民族矛盾、区域间矛盾、阶级矛盾都会发展，相应地中央和地方的矛盾也会发展，就可能出乱子。"[1]

这段谈话中，邓小平明确提出"共同富裕"是"体现社会主义本质的一个东西"。在同一年，他还说过："社会主义的一个含义就是共同富裕。"[2]随着"消除两极分化，最终达到共同富裕"这一要素的确立，社会主义本质论的各个板块已经逐渐清晰。那么，这最后的一块重要拼图是如何创造的呢？

如同邓小平所说，"共同致富，我们从改革一开始就讲"。在1978年《解放思想，实事求是，团结一致向前看》一文中，邓小平就提出："在经济政策上，我认为要允许一部分地区、一部分企业、一部分工人农民，由于辛勤努力成绩大而收入先多一些，生活先好起来。一部分人生活先好起来，就必然产生极大的示范力量，影响左邻右舍，带动其他地区、其他单位的人们向他们学习。

---

[1]《邓小平文选》第3卷，人民出版社1993年版，第364页。
[2] 中共中央文献研究室编：《邓小平年谱（1975—1997）》（下），中央文献出版社2004年版，第1312页。

这样,就会使整个国民经济不断地波浪式地向前发展,使全国各族人民都能比较快地富裕起来。""当然,在西北、西南和其他一些地区,那里的生产和群众生活还很困难,国家应当从各方面给以帮助,特别要从物质上给以有力的支持。"[①]1984年,经济体制改革决定刚刚公布,邓小平就指出:"我们党已经决定国家和先进地区共同帮助落后地区。在社会主义制度下,可以让一部分地区先富裕起来,然后带动其他地区共同富裕。在这个过程中,可以避免出现两极分化(所谓两极分化就是出现新资产阶级),但这不是要搞平均主义。经济发展起来后,当一部分人很富的时候,国家有能力采取调节分配的措施。"[②]此后的几乎每一年中,他都会反复谈到这一问题。

那么,为什么邓小平要在1990年着重提出这一问题,并且提高到"社会主义本质"的层次呢?实际上,尽管邓小平早已预计到中国发展的趋势和共同富裕问题的重要性,但还是低估了形势发展的程度和速度。关于共同富裕的问题,本书第五章将专门论述。

邓小平的思考最后导向了"共同富裕"与"社会主义本质"的相互关系。实际上,他将"消除两极分化,最终实现共同富裕"纳入"社会主义本质"的范畴,主要不是解决问题,而是毫不讳言地提出问题。他为什么不直接解答呢?首先,他还没有得出结论;其次,此时第一步的发展问题尚未解决。因此他说:"(共同富裕)将来总有一天要成为中心课题。"

5. 1992年:"社会主义的本质"

综上所述,两年以后邓小平做出"社会主义本质"的最终概括

[①] 《邓小平文选》第2卷,人民出版社1994年版,第152页。
[②] 中共中央文献研究室编:《邓小平年谱(1975—1997)》(上),中央文献出版社2004年版,第1014页。

似乎没什么新意了。其实不然，正因为有了这许多铺垫，更显示出南方谈话极其重要的理论意义。

首先，最终完成了社会主义本质论的理论架构，将多年以来极为丰富的理论和实践内容凝练地概括为："社会主义的本质，是解放生产力，发展生产力，消灭剥削，消除两极分化，最终达到共同富裕。"这一论断是一个有机的集合体，语言极为简练，内涵极为宏大。邓小平凭借卓越的思维能力，将几个重大理论板块，融合成一个相互联系、相互依托、相互促进的有机整体，各元素缺一不可。这一科学论断，自它诞生起就展现了巨大的理论和实践价值，这已经被二十多年来的理论研究和社会实践所证明。

其次，对各个理论板块做了新的加工。几年来，邓小平的思考从未停止，对于一些已经成型的设想，又做了进一步的完善和加工，这在南方谈话各方面的精辟阐发中体现出来。比如，充分论述"在社会主义条件下发展生产力"、"通过改革解放生产力"的观点，以及二者的相互联系；通过"社会主义的本质"，说明"计划多一点还是市场多一点，不是社会主义与资本主义的本质区别"；在"消除两极分化"方面，指出建设社会主义制度的重要作用："社会主义制度就应该而且能够避免两极分化"；而关于"共同富裕"问题，则提出："什么时候突出地提出和解决这个问题，在什么基础上提出和解决这个问题，要研究。可以设想，在本世纪末达到小康水平的时候，就要突出地提出和解决这个问题。"这些论述，有力地拓展了"社会主义本质"的外延。

最后，南方谈话落脚于对社会主义的坚定信念和我们的现实责任。邓小平说："我坚信，世界上赞成马克思主义的人会多起来的，因为马克思主义是科学。""社会主义经历一个长过程发展后必然代替资本主义。这是社会历史发展不可逆转的总趋势,但道路是曲折的。""一些国家出现严重曲折,社会主义好像被削弱了,但人民经受锻炼,从中吸收教训,将促使社会主义向着更加健康的方向发展。因此,不要惊慌失措,不要认为马克思主义就消失了,没用了,失败了。哪有这回事!""我们要在建设有中国特色的社会主义道路上继续前进。""从现在起到下世纪中叶,将是很要紧的时期,我们要埋头苦干。我们肩膀上的担子重,责任大啊!"这实际上点明了坚持和发展中国特色社会主义道路,是实现社会主义本质的基本前提,是一切理论问题的出发点和落脚点。

二、党的基本路线

邓小平发表南方谈话,最根本的目标是为了扫除障碍,促进改革开放,将中国特色社会主义事业推向前进。我们考察中国共产党历史上具有划时代意义的历史性文献,都具有继往开来的特性,南方谈话也是如此。其中开创性的部分,在很多章节都会有论述,而继承性的部分,其中最主要的就是强调坚持党的基本路线。关于坚持党的基本路线不动摇,可以说是南方谈话最基本的内容。

(一)南方谈话关于党的基本路线的论述

从篇幅来说,南方谈话中关于党的基本路线的内容,或者说强调坚持党的基本路线的论述,是最多的;从过程来看,南方谈话就从坚持党的基本路线开启,并且贯彻始终。

1992年初,邓小平从北京出发之前,他的警卫秘书、中央警卫局副局长孙勇给沿途的各省发出电报,提出三点要求:第一,邓小平同志出发去南方休养，路过你省，具体时间请跟铁道部联系；第二，请做好沿线的安全警卫工作；第三，邓小平同志所到各省，不接不送。①

到南方视察，要经过湖北。湖北省委书记关广富接到通知后，与省长郭树言、省委副书记兼武汉市委书记钱运录商量，最后决定："小平同志要来，我们不但安全保卫要搞好，而且一定要去看看老领导！"②随后，通过湖北省委政法委书记、省公安厅厅长田期玉的请示，征得了专列上警卫人员的同意。

第二天下午，邓小平一行抵达武昌车站。按照出发前制定的行程表，此站的停车时间是二十九分钟。火车还没有停稳，孙勇就在车门口对等候在站台的关广富三人说："小平同志同意见你们，你们上车来吧。"三人还没有走到火车悬梯，邓小平从车厢走了出来。他直接喊出关广富的名字，请关广富他们陪他在站台散步。在火车旁边前前后后几百米的空间内，关广富三人一边陪邓小平散步，一边向他汇报工作。

当关广富说到把中央的路线贯彻到基层难度比较大，但还要坚持不懈地贯彻中央的路线时，邓小平突然站住了。他大声说道："基本路线你们一定要记住，不动摇，管它一百年。"③

邓小平关于坚持党的基本路线不动摇的论述，自此就鲜明地展开了。在最终形成的南方谈话正式文本中，包括以下一些重要内容：

首先，邓小平从正面论述了要坚持"一个中心、两个基本点"的基本路线，一百年不动摇。他说："要坚持党的十一届三中全

---

① 孙勇采访记录，2014年。
② 关广富采访记录，2014年。
③ 关广富采访记录，2014年。

会以来的路线、方针、政策，关键是坚持'一个中心、两个基本点'。不坚持社会主义，不改革开放，不发展经济，不改善人民生活，只能是死路一条。基本路线要管一百年，动摇不得。只有坚持这条路线，人民才会相信你，拥护你。谁要改变三中全会以来的路线、方针、政策，老百姓不答应，谁就会被打倒。这一点，我讲过几次。如果没有改革开放的成果，'六·四'这个关我们闯不过，闯不过就乱，乱就打内战，'文化大革命'就是内战。为什么'六·四'以后我们的国家能够很稳定？就是因为我们搞了改革开放，促进了经济发展，人民生活得到了改善。所以，军队、国家政权，都要维护这条道路、这个制度、这些政策。

"在这短短的十几年内，我们国家发展得这么快，使人民高兴，世界瞩目，这就足以证明三中全会以来路线、方针、政策的正确性，谁想变也变不了。说过去说过来，就是一句话，坚持这个路线、方针、政策不变。改革开放以来，我们立的章程并不少，而且是全方位的。经济、政治、科技、教育、文化、军事、外交等各个方面都有明确的方针和政策，而且有准确的表述语言。这次十三届八中全会开得好，肯定农村家庭联产承包责任制不变。一变就人心不安，人们就会说中央的政策变了。农村改革初期，安徽出了个'傻子瓜子'问题。当时许多人不舒服，说他赚了一百万，主张动他。我说不能动，一动人们就会说政策变了，得不偿失。像这一类的问题还有不少，如果处理不当，就很容易动摇我们的方针，影响改革的全局。城乡改革的基本政策，一定要长期保持稳定。当然，随着实践的发展，该完善的完善，该修补的修补，但总的要坚定不移。即使没有新的主意也可以，就是不要变，不要使人们感到政策变了。有了这一条，中国就大有希望。"①

其次，邓小平从坚持基本路线要面对的争论与阻力的方面进行了论述。他说："对改革开放，一开始就有不同意见，这是正常的。不只是经济特区问题，更大的问题是农村改革，搞农村家庭联产承包，废除人民公社制度。开始的时候只有三分之一的省干起来，第二年超过三分之二，第三年才差不多全部跟上，这是就全国范围讲的。开始搞并不踊跃呀，好多人在看。我们的政策就是允许看。允许看，比强制好得多。我们推行三中全会以来的路线、方针、政策，不搞强迫，不搞运动，愿意干就干，干多少是多少，这样慢慢就跟上来了。不搞争论，是我的一个发明。不争论，是为了争取时间干。一争论就复杂了，把时间都争掉了，什么也干不成。不争论，大胆地试，大胆地闯。农村改革是如此，城市改革也应如此。

"现在，有右的东西影响我们，也有'左'的东西影响我们，但根深蒂固的还是'左'的东西。有些理论家、政治家，拿大帽子吓唬人的，不是右，而是'左'。'左'带有革命的色彩，好像越'左'越革命。'左'的东西在我们党的历史上可怕呀！一个好好的东西，一下子被他搞掉了。右可以葬送社会主义，'左'也可以葬送社会主义。中国要警惕右，但主要是防止'左'。右的东西有，动乱就是右的！'左'的东西也有。把改革开放说成是引进和发展资本主义，认为和平演变的主要危险来自经济领域，这些就是'左'。我们必须保持清醒的头脑，这样就不会犯大错误，出现问题也容易纠正和改正。"②

---

① 《邓小平文选》第3卷，人民出版社1993年版，第370—371页。
② 《邓小平文选》第3卷，人民出版社1993年版，第374—375页。

最后，邓小平从未来和人的角度论述了坚持基本路线的要求。他说："正确的政治路线要靠正确的组织路线来保证。中国的事情能不能办好，社会主义和改革开放能不能坚持，经济能不能快一点发展起来，国家能不能长治久安，从一定意义上说，关键在人。

"帝国主义搞和平演变，把希望寄托在我们以后的几代人身上。江泽民同志他们这一代可以算是第三代，还有第四代、第五代。我们这些老一辈的人在，有分量，敌对势力知道变不了。但我们这些老人呜呼哀哉后，谁来保险？所以，要把我们的军队教育好，把我们的专政机构教育好，把共产党员教育好，把人民和青年教育好。中国要出问题，还是出在共产党内部。对这个问题要清醒，要注意培养人，要按照'革命化、年轻化、知识化、专业化'的标准，选拔德才兼备的人进班子。我们说党的基本路线要管一百年，要长治久安，就要靠这一条。真正关系到大局的是这个事。这是眼前的一个问题，并不是已经顺利解决了，希望解决得好。'文化大革命'结束，我出来后，就注意这个问题。我们发现靠我们这老一代解决不了长治久安的问题，于是我们推荐别的人，真正要找第三代。但是没有解决问题，两个人都失败了，而且不是在经济上出问题，都是在反对资产阶级自由化的问题上栽跟头。这就不能让了。我在一九八九年五月底还说过，现在就是要选人民公认是坚持改革开放路线并有政绩的人，大胆地放进新的领导机构里，使人民感到我们真心诚意搞改革开放。人民，是看实践。人民一看，还是社会主义好，还是改革开放好，我们的事业就会万古长青！

"要进一步找年轻人进班子。现在中央这个班子年龄还是大了点，六十过一点的就算年轻的了。这些人过十年还可以，再过二十年，就八十多岁了，像我今天这样聊聊天还可以，做工作精力就不够了。现在中央的班子干得不错嘛！问题当然还有很多，什么时候问题都不会少。我们这些老人关键是不管事，让新上来的人放手干，看着现在的同志成熟起来。老年人自觉让位，在旁边可以帮助一下，但不要作障碍人的事。对于办得不妥当的事，也要好心好意地帮，要注意下一代接班人的培养。我坚持退下来，就是不要在老年的时候犯错误。老年人有长处，但也有很大的弱点，老年人容易固执，因此老年人也要有点自觉性。越老越不要最后犯错误，越老越要谦虚一点。现在还要继续选人，选更年轻的同志，帮助培养。不要迷信。我二十几岁就做大官了，不比你们现在懂得多，不是也照样干？要选人，人选好了，帮助培养，让更多的年轻人成长起来。他们成长起来，我们就放心了。现在还不放心啊！说到底，关键是我们共产党内部要搞好，不出事，就可以放心睡大觉。十一届三中全会确立的这条中国的发展路线，是否能够坚持得住，要靠大家努力，特别是要教育后代。"①

应该说，到南方谈话的时期，邓小平关于党的基本路线的思想已经非常成熟而且完整，并且已经经过党的代表大会成为既定方针和集体意志，南方谈话的主要任务是确保始终坚持党的基本路线不动摇。不过，这并不降低其重要性，很多时候，克服困难和阻力，坚持正确路线不动摇的战略定力，比理论创新更艰难，也更有实践意义。就像毛泽东在《实践论》中说的："马克思主义的哲学认为十分重要的问题，不在于懂得了客观世界的规律性，因而能够解释世界，而在于拿了这种对于客观规律性的认识去能动地

---

① 《邓小平文选》第3卷，人民出版社1993年版，第380—381页。

改造世界。"①

就理论研究来说，关于党的基本路线这一命题的各个方面，已经有许多学术大家进行了全面的论述，不需要在这里赘述。这里准备追溯的是，邓小平从十三大党的基本路线概括完成到南方谈话强调始终坚持不动摇的思想历程。

（二）邓小平与党的基本路线概括的完成与坚持

党的基本路线，指的是中国共产党在社会主义初级阶段的基本路线，完整表述是："领导和团结全国各族人民，以经济建设为中心，坚持四项基本原则，坚持改革开放，自力更生，艰苦创业，为把我国建设成为富强、民主、文明的社会主义现代化国家而奋斗。"概括来说，即大家耳熟能详的"一个中心、两个基本点"。这条基本路线是党的十三大概括完成的，在南方谈话之前，邓小平经常称之为"十三大路线"。党的基本路线的概括完成及其之后的坚持，与邓小平有密切的联系，也包含了邓小平在一个特殊阶段的思想历程。

1. 十三大前，邓小平与党的基本路线概括的完成

在党的十三大完成概括之前，党的基本路线经过长期的形成过程，无论是"一个中心"，还是"两个基本点"，都包含了邓小平大量的心血。十三大报告中指出："十一届三中全会以来的路线是一条马克思主义的正确路线。""在这条路线的形成和发展中，在一系列关键问题的决策中，在建设、改革、开放新局面的开拓中，邓小平同志以马克思主义的理论勇气、求实精神、丰富经验和远见

---

① 《毛泽东选集》第1卷，人民出版社1991年版，第292页。

卓识，做出了重大贡献。"

从十一届三中全会到六中全会这段时间，邓小平在指出当前以及今后相当长一段时期我们的主要任务是搞现代化建设，"要把经济建设当作中心"时，一方面提出要对生产关系、上层建筑、管理方式进行全面的改革，另一方面针对当时出现的错误思潮，强调"四个坚持"。"一个中心"和"两个基本点"在此时已具备雏形。到党的十二大，完成了党在新的历史时期的总任务、总目标的概括，比《关于建国以来若干历史问题的决议》中的提法增加了"自力更生，艰苦奋斗"的思想内容，与后来概括的基本路线更加接近。十二大以后，各方面的改革发展实践推动了理论的前进，尤其是十二届三中全会以后全面改革的展开，实践的发展和党的理论认识的提高，为党的基本路线的正式确立创造了条件。

1986年9月，党的十二届六中全会通过的《关于社会主义精神文明建设指导方针的决议》，提出我国社会主义建设的总体布局是"以经济建设为中心，坚定不移地进行经济体制改革，坚定不移地进行政治体制改革，坚定不移地加强精神文明建设，并且使这几个方面相互配合，相互促进"。其中，包括了"以经济建设为中心"的标准提法。

时间来到1987年，改革开放进入第九个年头。对古老的中国来说，过去的八年是翻天覆地的一段时光。据统计，从1978年到1986年，全国国民生产总值由3480亿元增加到9380亿元，按可比价格计算增长102%；国民收入由3010亿元增加到7790亿元，按可比价格计算增长94.9%；国家财政收入由1121亿元增加到2220亿元，增长98%。国民生产总值、国民收入以及国家财政收入这三项重要的经济指标，基本都翻了一番。

经济持续快速发展的同时，全国政治安定团结，城乡居民物质和文化生活得到明显改善，人民安居乐业，现代化建设事业呈现出一派欣欣向荣的景象。事实表明，十一届三中全会以来的路线、方针、政策，经受住了考验并在实践中不断得到丰富和发展。面对中国发生的历史巨变，连美国的《华盛顿邮报》也不无感慨地评论道："过去几年里，在精明的邓小平的领导下，中国的经济改革超过了许多别的共产党国家。改革初期取得的成就证明，主张继续改革是正确的。"[①]

改革开放的巨大成就，让邓小平对中国的现代化建设事业充满信心。不过，他也清晰地认识到，随着改革的深入，经济、政治、思想等方面又都存在一些不容忽视的问题。在经济领域，经济社会发展中的矛盾依然很尖锐，特别是投资规模过大，财政赤字较大，原材料和农产品价格人为地压得过低，许多列入指令性计划的产品价格严重背离价值，社会总需求超过社会总供给等困扰中国经济的顽疾并未得到根本解决。在政治思想领域，1986年12月合肥、北京等地的学潮及1987年1月胡耀邦辞去中共中央总书记职务带来的政治震动并未完全消弭。在国内：一方面，社会上一小部分人借此发表各种背离四项基本原则的言论，大肆鼓吹资产阶级自由化，主张把资本主义那一套搬过来，搞"全盘西化"；另一方面，社会上又存在着把坚持四项基本原则同改革开放对立起来、把计划和市场对立起来的模糊认识和错误看法。不少人认为，一说反自由化，改革开放就得"收"；认为当前的经济形势很糟，是经济体制改革把经济搞乱了；认为企业承包租赁是"搞私有制"，厂长负责制是"取

[①] 《中国的教训》，《华盛顿邮报》，1987年4月7日。

消党的领导",家庭联产承包是"破坏集体经济基础",发展商品经济就是干资本主义,是资产阶级自由化的根源;认为对外开放是自由化泛滥的源泉,甚至把对外政策歪曲成"过去东倒,现在西歪",提出"要反政治上的自由化就必须反经济上的自由化"。在国外:自从一月份中国党和政府高层出现人员调整,境外特别是西方一些国家的政府、媒体,唯恐天下不乱,极尽渲染中国政治、经济形势的严峻性,猜测说中国政局要发生剧烈动荡,中国推行的改革开放政策也要发生变化,甚至出现大范围的倒退,出现了"中国有可能重回'左'的路线"、"中国会再闭关锁国"等奇谈怪论。①

1986年10月邓小平开始酝酿十三大的基调。他认为,我们党从粉碎"四人帮"以后,特别是从党的十一届三中全会以来,坚持实事求是的思想路线,制定了一系列正确的方针政策。这些方针政策就其总体来说,就是改革、开放的总方针总政策。在这一总方针总政策的指引下,我们党开辟了历史发展的新阶段,取得了举世瞩目的历史性成就。如何对这几年改革、开放的实践进行总结,并对改革进行理论上的阐述,以使改革、开放政策具有长期的稳定性,使改革、开放继续下去,并且搞得更快一些,这就是党的十三大所要解决的中心议题。因此,十三大的基调只能是改革、开放。在他看来,十三大应当开成一个坚持四项基本原则、加快改革开放、巩固和发展三中全会以来路线的大会,开成发扬民主、增强团结、沿着有中国特色的社会主义道路继续前进的大会。1987年1月29日,中央在春节团拜会上提出:"三中全会以来的路线,就是从中国的实际出发,建设具有中国特色的社会主义。这条路线的基本点是两条:

---

① 《参考消息》,1987年1月21日、22日、23日。

一条是坚持四项基本原则,一条是坚持改革开放搞活的方针,两者相互联系,缺一不可。"面对1986年底至1987年初国内外的各方面情况,邓小平认为,向国内外阐明中国政局的稳定和中国政府推进改革开放的决心,是一个关乎改革开放全局的重要问题。他就这一话题,在不同场合进行了一系列重要谈话,鲜明地提出了"四个不变"和"两个稳定"。

3月8日,邓小平会见坦桑尼亚联合共和国总统姆维尼,从政策的稳定性和连续性上,他提出了"四个不变":"总的讲,我们有四个不变:坚持四项基本原则不变,一心一意搞四个现代化建设不变,对外开放政策不变,进行经济体制改革和政治体制改革的方针不变。我们的改革和开放都将继续进行下去。"谈话中邓小平专门提到了十三大:"今年下半年,我们要召开党的十三大,大家看了十三大的结果就会清楚。"邓小平清楚地表明:"八年来,我们取得了建设的经验和可喜的成果,这证明坚持四项基本原则、坚持改革和开放的政策是正确的。"[①]4月12日,邓小平在会见冈比亚总统、冈比亚人民进步党总书记达乌达·凯拉巴·贾瓦拉时,又强调了中国政府推进改革和开放的坚定决心。他说:"我们取得成功的重要经验是政策对头,即实行改革开放政策。我们走第一步是靠改革和开放,第二步也是靠改革和开放,第三步更要靠改革和开放。这个政策几十年不变。现在世界上有人说中国后退了,要改变政策了,这是乱猜疑,不了解中国的情况。既然我们八年里搞对了,为什么要变呢?要变,人民不会赞成,违背人民意志的事,绝对不会

---

① 《邓小平文选》第3卷,人民出版社1993年版,第211—212页。

成功。"①邓小平这一系列旗帜鲜明、信心十足的谈话，逐步打消了国内外关于中国政局和中国政策是否稳定的种种怀疑和顾虑，坚定了国际社会对中国推进改革开放路线的信心，也坚定了全国上下对推进中国特色社会主义现代化建设的信心，为十三大的召开做了必要准备。同时，邓小平经过深思熟虑，还提出了"三步走"发展战略和将政治体制改革提上日程，这些都成为十三大的重要内容。

按照邓小平的考虑，十三大要肩负起两项重要的历史使命：一是要实现重要的理论突破。要从理论上对改革开放九年来所取得的成就、经验，所碰到的问题、困难，所要坚持的路线、方向，从马克思主义的基本原理中，从生产力和生产关系的辩证关系中做一个系统总结和科学概括。这种系统总结和科学概括，不仅要对我国过去几十年的社会主义建设经验中的大一统计划经济、单一公有制、单一按劳分配方式做一个客观分析，还要对未来我国经济、政治体制改革的方向做一个说明，为改革开放提供一个很有说服力的理论依据。简而言之，就是要向人民说明：只有坚持改革开放，坚持四项基本原则，实行与社会经济和生产力发展水平相适应的政策、措施，中国才有希望。二是将政治体制改革提上日程。随着经济体制改革的推进，理顺党和政府的关系、推进政治体制改革已经摆到了党和国家的重要日程上。这里面包括一项重要的内容就是培养年轻干部，实现干部年轻化，在此次大会上把年富力强、能力突出的年轻同志放到领导岗位上。他明确要求，十三大"就是把政治体制改革提到日程上来。最主要的是要搞个好的中央委员会和政治局，以

---

① 中共中央文献研究室编：《邓小平年谱（1975—1997）》（下），中央文献出版社2004年版，第1175—1176页。

进一步贯彻我们的领导干部逐步年轻化的方针"①。而邓小平在考虑十三大进一步使党和国家的领导层年轻化的任务时，也包括自己要实现退休。

筹备工作的重中之重，当然是大会报告的起草。而党的基本路线，自然也要在大会报告中进行阐述。十二届六中全会通过了在1987年第四季度举行十三大的决议后，十三大的筹备工作就展开了。起草一份经得起历史检验的报告，是开好党代会的关键。对此，邓小平给予了极大的重视和关心。

起草工作开始是由胡耀邦主持的。从1986年10月上旬开始，由十九人组成的报告起草组开始工作。胡耀邦提出，十三大报告的题目是不是叫《论中国特色的社会主义》？总结得好，就能站得高。社会主义初级阶段还可阐发，很多政策是从这里出来的。他要求尽快写出个一两千字的设想，他拿去送邓小平和常委。宁早勿迟，投石问路。②1987年1月，胡耀邦辞职，十三大报告的起草工作转由代理党中央总书记主持。政治报告、建设与改革报告的两个起草组合并一处，共同起草统一的十三大报告。

鉴于发生的波折，邓小平特别关心报告的起草工作，专门给予指导。2月6日，邓小平就十三大筹备和十三大报告起草问题召集中央相关负责同志进行商谈。为了鼓舞在座的中央负责同志，他讲道："前一段出了点差错没有什么了不起，不值得那么大惊小怪。不要怕，一怕就不能搞改革了。我倒觉得，我们是否搞得过稳了。

---

① 中共中央文献研究室编：《邓小平年谱（1975—1997）》（下），中央文献出版社2004年版，第1189—1190页。
② 龚育之：《十三大报告要好好写出一篇社会主义初级阶段论》，《学习时报》，2005年12月5日。

当然在目前情况下，学生闹事不久，稳一点好，但从长远来说，改革的步伐不能太慢。"接着，邓小平提出十三大报告的基本设想："十三大报告要在理论上阐述什么是社会主义，讲清楚我们的改革是不是社会主义。要申明四个坚持的必要，反对资产阶级自由化的必要，改革开放的必要，在理论上讲得更加明白。十三大报告应该是一篇好的著作。"①

按照邓小平的这一基本设想，自2月底到3月中旬，起草组及有关部门负责同志反复讨论了报告的思路、结构和主要内容。

5月，十三大报告起草组按照预定计划拿出了第一稿。根据中央领导同志提出的修改意见，于6月拿出了第二稿，7月拿出了第三稿。7月，中央书记处在北戴河召开会议，就报告的第三稿进行了认真讨论。7月4日，邓小平在会见孟加拉国总统艾尔沙德时进一步明确："搞社会主义现代化建设是基本路线。要搞现代化建设使中国兴旺发达起来，第一，必须实行改革、开放政策；第二，必须坚持四项基本原则，主要是坚持党的领导，坚持社会主义道路，反对资产阶级自由化，反对走资本主义道路。这两个基本点是相互依存的。"②至此，"一个中心"和"两个基本点"都已经正式提出，但是还需要最终的概括。

8月，一本十六开开本的十三大报告征求意见稿发往各地，共五千余人参加讨论。与此同时，起草小组又在北京召开了有中央和国家机关负责人，社会科学家、自然科学家，宣传单位的负责人，部分省、市、大企业和经济特区的一百多位同志参加的座谈会，共

---

① 《邓小平文选》第3卷，人民出版社1993年版，第203页。
② 《邓小平文选》第3卷，人民出版社1993年版，第248页。

分四个组,开了整整一周。此外,中共中央还邀请了各界人士举行座谈会。社会各界对十三大报告高度关注,无论是党内同志,还是党外朋友,在讨论中都畅所欲言、各抒己见,提出了许多宝贵的修改意见和建议。仅起草小组召开的一百多人参加的座谈会,就提出数以千计的意见。各地区、各部门收到征求意见稿后,几乎每个单位、每个部门都将参加讨论同志的意见和建议汇总起来,修改出一份稿子,报中央作为进一步修改时参考。这样的修改稿,在不到一个月的时间里,中央办公厅就收到一百多份,同时还收到党内外同志写来的大量建议书和意见信。可见,十三大报告是党和人民集体智慧的结晶。

9月初,中央书记处举行会议,商议十三大报告的具体修改。9月30日,中央政治局举行全体会议,讨论经过吸收各方意见而修改成的报告第五稿。政治局同志提出了若干具体的修改意见,并决定原则通过。10月25日,党的十三大召开,邓小平主持开幕式。大会报告指出当代中国正处在社会主义初级阶段,规定了这个阶段党的基本路线。到此,党的基本路线的概括完成。

对这次大会,世界舆论给予了高度评价,认为会议成功地确立了旨在使改革进一步加快的理论和体制,说它为"中国指明了道路",是"一个里程碑式的会议","无疑会进一步加深和加速(中国)的改革和开放"[1]。

2. 十三大后,邓小平对党的基本路线的坚持

十三大之后,邓小平在多次谈话中对十三大报告给予高度评价。当年11月11日,邓小平在会见朝鲜民主主义人民共和国总理李

---

[1] 万启智:《世界舆论高度评价中共十三大》,《瞭望》,1987年第45期。

根模时指出："党的十一届三中全会以后我们开始改革，制定了一系列新的方针和政策，到今年为止已经过了九年时间。九年来，发展比较顺利。我们党的十三大报告肯定这九年是搞对了，对过去作了一个很好的总结。这个报告是一个很好的报告，解答了一系列根本性问题，使十一届三中全会以来制定的一系列方针、政策能够持久地延续下去。"①

11月16日，在会见土井多贺子率领的日本社会党第三次访华代表团时，邓小平郑重评价道："我们党的十三大报告是集体创作，集中了几千人的智慧，有许多内容并不是我提出来的。当然，其中也有我的看法和意见，但大部分是集体的意见。""党的十三大的特点，一个是阐述了中国社会主义初级阶段的理论，在这个理论指导下，坚定地贯彻党的十一届三中全会以来的路线、方针和政策；另一个是更新了中央领导班子，保证我们的改革开放政策能够连续贯彻下去，并且加快步伐。在十三大以前，国际舆论和国内的人民还有些担心我们的改革开放政策是不是会连续下去，十三大回答了这个问题，我国人民和国际朋友都放心了。"②

邓小平认为，十三大的重要贡献在于对十一届三中全会以来的实践经验做出了理论总结，第一次系统阐明了社会主义初级阶段理论，并依据这个理论制定了"一个中心、两个基本点"的基本路线。他曾说："十三大主题就是开放和改革。十三大实际上制定了

---

① 中共中央文献研究室编：《邓小平年谱（1975—1997）》（下），中央文献出版社2004年版，第1216页。
② 《邓小平文选》第3卷，人民出版社1993年版，第258—259页。

至少五十年的路线和方针。"①十三大报告是集全党智慧总结出来的,是十一届三中全会以来的路线、方针、政策的科学结晶,在党的全国代表大会上概括了党在社会主义初级阶段的基本路线,第一次提出了"建设有中国特色的社会主义理论"的概念,这是一条改革开放的路线。因此,要坚定地维护,坚定地贯彻执行。

更重要的是,到1989年,国内出现了严峻的政治形势,有人对十三大报告提出了异议。对此,邓小平则坚定地回答:"改革开放政策不变,几十年不变,一直要讲到底。国际国内都很关心这个问题。要继续贯彻执行十一届三中全会以来的路线、方针、政策,连语言都不变。十三大政治报告是经过党的代表大会通过的,一个字都不能动。这个我征求了李先念、陈云同志的意见,他们赞成。"②

对党在社会主义初级阶段的基本路线的高度肯定,邓小平终其一生,坚定不移。他曾对来访的李政道说:"请你相信,中国在十年改革开放中制定的各项方针政策不会改变。十三大制定的路线不能改变,谁改变谁垮台。"③1989年11月23日,邓小平在会见外宾时郑重指出:"十三大确定了'一个中心、两个基本点'的战略布局。我们十年前就是这样提出的,十三大用这个语言把它概括起来。这个战略布局我们一定要坚持下去,永远不改变。"④

因此,到1992年发表南方谈话时,邓小平对党的基本路线的坚持实际上是这一思想的延续,而他由此阐发的关于"教育后代"、

---

① 中共中央文献研究室编:《邓小平年谱(1975—1997)》(下),中央文献出版社2004年版,第1220页。
② 《邓小平文选》第3卷,人民出版社1993年版,第296页。
③ 《邓小平文选》第3卷,人民出版社1993年版,第324页。
④ 《邓小平文选》第3卷,人民出版社1993年版,第345页。

"培养人"的思想则是历经风波后的进一步思考和完善。

实践证明，"一个中心、两个基本点"的基本路线符合社会基本矛盾运动的客观规律和我国社会主义初级阶段的基本国情，是中国特色社会主义事业成功的根本保证。在党的十三大对基本路线做出概括后，党的十四大将其正式写入党章。党的十五大、十六大、十七大、十八大都一以贯之地突出强调这一基本路线，要求全党无论遇到什么困难和风险，都必须毫不动摇地加以坚持。正是在这一基本路线的指引下，党带领人民聚精会神搞建设，大力发展生产力，在坚持四项基本原则前提下实行全面的改革开放，推动中国特色社会主义事业不断向前发展，取得了举世瞩目的成就。时至今日，中国特色社会主义进入新时代，但我国依然处于社会主义初级阶段。党的十九大报告提出："中国特色社会主义进入新时代，我国社会主要矛盾已经转化为人民日益增长的美好生活需要和不平衡不充分的发展之间的矛盾。"同时也强调："必须认识到，我国社会主要矛盾的变化，没有改变我们对我国社会主义所处历史阶段的判断，我国仍处于并将长期处于社会主义初级阶段的基本国情没有变。""全党要牢牢把握社会主义初级阶段这个基本国情，牢牢立足社会主义初级阶段这个最大实际，牢牢坚持党的基本路线这个党和国家的生命线、人民的幸福线。"因此，党的基本路线如今依然是我们需要始终坚持的理论，邓小平的相关论述和思考仍然具有时代价值。

三、社会主义精神文明

中国共产党对邓小平理论的认识历程中有几个标志性的时刻，

比如：1992年10月召开的党的十四大，提出用邓小平同志建设有中国特色社会主义理论武装全党的战略任务，并且郑重地将此载入了《中国共产党章程》，标志着邓小平理论指导地位的初步确立；1997年9月召开的党的十五大，将邓小平理论确立为党的指导思想，并体现在党章中，标志着邓小平理论指导地位的完全确立。而关于1996年10月召开的中共十四届六中全会，很多人的记忆可能已经模糊。这次会议通过了《关于加强社会主义精神文明建设若干重要问题的决议》，第一次将邓小平关于社会主义精神文明建设的思想，概括为八个方面，阐释了邓小平关于该方面的思想体系。这是一次重要的理论总结，其在邓小平去世之前得以完成，也为十五大正式提出邓小平理论做了重要的准备，具有特殊的意义。

南方谈话发表标志着邓小平理论的形成和成熟，虽然当时还没有"邓小平理论"这个概念。从1992年邓小平理论形成到1997年"邓小平理论"概念的科学概括，中国共产党对邓小平理论的认识也越来越成熟，主要特征就是理论化和系统化，关于精神文明的概括是其重要环节。不过，本文的研究对象并不是1996年的理论成果，而是以南方谈话为节点，邓小平关于精神文明建设的思想发展过程。

（一）南方谈话关于社会主义精神文明的论述

在南方谈话中，邓小平关于社会主义精神文明的论述是比较多的，足见其重视；相关论述散见于视察沿途各地，从目前掌握的资料来看，尤以在珠海谈得最多。后来经过集中整理，这一部分的内容成为南方谈话正式文本中的六大专题之一，分量很重。其内容主要有：

"要坚持两手抓,一手抓改革开放,一手抓打击各种犯罪活动。这两只手都要硬。打击各种犯罪活动,扫除各种丑恶现象,手软不得。广东二十年赶上亚洲'四小龙',不仅经济要上去,社会秩序、社会风气也要搞好,两个文明建设都要超过他们,这才是有中国特色的社会主义。新加坡的社会秩序算是好的,他们管得严,我们应当借鉴他们的经验,而且比他们管得更好。开放以后,一些腐朽的东西也跟着进来了,中国的一些地方也出现了丑恶的现象,如吸毒、嫖娼、经济犯罪等。要注意很好地抓,坚决取缔和打击,决不能任其发展。新中国成立以后,只花了三年时间,这些东西就一扫而光。吸鸦片烟、吃白面,世界上谁能消灭得了?国民党办不到,资本主义办不到。事实证明,共产党能够消灭丑恶的东西。在整个改革开放过程中都要反对腐败。对干部和共产党员来说,廉政建设要作为大事来抓。还是要靠法制,搞法制靠得住些。总之,只要我们的生产力发展,保持一定的经济增长速度,坚持两手抓,社会主义精神文明建设就可以搞上去。

"在整个改革开放的过程中,必须始终注意坚持四项基本原则。十二届六中全会我提出反对资产阶级自由化还要搞二十年,现在看起来还不止二十年。资产阶级自由化泛滥,后果极其严重。特区搞建设,花了十几年时间才有这个样子,垮起来可是一夜之间啊。垮起来容易,建设就很难。在苗头出现时不注意,就会出事。"

"历史经验证明,刚刚掌握政权的新兴阶级,一般来说,总是弱于敌对阶级的力量,因此要用专政的手段来巩固政权。对人民实行民主,对敌人实行专政,这就是人民民主专政。运用人民民主专政的力量,巩固人民的政权,是正义的事情,没有什么输理的地方。我们搞社会主义才几十年,还处在初级阶段。巩固和发展社会主义制度，还需要一个很长的历史阶段，需要我们几代人、十几代人，甚至几十代人坚持不懈地努力奋斗，决不能掉以轻心。"①

概括来说，论述主要包括两个方面的内容：一是关于两手抓，两只手都要硬。一手抓改革开放，一手抓打击各种犯罪活动，扫除各种丑恶现象。邓小平认为，实现这两点，"社会主义精神文明建设就可以搞上去"。其中他还专门提出了"在整个改革开放过程中都要反对腐败"的问题。二是关于坚持四项基本原则，尤其强调了坚持人民民主专政的内容。邓小平认为，这是"巩固和发展社会主义制度"的需要，是长时期的历史任务。

这些内容放在今天，完全没有过时，依然具有很强的现实指导意义；而这些内容放在当时，全国民众也完全不感到陌生，因为这是邓小平在领导改革开放起步、发展的整个过程中，多次论述、反复强调的思想观点。可以说，在发表南方谈话以前，邓小平关于社会主义精神文明建设的思想已经比较完善，在南方谈话中最主要的是站在新的历史坐标，进一步地强调和加强。而他的这一思想在形成过程中，一直具有很强的现实针对性，反映出其涉及社会意识的相关理论，在普遍性和特殊性方面的高度统一。

（二）邓小平关于社会主义精神文明有针对性的思考

与邓小平的很多理论观点一样，社会主义精神文明的概念也是在改革开放之初就提出来的，并且贯穿于改革开放宏伟实践的始终。在邓小平的思想体系中，应该说，关于这一方面的思想是比较完备和一贯的。由于其重要性和明确性，无论是党和国家的正式文

---

① 《邓小平文选》第3卷，人民出版社1993年版，第378—380页。

件，还是学术界的理论研究，都围绕着这一问题产生了大量理论成果。对于邓小平社会主义精神文明建设思想的形成和发展过程，理论界已经进行了比较系统的梳理，作为再研究，本文不准备再进行重复，而是重点阐释邓小平是如何有现实针对性地思考关于社会主义精神文明问题的。

1. 邓小平与"社会主义精神文明"概念的提出及其基本含义

邓小平第一次正式使用"社会主义精神文明"的概念，是1979年10月30日在中国文学艺术工作者第四次代表大会上的祝词中，他提出："我们要在建设高度物质文明的同时，提高全民族的科学文化水平，发展高尚的丰富多彩的文化生活，建设高度的社会主义精神文明。"[1]还有"要恢复和发扬我们党和人民的革命传统，培养和树立优良的道德风尚，为建设高度发展的社会主义精神文明做出积极的贡献"[2]。但这并不是中国共产党第一次提出这一概念。那是一个月前叶剑英《在庆祝中华人民共和国成立三十周年大会上的讲话》，其中提出："我们要在建设高度物质文明的同时，提高全民族的教育科学文化水平和健康水平，树立崇高的革命理想和革命道德风尚，发展高尚的丰富多彩的文化生活，建设高度的社会主义精神文明。""这些都是我们社会主义现代化的重要目标，也是实现四个现代化的必要条件。"[3]这个重要讲话是在9月25日至28日召开的中共十一届四中全会讨论并通过的。起草过程中，邓小平也发挥了一定作用。9月12日，邓小平同胡耀邦、胡乔木、邓力群谈话，专门谈修改讲话稿，他提出稿子里缺少一项内容："林彪、'四人

---

[1] 《邓小平文选》第2卷，人民出版社1994年版，第208页。
[2] 《邓小平文选》第2卷，人民出版社1994年版，第209页。
[3] 《叶剑英选集》，人民出版社1996年版，第540页。

帮'毒害了一代人。对于这一代人，特别是一些青年，有个再教育的问题。各级干部，包括老干部，也有个再教育的问题。教育的非常重要的内容，就是要他们尊重集中，遵守纪律，顾全大局，先公后私，并且在全国人民中逐步恢复和发扬我们曾经有过的好的道德风尚。讲话稿没有这方面的内容，要加进去。要讲加强纪律性、组织性，强调批评无政府主义、极端个人主义。现在有的从'左'的方面，也有的从右的方面，来助长无政府主义、极端个人主义和资产阶级自由化。这两个方面，都值得注意。要分析当前的思想状况，有针对性地讲问题，进行教育和再教育。批评群众中的无政府主义、极端个人主义思想，要讲究方式。对多数人的教育工作做好了，就要坚决打击那些专门扰乱社会秩序的极少数人，坚决制止他们的各种不法行为。"[1]这些思想后来都体现在了叶剑英的讲话中。从这些材料中我们可以看出：

首先，"社会主义精神文明"概念的正式提出，以叶剑英《在庆祝中华人民共和国成立三十周年大会上的讲话》为标志，其目的是重新阐释四个现代化的目标，表明"我们所说的四个现代化，是实现现代化的四个主要方面，并不是说现代化事业只以这四个方面为限"[2]。从这一概念的内涵来看，其包含了全民族的教育科学文化水平、健康水平、革命理想、道德风尚、文化生活等非常丰富的内容，是一个广义的概念。邓小平参与了这个历史文件的产生；这一概念的提出，邓小平完全同意；他在首次使用这一概念时，指向也完全一致。有学者认为，邓小平在1979年初的理论工作务虚会上

---

[1] 中共中央文献研究室编：《邓小平年谱（1975—1997）》（上），中央文献出版社2004年版，第554—555页。

[2] 《叶剑英选集》，人民出版社1996年版，第540页。

发表的《坚持四项基本原则》讲话，已经包含了社会主义精神文明建设的一些根本问题，应当作为他这一方面思想形成的标志。在我看来，虽然四项基本原则非常重要，但很明显，四项基本原则的范畴远远小于社会主义精神文明的范畴。实际上，在邓小平日后多次展开关于社会主义精神文明问题的论述过程中，这一概念的基本含义与第一次使用时并没有发生变化。时至今日，"社会主义精神文明"的基本含义仍是如此。也因此，它才是一个能与"社会主义物质文明"相并列的宏伟目标。

其次，从邓小平对叶剑英讲话稿的修改意见中可以看出他针对社会实际思想状况的分析和思考。邓小平在参与这一广义概念的提出过程时，已经将现实针对性突出地投放到两个方面：一个是恢复和发扬好的道德风尚，概括来说就是转变社会风气；另一个是防范来自"左"的和右的消极影响，概括来说就是排除错误社会思潮的干扰。我们发现，这与他在南方谈话的相关论述中强调的两个方面是完全一致的。实际上，"社会主义精神文明"虽然内涵丰富，但邓小平多次集中思考和论述这一问题时，始终把以上两个方面作为主要着眼点。这也符合他善抓主要矛盾的思维方式。

邓小平将关于社会主义精神文明思考的重点放在这两个方面，归根到底是源于现实的迫切要求和他对社会发展态势的清晰认识。改革开放进程中，在各领域取得巨大成就的同时，社会思想领域也产生了一些新问题，腐败现象和社会风气败坏的问题，社会错误思潮的干扰问题，这两方面的问题交织在一起，构成了复杂的思想斗争形势，对全面改革开放的大局构成威胁。对这种威胁，邓小平非常警觉，始终采取鲜明的态度和坚决的措施，对错误倾向给予有力打击。由于现实中的这些消极现象主要分为两个方面，所以邓小平在有针对性地表达观点和采取行动时，根据不同场合，有时有所侧重，有时合而为一，发展着他的相关思想和理论。这些问题的积累和发展，促使邓小平在积极推进经济体制改革的同时，更为深入地思考精神文明建设和社会主义现代化建设的全局问题。尤其在80年代中期，邓小平关于社会思想领域的思考，由推动党风和社会风气的根本好转到促进法制建设，由反对资产阶级自由化到加强精神文明建设，再到深入思考政治体制改革问题。这是邓小平理论逐步发展、成熟的一个重要组成部分。他认为，随着形势的发展，需要对精神文明建设的战略地位、指导思想和根本任务作出明确的阐述和规定，并以此形成物质文明和精神文明整体推进、协调发展的中国特色社会主义大格局。

2. 针对排除错误社会思潮干扰，邓小平关于社会主义精神文明的思考

自中华人民共和国成立以来，中国共产党领导全国各族人民艰苦奋斗，在很大幅度上改变了国家的落后面貌。1964年12月21日，周恩来在三届全国人大一次会议上提出："今后发展国民经济的主要任务，总的说来，就是要在不太长的历史时期内，把我国建设成为一个具有现代农业、现代工业、现代国防和现代科学技术的社会主义强国，赶上和超过世界先进水平。"[①]从此我国开始了实现社会主义四个现代化的伟大征程。这是一条异常艰难的征途，不仅要战胜国内外的各种艰难险阻，还要不断克服错误社会思潮的干扰。这些错误思潮主要来自"左"的和右的两个方面，在不同时期以不同的表现形式对我国的发展造成威胁，有时甚至达到了非常严

---

① 《周恩来选集》下卷，人民出版社1984年版，第439页。

重的程度，阻碍了我们的发展进程。要顺利实现我国的发展目标，就必须排除错误社会思潮的干扰，营造安定团结的政治局面，这是党和人民付出巨大代价后获得的重要历史经验。邓小平对此有非常清醒的认识，他在1981年3月27日同解放军总政治部负责同志谈话时指出："要批判'左'的错误思想，也要批判右的错误思想。解放思想，也是既要反'左'，又要反右。三中全会提出解放思想，是针对'两个凡是'的，重点是纠正'左'的错误。后来又出现右的倾向，那当然也要纠正。"他还提到黄克诚讲的：有"左"就反"左"，有右就反右。表示："我赞成他的意见。对'左'对右，都要做具体分析。"[1]由于这方面的问题主要体现在社会意识方面，因此邓小平在思考社会主义精神文明时，排除错误社会思潮的干扰成为他重要的着眼点。

以反对右的方面的错误思潮——资产阶级自由化为例。中共十一届三中全会以后，在拨乱反正及纠正"文化大革命"中"左"的错误的同时，思想战线、意识形态领域出现了一些新的情况和新的问题。一些人打着改革开放的旗号，否定社会主义制度，主张走资本主义道路，这就是资产阶级自由化思潮。伴随着改革开放的历史进程，它时起时伏，愈演愈烈。

邓小平很早就意识到了这一错误思想倾向的危险性，他数次向全党发出警示，要求警惕这股思潮，警惕资产阶级自由化。1979年3月30日的理论务虚会上，他有针对性地发表了长篇讲话《坚持四项基本原则》，强调在这个根本立场上决不允许有丝毫动摇。1980年12月25日，他在中央工作会议的总结讲话中强调："要批判和反对

---

[1] 《邓小平文选》第2卷，人民出版社1994年版，第379页。

崇拜资本主义、主张资产阶级自由化的倾向，批判和反对资产阶级损人利己、唯利是图、'一切向钱看'的腐朽思想，批判和反对无政府主义、极端个人主义。"①这是邓小平第一次正式提出"反对资产阶级自由化"的概念。1983年10月的中共十二届二中全会，邓小平又发表了《党在组织路线和思想战线上的迫切任务》的讲话，明确提出反对精神污染。

尽管邓小平很早就敲响了警钟，但这一思想倾向仍然在发展蔓延。1984年以城市改革为中心的全面改革拉开帷幕后，在哲学、经济学、政治学、社会学、文学艺术等领域，主张"全盘西化"，盲目推崇西方的资产阶级自由化思潮进一步盛行。一些人不断发表各种背离四项基本原则的言论，提出中国不应该过早搞社会主义，要补资本主义的课，并鼓吹中国要实行资本主义的经济制度和政治制度，鼓吹多党制、取消党的领导、否定人民民主专政。面对资产阶级自由化思潮的蔓延，思想战线做了很多工作，也取得了一定的成绩，但是在坚持四项基本原则、反对资产阶级自由化这个问题上，旗帜不鲜明，态度不坚决，党对思想战线的领导工作呈现出软弱涣散的状态。这既表现在对马克思主义的宣传重视和支持不够，又表现在对上述一些错误的思想倾向不敢进行有力的批评和斗争，反而采取了宽容、退让和妥协的态度，听任这股思潮的泛滥和蔓延。1984年12月中国作家协会第四次会员代表大会的筹备过程中，有中央主要领导提出，对反精神污染"这次会议不要再提这件事了"，"这次会议也不要再提'反对资产阶级自由化'了"。"两个不提"在客观上进一步助长了自由化思潮的泛滥。到1985年，社会上出现

---

① 《邓小平文选》第2卷，人民出版社1994年版，第368—369页。

了要求大赦自由化犯罪分子的舆论，而且是国内国外相呼应，大有依仗国际舆论要挟中国党和政府，要为资产阶级自由化正名之势。面对新的斗争形势，邓小平旗帜鲜明地反对资产阶级自由化的错误思潮。在这年5、6月间进行的两次谈话中，他明确地指出："中国在粉碎'四人帮'以后出现一种思潮，叫资产阶级自由化，崇拜西方资本主义国家的'民主'、'自由'，否定社会主义。这不行。中国要搞现代化，绝不能搞自由化，绝不能走西方资本主义道路。对搞资产阶级自由化并且触犯了刑律的人，不严肃处理是不行的。"[1]"搞资产阶级自由化，我们内部就成了一个乱的社会，不是一个安定的社会，什么建设都搞不成了。对我们来说，这是一个非常关键的原则的问题。"[2]邓小平主张，为了确保政治安定，避免这股思潮干扰现代化建设和改革开放，必须"刹住自由化的风"。这两次谈话集中体现了邓小平反对资产阶级自由化的鲜明态度，在党内外产生了很大的影响。不过，社会上资产阶级自由化的发展势头依然猛烈。不久，出现了我国改革开放新时期以来的第一次学潮。8月，中曾根以日本首相的公职身份参拜靖国神社，引发了中韩两国的强烈反应，并直接构成了中国1985年的九一八学潮。差不多同一时间，9月23日，在党的全国代表会议上，邓小平突出地提出要加强精神文明建设，其中就包含反对资产阶级自由化的内容。他在具体措施的第4项中提出："资产阶级自由化的宣传，也就是走资本主义道路的宣传，一定要坚决反对。"[3]

为了落实党的全国代表会议关于加强精神文明建设的精神，会

---

[1] 《邓小平文选》第3卷，人民出版社1993年版，第123页。
[2] 《邓小平文选》第3卷，人民出版社1993年版，第124—125页。
[3] 《邓小平文选》第3卷，人民出版社1993年版，第145页。

议闭幕两天后,9月26日胡耀邦主持中共中央书记处会议,确定次年召开的中共十二届六中全会两项议程,首先是讨论《关于社会主义精神文明建设指导方针的决议》。据胡启立回忆:"在积极推进经济体制、科技体制、教育体制改革的同时,需要搞一个行动纲领,对精神文明建设的战略地位、指导思想、根本任务、关键环节等都要作出明确的阐述,具体地说,就是要制订一个文件,这个文件是和经济体制改革文件配套的,形成物质文明、精神文明、民主法制整体推进、协调发展的中国特色社会主义的大格局。1985年底,这件事正式提到了中央工作日程。"[1]对这份指导社会主义精神文明建设纲领性文件,邓小平寄予厚望。不过,这份重要文件的起草制定,却直接地受到了资产阶级自由化思潮的冲击。据起草小组成员龚育之回忆:"从起草一开始,我们就知道党内党外在这个问题上存在争议。一些同志对前几年反对资产阶级自由化有些不同的意见。有的直接表达了出来,有的表达得含蓄委婉,有的是从语词含义方面提出意见,有的则是从实质方面提出意见。但摆到桌面上来的意见,主要是认为资产阶级自由化这个语词含义不明确,有弊病。"[2]围绕是否要在《决议》中写进反对资产阶级自由化内容的问题,从文件起草一开始,党内党外就产生了激烈的争论,直到《决议》案提交中共十二届六中全会讨论时仍没有定论。1986年9月28日,在全体会议的会场上,仍就此产生了激烈的争论。龚育之说:"我作为文件起草组的成员,或作为中央部门主要负责人,多次列席过中央全会。在中央全会的全体大会上,在通过决议之前,还就

---

[1] 胡启立:《我心中的耀邦》,《炎黄春秋》,2005年第12期。
[2] 龚育之:《党史札记末编》,中共党史出版社2008年版,第242页。

实质性的问题提出意见，展开讨论，从我的经历来说，十二届六中全会的全体大会上的这一次，是唯一的一次！"①

面对这种情况，邓小平发表即席讲话："反对资产阶级自由化，我讲得最多，而且我最坚持。""自由化是一种什么东西？实际上就是要把我们中国现行的政策引导到走资本主义道路。"②"搞自由化，就会破坏我们安定团结的政治局面。没有一个安定团结的政治局面，就不可能搞建设。"③"自由化本身就是资产阶级的，没有什么无产阶级的、社会主义的自由化，自由化本身就是对我们现行政策、现行制度的对抗，或者叫反对，或者叫修改。实际情况是，搞自由化就是要把我们引导到资本主义道路上去，所以我们用反对资产阶级自由化这个提法。管什么这里用过、那里用过，无关重要，现实政治要求我们在决议中写这个。我主张用。"④"看来，反对自由化，不仅这次要讲，还要讲十年二十年。这个思潮不顶住，加上开放必然进来许多乌七八糟的东西，一结合起来，是一种不可忽视的、对我们社会主义四个现代化的冲击。"⑤

当年年底，面对资产阶级自由化思潮实际造成的损害，邓小平进一步指出："反对资产阶级自由化至少还要搞二十年。民主只能逐步地发展，不能搬用西方的那一套，要搬那一套，非乱不可。我们的社会主义建设，必须在安定团结的条件下有领导、有秩序地进行，我特别强调有理想、有纪律，就是这个道理。如果搞资产阶级

---

① 龚育之：《陆定一与十二届六中全会精神文明决议》，《书摘》，2008年第7期。
② 《邓小平文选》第3卷，人民出版社1993年版，第181页。
③ 《邓小平文选》第3卷，人民出版社1993年版，第182页。
④ 《邓小平文选》第3卷，人民出版社1993年版，第182页。
⑤ 《邓小平文选》第3卷，人民出版社1993年版，第182页。

自由化，就是再来一次折腾。"①

后来的事实证明，邓小平的判断是准确的，错误的社会思潮确实对我们的现代化建设造成了重大冲击，这也是他发表南方谈话的重要背景之一。在南方谈话中，邓小平特别说道："在整个改革开放的过程中，必须始终注意坚持四项基本原则。十二届六中全会我提出反对资产阶级自由化还要搞二十年，现在看起来还不止二十年。资产阶级自由化泛滥，后果极其严重。特区搞建设，花了十几年时间才有这个样子，垮起来可是一夜之间啊。垮起来容易，建设就很难。在苗头出现时不注意，就会出事。"②实际上是对历史的回顾和总结，也是他针对排除错误社会思潮干扰，关于社会主义精神文明的思考的延续。

3. 针对转变社会风气，邓小平关于社会主义精神文明的思考

改革开放以后，尤其是进入全面改革阶段，随着对外开放不断扩大、经济体制双轨并行，出现了以"官倒"为特征的以权谋私、贪污受贿等消极腐败现象，一些领导干部甚至少数高中级干部搞权钱交易，党风和社会风气等方面随之出现了形形色色的问题，造成了很坏的影响，也引起了人民群众的强烈不满。

党中央很早就认识到这个问题，作为全面纲领性文件的《关于经济体制改革的决定》就提出："越是搞活经济、搞活企业，就越要注意抵制资本主义思想的侵蚀，越要注意克服那种利用职权谋取私利的腐败现象，克服一切严重损害国家和消费者利益的行为。"③陈云

---

① 《邓小平文选》第3卷，人民出版社1993年版，第196—197页。
② 《邓小平文选》第3卷，人民出版社1993年版，第379页。
③ 中共中央文献研究室编：《十二大以来重要文献选编》（中），人民出版社1986年版，第69—70页。

在十二届三中全会的书面发言中提出:"关于改革的决定中说:'竞争中可能出现某些消极现象和违法行为',这句话在文件里提一下很必要。""如果我们不注意这个问题,不进行必要的管理和教育,这些现象就有可能泛滥成灾,败坏我们的党风和社会风气。"①

1985年3月7日,邓小平在中南海怀仁堂出席全国科技工作会议闭幕会。不同寻常的是,他在讲完对科技体制改革的意见后,又即席发表一篇讲话:"现在我们国内形势很好。有一点要提醒大家,就是我们在建设具有中国特色的社会主义社会时,一定要坚持发展物质文明和精神文明,坚持五讲四美三热爱,教育全国人民做到有理想、有道德、有文化、有纪律。这四条里面,理想和纪律特别重要。"②他对社会上出现的不正之风展开了批评:"现在有一些值得注意的现象,就是没有理想、没有纪律的表现,比如说,一切向钱看。对这种现象的批评当然要准确,不要不适当,但是这种现象确实存在。有的党政机关设了许多公司,把国家拨的经费拿去做生意,以权谋私,化公为私。还有其他的种种不正之风。对于这些,群众很不满意。我们要提醒人们,尤其是共产党员们,不能这样做。不是在整党吗?应该首先把这些不正之风整一整。"③"当前在经济改革中出现了一些歪门邪道。'你有政策,我有对策'。违反法纪和政策的种种'对策',可多了。"④

以此为起点,邓小平开始了其论述社会主义精神文明问题最为集中的一个阶段。1985年9月召开的党的全国代表会议,主要议程是

---

① 《陈云文选》第3卷,人民出版社1995年版,第338页。
② 《邓小平文选》第3卷,人民出版社1993年版,第110页。
③ 《邓小平文选》第3卷,人民出版社1993年版,第111—112页。
④ 《邓小平文选》第3卷,人民出版社1993年版,第112页。

讨论并通过关于制定"七五"计划的建议以及增选中央委员会成员等组织事项，但是，邓小平在闭幕讲话中又专门把加强精神文明建设作为一项重要内容提了出来，其篇幅甚至超过了关于"七五"计划的内容。他尖锐地指出了问题："社会主义精神文明建设，很早就提出了。中央、地方和军队都做了不少工作，特别是群众中涌现了一大批先进人物，影响很好。不过就全国来看，至今效果还不够理想。主要是全党没有认真重视。我们为社会主义奋斗，不但是因为社会主义有条件比资本主义更快地发展生产力，而且因为只有社会主义才能消除资本主义和其他剥削制度所必然产生的种种贪婪、腐败和不公正现象。这几年生产是上去了，但是资本主义和封建主义的流毒还没有减少到可能的最低限度，甚至解放后绝迹已久的一些坏事也在复活。我们再不下大的决心迅速改变这种情况，社会主义的优越性怎么能全面地发挥出来？我们又怎么能充分有效地教育我们的人民和后代？不加强精神文明的建设，物质文明的建设也要受破坏，走弯路。光靠物质条件，我们的革命和建设都不可能胜利。过去我们党无论怎样弱小，无论遇到什么困难，一直有强大的战斗力，因为我们有马克思主义和共产主义的信念。有了共同的理想，也就有了铁的纪律。无论过去、现在和将来，这都是我们的真正优势。这个真理，有些同志已经不那么清楚了。这样，也就很难重视精神文明的建设。"[①]他提出工作的重点是："当前的精神文明建设，首先要着眼于党风和社会风气的根本好转。"[②]以及四个方面的具体措施：一是端止党风，是端正社会风气的关键；二是改善社

---

① 《邓小平文选》第3卷，人民出版社1993年版，第143—144页。
② 《邓小平文选》第3卷，人民出版社1993年版，第144页。

会风气要从教育入手,教育一定要联系实际;三是思想政治工作和思想政治工作队伍都必须大大加强,决不能削弱;四是思想文化教育卫生部门要以社会效益为最高准则。他认为:"做好以上几方面的工作,社会风气的根本好转也就有了保证。"①

在邓小平的大力推动下,加强社会主义精神文明建设,成为中央决策层的广泛共识。关于制定"七五"计划的《建议》指出:"坚持在推进物质文明建设的同时,大力加强社会主义精神文明的建设。""我们采取的所有改革、开放和搞活经济的政策,目的都是为了建设有中国特色的社会主义。必须切实抓好精神文明的建设,继续加强思想政治工作,教育全国人民做到有理想、有道德、有文化、有纪律,以推动物质文明的发展,并保证它的正确方向。"②党的全国代表会议突出地提出要加强精神文明建设,受到了广泛的关注。美联社、合众社、法新社、路透社、共同社等许多国家通讯社突出报道了邓小平、陈云和李先念等人讲话中有关加强精神文明建设和政治思想工作的内容,认为这次会议后的中国,一方面将继续奉行改革和开放政策;另一方面又要同出现的种种资本主义腐败的现象作斗争。③

为贯彻落实全国代表会议关于加强精神文明建设的精神,书记处做了全面的部署,提出端正党风首先从中央党政军机关和北京市抓起。次年1月,中央书记处在人民大会堂召开中央机关干部大

---

① 《邓小平文选》第3卷,人民出版社1993年版,第145页。
② 《中共中央关于制定国民经济和社会发展第七个五年计划的建议》,1985年9月23日中国共产党全国代表会议通过。
③ 《国际舆论认为中共全国代表会议意义深远》,《人民日报》,1985年9月25日。

会，号召中央党政军机关的全体党员、干部要做全国的表率，迅速行动，端正党风，纠正各种不正之风，加强党性教育，严格整顿纪律。大会还提出80年代后五年，必须把经济体制改革和社会主义精神文明建设这两件大事抓好。

这得到邓小平的大力支持。他说："赞成书记处这么抓。"①"书记处抓整顿风气抓得好，建议狠抓两年，抓出成效。这件事抓好了，就可以真正促进改革和建设。就是这样下决心抓，也要奋斗至少十年，才能恢复到五十年代最好时期的党风和社会风气。"②"有些党员干部的作风和社会风气实在太坏了，在整顿风气中确实有些人要开除党籍，要清理一下。抓党风和社会风气，没有十年的努力不行。十年育人嘛！"③"抓精神文明建设，抓党风、社会风气好转，必须狠狠地抓，一天不放松地抓，从具体事件抓起。"④"越是高级干部子弟，越是高级干部，越是名人，他们的违法事件越要抓紧查处，因为这些人影响大，犯罪危害大。抓住典型，处理了，效果也大，表明我们下决心克服一切阻力抓法制建设和精神文明建设。"⑤他认为，只有这样，才能维护安定团结的政治局面，保证社会主义现代化建设的顺利进行。"真正抓紧大有希望，不抓紧就没有希望。"⑥

1986年初，邓小平在中央政治局常委会对这一思想进行阐发，他对存在"一手软"的问题直言不讳："经济建设这一手我们搞得

---

① 《邓小平文选》第3卷，人民出版社1993年版，第154页。
② 《邓小平文选》第3卷，人民出版社1993年版，第153页。
③ 《邓小平文选》第3卷，人民出版社1993年版，第153页。
④ 《邓小平文选》第3卷，人民出版社1993年版，第152页。
⑤ 《邓小平文选》第3卷，人民出版社1993年版，第152页。
⑥ 《邓小平文选》第3卷，人民出版社1993年版，第152页。

相当有成绩，形势喜人，这是我们国家的成功。但风气如果坏下去，经济搞成功又有什么意义？会在另一方面变质，反过来影响整个经济变质，发展下去会形成贪污、盗窃、贿赂横行的世界。所以，不能不讲四个坚持，不能不讲专政，这个专政可以保证我们的社会主义现代化建设顺利进行，有力地对付那些破坏建设的人和事。"①他进而强调了"两手抓"的问题："还是我们过去的想法，搞四个现代化一定要有两手，只有一手是不行的。所谓两手，即一手抓建设，一手抓法制。党有党纪，国有国法。坚持四项基本原则中为什么要有一条坚持人民民主专政？只有人民内部的民主，而没有对破坏分子的专政，社会就不可能保持安定团结的政治局面，就不可能把现代化建设搞成功。"②

到了1992年南方谈话时，这一思想表述为："要坚持两手抓，一手抓改革开放，一手抓打击各种犯罪活动。这两只手都要硬。打击各种犯罪活动，扫除各种丑恶现象，手软不得。"③"在整个改革开放过程中都要反对腐败。对干部和共产党员来说，廉政建设要作为大事来抓。还是要靠法制，搞法制靠得住些。"④"运用人民民主专政的力量，巩固人民的政权，是正义的事情，没有什么输理的地方。"⑤其基本内容和精神实质是完全一致的。

需要指出的是，邓小平上述关于社会主义精神文明的思考是得到党中央的一致拥护，并在实践中得以贯彻落实，取得积极成效

---

① 《邓小平文选》第3卷，人民出版社1993年版，第154页。
② 《邓小平文选》第3卷，人民出版社1993年版，第154页。
③ 《邓小平文选》第3卷，人民出版社1993年版，第378页。
④ 《邓小平文选》第3卷，人民出版社1993年版，第379页。
⑤ 《邓小平文选》第3卷，人民出版社1993年版，第379页。

的。1986年9月，中共十二届六中全会阐明了社会主义精神文明建设的战略地位、根本任务和指导方针，通过的《中共中央关于社会主义精神文明建设指导方针的决议》成为该领域的纲领性文件。这一时期，在邓小平等人的大力推动下，中共中央、国务院还出台了若干规定，制止借改革之名牟取私利。中共中央和各地还先后查处和公布了一批大案要案，逮捕法办了一批严重犯罪分子，一些犯有严重错误的党员干部受到了党纪、政纪的严肃处理；对存在的不正之风进行了认真的清查和纠正；注意思想教育和制度建设，端正党风和推动社会风气好转取得了一定的成效。通过整党和贯彻纪律措施，不正之风的蔓延势头得到遏制。

今天，在现实的社会生活中，我们在社会主义精神文明方面仍然存在不少的问题，还有一些丑恶现象，有的甚至非常严重。但不能否认，我国社会主义现代化建设的每一次进步，都与精神文明领域所做的大量工作分不开。如果不是在邓小平关于社会主义精神文明问题的思想指导下、我们党从未放松在该领域的顽强奋战，为我国社会主义物质文明的建设提供强大支撑，历史与现实的面貌都会发生很大改变。举一个例子，南方谈话中指出的"在整个改革开放过程中都要反对腐败"，是邓小平社会主义精神文明思想的重要组成部分，而"从严治党"方针的形成就是其在实践中的重要体现。在邓小平集中思考和论述社会主义精神文明问题的同时，"从严治党"与"小康社会"共同迈进的历史过程也可通过材料得以追踪。

(三)"小康社会"与"从严治党"的共同迈进①

本书导言说明"本项研究的研究范围以与南方谈话相关为界限,如邓小平许多未在南方谈话中阐释的重要思想观点不在本项研究范围",那么邓小平的小康社会思想是否在此范畴就产生了问题。毫无疑问,小康社会思想在邓小平的思想体系中占据非常重要的地位,但在南方谈话中邓小平并没有对这一问题专门展开论述,只在阐释共同富裕时提到一句:"可以设想,在本世纪末达到小康水平的时候,就要突出地提出和解决这个问题。"②在本小节中,将结合社会主义精神文明建设的一个重要体现——"从严治党"问题,适当地展现邓小平关于这两个问题的交互思考。

万里长征是一步一步走出来的。习近平总书记说:"不忘初心、牢记使命",还曾引用"明镜所以照形,古事所以知今"。③之所以有"全面建成小康社会"首先是因为"小康社会"的产生,推进"全面从严治党"也应知道"从严治党"从何而来。如今,大家已经比较熟悉邓小平在会见大平正芳时提出"小康社会"的历史过程,那么,"从严治党"是什么时候正式提出的呢?

面对这个问题,大多数人会追溯到比较早的历史时期。的确,在我们党的指导思想和革命实践中,一直包含着"从严治党"的思想元素。比如,1859年马克思在致恩格斯的信中就指出:"必须绝对保持党的纪律,否则将一事无成。"④1921年列宁提出"法庭对共

---

① 本小节的主要内容已发表在《邓小平研究》2017年第3期,题为《论"小康社会"与"从严治党"的共同迈进》。
② 《邓小平文选》第3卷,人民出版社1993年版,第374页。
③ 习近平:《在庆祝中国共产党成立95周年大会上的讲话》,《人民日报》,2016年7月2日。
④ 《马克思恩格斯全集》第29卷,人民出版社2006年版,第413页。

产党员的惩处必须严于非党员"①。1952年在处理刘青山、张子善案时，毛泽东指出："正因为他们两人的地位高，功劳大，影响大，所以才要下决心处决他们。只有处决他们，才可能挽救二十个，二百个，二千个，二万个犯有各种不同程度错误的干部。"②这些无疑都体现着"从严治党"的精神，但是作为一个正式的提法、概念和理论命题，实际上"从严治党"的提出要晚于"小康社会"。根据目前看到的资料，党中央首次以中央文件的形式正式提出"从严治党"，是1985年11月24日发出的《中共中央整党工作指导委员会关于农村整党工作部署的通知》，其中的第九条《严格注意掌握政策》指出："要从严治党，坚决反对那种讲面子不讲真理，讲人情不讲原则，讲派性不惜牺牲党性的腐朽作风。"

在20世纪80年代中期，产生了"从严治党"的理念，并不是偶然的。站在今天的角度，回顾当年的理论与实践进程，我们会发现，从1979年到1987年，"从严治党"与"小康社会"一起经历了共同迈进的重要征程。具体来说，其包括三个发展阶段：

1. 1979年至1982年

对这两个命题来说，1979年都具有开创意义。这年的12月6日，邓小平会见日本首相大平正芳时提出了"小康"的概念。大平正芳在这次访华半年后不幸辞世，1988年8月26日，邓小平会见日本首相竹下登，在回顾提出小康目标的过程时说："提到这件事，我怀念大平先生。我们提出在本世纪内翻两番，是在他的启发下确定

---

① 《列宁全集》第43卷，人民出版社1987年版，第53页。
② 薄一波：《若干重大决策与事件的回顾》上卷，中共中央党校出版社1991年版，第152页。

的。"[1]大平首相的启发是一个方面，但邓小平关于"小康社会"的思考早就开始了。"小康社会"的重要意义在于它是中国新的发展目标。发展目标是一个国家发展战略的核心，关系着社会生活的方方面面，直接影响着发展战略的成败。故而，一个发展目标的提出，往往是经过深思熟虑，再慎重提出的。通常，一个成熟的发展目标包括三个要素：对此前目标的继承、发展和修订；对现实情况的针对性；对战略蓝图的总结。换句话说，要综合观照过去、现在和未来，"小康社会"是如此，"从严治党"也是如此。

"小康社会"首先是一个立足现实的降低了标准的现代化目标。"小康社会"要解决的问题，是既要使国家尽快地发展起来，人民生活迅速得以改善，又不能急于求成，脱离人口多、底子薄的国情实际，在这样的条件下，如何实现现代化？其在提出阶段的思想轨迹是：首先，测量中国与世界现代化进程的实际差距。1978年前后，我国派出多批经济代表团和考察团，赴日本、西欧和美国考察。邓小平到日本神奈川县日产汽车公司座间工厂参观，当了解到那里的劳动生产率比当时中国长春第一汽车制造厂高几十倍时，他说："我懂得什么是现代化了。"接着，1979年3月21日，邓小平首次提出"中国式的四个现代化"："我们定的目标是在本世纪末实现四个现代化。我们的概念与西方不同，我姑且用个新说法，叫做中国式的四个现代化。现在我们的技术水平还是你们五十年代的水平。如果本世纪末能达到你们七十年代的水平，那就很了不起。就是达到这个水平，也还要做许多努力。由于缺乏经验，实现四个

---

[1] 中共中央文献研究室编：《邓小平年谱（1975—1997）》（下），中央文献出版社2004年版，第1243页。

现代化可能比想像的还要困难些。"①两天后，他在中央政治局会议上表述为"中国式的现代化"："我同外国人谈话，用了一个新名词：中国式的现代化。到本世纪末，我们大概只能达到发达国家七十年代的水平，人均收入不可能很高。"②3月30日，邓小平在理论工作务虚会上进一步阐述："现在搞建设，也要适合中国情况，走出一条中国式的现代化道路。""要使中国实现四个现代化，至少有两个重要特点是必须看到的：""一个是底子薄。第二条是人口多，耕地少。中国式的现代化，必须从中国的特点出发。"③7月28日，他在青岛定出具体标准："如果我们人均收入达到一千美元，就很不错，可以吃得好，穿得好，用得好。"④在此基础上，12月6日会见来访的大平正芳时，正式提出了"小康"目标："我们要实现的四个现代化，是中国式的四个现代化。我们的四个现代化的概念，不是像你们那样的现代化的概念，而是'小康之家'。到本世纪末，中国的四个现代化即使达到了某种目标，我们的国民生产总值人均水平也还是很低的。要达到第三世界中比较富裕一点的国家的水平，比如国民生产总值人均一千美元，也还得付出很大的努力。"⑤

紧接着，1980年6、7月间，邓小平先后到陕西、四川、湖北、河南等地考察。7月22日，他在听取河南省委工作汇报后说："对

---

① 中共中央文献研究室编：《邓小平年谱（1975—1997）》（上），中央文献出版社2004年版，第496页。
② 中共中央文献研究室编：《邓小平年谱（1975—1997）》（上），中央文献出版社2004年版，第497页。
③ 《邓小平文选》第2卷，人民出版社1994年版，第163页。
④ 中共中央文献研究室编：《邓小平年谱（1975—1997）》（上），中央文献出版社2004年版，第540页。
⑤ 《邓小平文选》第2卷，人民出版社1994年版，第237页。

如何实现小康，我作了一些调查，让江苏、广东、山东、湖北、东北三省等省份，一个省一个省算账。我对这件事最感兴趣。八亿人口能够达到小康水平，这就是一件很了不起的事情。你们河南地处中原，你们算账的数字是'中原标准'、'中州标准'有一定的代表性。"①经过实地考察和计算，邓小平在次年4月进行了调整："经过这一时期的摸索，看来达到一千美元也不容易，比如说八百、九百，就算八百，也算是一个小康生活了。"②如果"到本世纪末人均国民生产总值达到一千美元"，"国民生产总值就要超过一万二千亿美元，因为到那时我们人口至少有十二亿"，我们"争取人均达到一千美元，最低达到八百美元"③。"小康社会"的构想，1981年11月被写入五届人大四次会议通过的《政府工作报告》。1982年8月，邓小平设计了实现目标的方案，就是20年翻两番，"前十年打基础，后十年跑得快一点"④。

1982年9月，党的十二大报告正式提出："从一九八一年到本世纪末的二十年，我国经济建设总的奋斗目标是，在不断提高经济效益的前提下，力争使全国工农业的年总产值翻两番，即由一九八〇年的七千一百亿元增加到二〇〇〇年的二万八千亿元左右。实现了这个目标，我国国民收入总额和主要工农业产品的产量将居于世界前列，整个国民经济的现代化过程将取得重大进展，城乡人民的收

---

① 中共中央文献研究室编：《邓小平年谱（1975—1997）》（上），中央文献出版社2004年版，第659页。
② 中共中央文献研究室编：《邓小平年谱（1975—1997）》（下），中央文献出版社2004年版，第732页。
③ 中共中央文献研究室编：《邓小平年谱（1975—1997）》（下），中央文献出版社2004年版，第785页。
④ 中共中央文献研究室编：《邓小平年谱（1975—1997）》（下），中央文献出版社2004年版，第838页。

入将成倍增长，人民的物质文化生活可以达到小康水平。"①

与此同时，"从严治党"也在积极酝酿中，突出的表现是这一时期，党的建设工作无论在组织上还是思想上都取得了长足的进展。

当时，现代化建设的任务繁重，党建工作面对的情况也异常复杂。一方面，党长期以来的优良传统、作风，在十年浩劫中遭到严重破坏；另一方面，社会主义现代化建设新阶段即将到来，面临许多全新的问题。1978年岁末，十一届三中全会在转移工作重心、实行改革开放的同时，还有一项重要决定，就是恢复成立中央纪律检查委员会。重建的中央纪委群英荟萃，选举产生了一百人的委员会，陈云任第一书记，邓颖超任第二书记，胡耀邦任第三书记，黄克诚为常务书记，王鹤寿等为副书记。仅半个月，中央纪委收到控诉信、申诉信或建议信就有六千多件，有些信甚至长达几百页。在党建方面，怎样正确地开启新阶段的工作，这是摆在全党面前亟待解答的问题。

1979年1月4日，中央纪委第一次全体会议提出："党的中央纪律检查委员会的基本任务，就是要维护党规党法，整顿党风。"②这次会议讨论并拟定了《关于党内政治生活的若干准则（草案）》，作为"整顿党风"的第一项重大举措。《准则》虽然只有十二条，但内容广泛丰富，既总结了几十年来党内政治生活正反两方面的经验教训，又针对当时的实际状况增添了新的内容，从宏观的党性原则，到细致的行为准则，规定了共产党员的规范，以这样的形式写出一部比较全面系统的党规党法，在我们党的历史上是一个创举。

---

① 中共中央文献研究室编：《十二大以来重要文献选编》（上），中央文献出版社2011年版，第11—12页。
② 《陈云文选》第3卷，人民出版社1995年版，第240页。

如要求共产党员"说老实话，做老实事，当老实人"与十八大后开展的"三严三实"专题教育高度一致。"不准搞特权"规定最为具体，如"禁止领导人违反财经纪律，任意批钱批物。禁止利用职权为家属亲友在升学、转学、晋级、就业、出国等方面谋求特殊照顾。禁止违反规定动用公款请客送礼。禁止违反规定动用公款为领导人修建个人住宅。禁止公私不分，假公济私，用各种借口或巧立名目侵占、挥霍国家和集体的财物"[1]。党的十八届六中全会制定的新形势下党内政治生活若干准则，也是这项工作的延续。

在实践中，一方面大规模地平反冤假错案，另一方面旗帜鲜明地反对新出现的消极腐败现象，当时称作"不正之风"。邓小平在党的理论工作务虚会上提出："为了促进社会风气的进步，首先必须搞好党风"；"只有搞好党风，才能转变社会风气，才能坚持四项基本原则"[2]。这时的"党风问题"由以民主集中制为重点逐渐转移到"以权谋私"的问题。邓小平认为："现在，不正之风很突出，要先从领导干部纠正起。群众的眼睛都在盯着他们，他们改了，下面就好办。"[3]1979年11月，中共中央、国务院联合发出《关于高级干部生活待遇的若干规定》。邓小平要求，这个规定一经下达，就要当作法律一样，坚决执行。1980年2月，十一届五中全会通过了《关于党内政治生活的若干准则》，邓小平在会上着重强调了坚持党的政治路线、思想路线和组织路线的问题。

国门初开，举国上下对应该怎样来进行改革开放、发展经济没有经验，特别是在沿海的一些地区，原来零星的走私贩私，在地方

---

[1] 《关于党内政治生活的若干准则》，人民出版社1980年版，第24页。
[2] 《邓小平文选》第2卷，人民出版社1994年版，第177—178页。
[3] 《邓小平文选》第2卷，人民出版社1994年版，第125页。

领导的错误判断和影响下，逐步形成比较大的甚至是群众性的犯罪活动，不正之风演变为腐败犯罪。1982年初，中央在全国范围内开展了一场打击经济领域中严重犯罪活动的斗争。1982年9月的十二大，在确定"小康社会"发展目标的同时，还按照邓小平在1980年提出的："修改党章是要进一步明确党在四个现代化建设中的地位和作用。执政党应该是一个什么样的党，执政党的党员应该怎样才合格，党怎样才叫善于领导？"①制定了新时期党章的蓝本——十二大《党章》。会议明确提出"把党建设成为领导社会主义现代化事业的坚强核心"，还作出决定："为了使党风根本好转，中央决定从明年下半年开始，用三年时间分期分批对党的作风和党的组织进行一次全面整顿。"②这成为"从严治党"提出的契机。

2. 1982年至1985年

十二大确立小康目标之后，邓小平还在考虑目标能否实现的问题。1982年10月，他在同国家计委负责人宋平谈话时说："到本世纪末，二十年的奋斗目标定了，工农业总产值翻两番。靠不靠得住？十二大说靠得住，相信是靠得住的。但究竟靠不靠得住，还要看今后的工作。"③1983年2月，他到江苏、浙江、上海等地考察，十多天里，反复询问和论证的问题就是：到2000年，能不能实现翻两番？有没有信心？人均八百美元，达到这样的水平，社会上是一个什么面貌？发展前景是什么样子？此行使他充满了信心，并进一

---

① 《邓小平文选》第2卷，人民出版社1994年版，第276页。
② 中共中央文献研究室编：《十二大以来重要文献选编》（上），中央文献出版社2011年版，第47页。
③ 中共中央文献研究室编：《邓小平年谱（1975—1997）》（下），中央文献出版社2004年版，第859页。

步思考"翻两番"的同时实现社会发展的问题。3月2日,他向当时的中央负责人描述了达到小康目标时的社会状况:"第一,人民的吃穿用问题解决了,基本生活有了保障;第二,住房问题解决了,人均达到二十平方米";"第三,就业问题解决了,城镇基本上没有待业劳动者了;第四,人不再外流了,农村的人总想往大城市跑的情况已经改变;第五,中小学教育普及了,教育、文化、体育和其他公共福利事业有能力自己安排了;第六,人们的精神面貌变化了,犯罪行为大大减少"[1]。经过一年多的思考,1984年10月,邓小平又对"小康社会"的面貌做了全面、深入的阐释:"翻两番的意义很大。这意味着到本世纪末,年国民生产总值达到一万亿美元。从总量说,就居于世界前列了。这一万亿美元,反映到人民生活上,我们就叫小康水平;反映到国力上,就是较强的国家。因为到那时,如果拿国民生产总值的百分之一来搞国防,就是一百亿,要改善一点装备容易得很。""一百亿美元能够办很多事情,如果用于科学教育,就可以开办好多大学,普及教育也就可以用更多的力量来办了。智力投资应该绝不止百分之一。""现在我们还要不断地打击刑事犯罪分子,真正到了小康的时候,人的精神面貌就不同了。物质是基础,人民的物质生活好起来,文化水平提高了,精神面貌会有大变化。""人民生活,到本世纪末达到小康水平,比现在要好得多。""如果实现了翻两番,那时会是个什么样的政治局面?我看真正的安定团结是肯定的。国家的力量真正是强大起来了,中国在国际上的影响也会大大不同了。"[2]根据全面改革后的经

---

[1] 《邓小平文选》第3卷,人民出版社1993年版,第24—25页。
[2] 《邓小平文选》第3卷,人民出版社1993年版,第88—89页。

济发展形势，到1985年10月，邓小平预见：20世纪末人均国民生产总值八百美元的"目标肯定能实现，还会超过一点"①。

在这一阶段，"小康社会"从单一的经济目标，拓展到政治、教育、文化、社会、法制等各个方面，成为指导社会全面发展的综合目标，并且已经开始取得实效，实现了理论和实践双重意义上的重要完善。

与此同时，党的建设正在新的征程中。其中最重要的，就是整党工作的开展。

这次整党，是在经历十年内乱之后，国家和社会处于改革、开放、搞活经济的新的历史环境中进行的，要解决的是"党内思想、作风、组织三个严重不纯和纪律松弛的问题"②，邓小平在1983年9月提出整党的要求是"统一思想，整顿作风，加强纪律，纯洁组织"③。这次整党分三期进行：第一期是中央、国家机关各部委和各省、区、市一级单位以及解放军各大单位，第二期是地、县两级单位，第三期主要是农村的区、乡、村。第二期整党开始时，正是1985年初，中指委发出专门通知指出：要把增强党员的党性，纠正新的不正之风，保证改革的顺利进行，促进政治经济的形势继续健康地发展，作为地、县两级整党的突出重点来抓。

这一年的3月7日，邓小平出席全国科技工作会议，不同寻常的是，他讲完对科技体制改革的意见后，又即席发表一篇讲话，说：

---

① 中共中央文献研究室编：《邓小平年谱（1975—1997）》（下），中央文献出版社2004年版，第1093页。

② 薄一波：《关于整党的基本总结和进一步加强党的建设》（1987年5月26日），《人民日报》，1987年6月1日。

③ 中共中央文献研究室编：《邓小平年谱（1975—1997）》（下），中央文献出版社2004年版，第934页。

"现在有一些值得注意的现象，就是没有理想、没有纪律的表现，比如说，一切向钱看。""有的党政机关设了许多公司，把国家拨的经费拿去做生意，以权谋私，化公为私。还有其他的种种不正之风。对于这些，群众很不满意。我们要提醒人们，尤其是共产党员们，不能这样做。不是在整党吗？首先应该把这些不正之风整一整。""我们这么大一个国家，怎样才能团结起来、组织起来呢？一靠理想，二靠纪律。组织起来就有力量。没有理想，没有纪律，就会象旧中国那样一盘散沙，那我们的革命怎么能够成功？我们的建设怎么能够成功？"①

从日后来看，邓小平的这次讲话从正反两个方面建构了"从严治党"的基本内涵。邓小平为什么要在科技工作会议上，突然强调理想和纪律？他主要是针对改革中出现的新的不正之风。

1984年5月城市改革的措施陆续出台，特别是第四季度以后，许多党政机关和干部突击办起各种公司，其中相当一部分官商不分，打着"搞活"、"改革"的旗号，为个人或小单位牟取私利。许多公司倒买倒卖紧缺物资，炒买炒卖国家外汇，乱涨价、乱放款、乱发行彩券、有奖销售券和纪念券，巧立名目滥发钱物，挥霍公款公物请客送礼，突击提职提级。中央和国务院出台一系列规定，试图制止这股歪风。11月13日，国务院发出《严格控制财政支出、控制信贷发放、控制奖金发放的通知》；12月3日，中共中央、国务院发出《关于严禁党政机关和党政干部经商、办企业的决定》；12月5日和1985年1月5日、23日，中纪委发出《关于坚决纠正新形势下出现的不正之风》等通知。新的不正之风来势之猛，让全党上下为之震

———

① 《邓小平文选》第3卷，人民出版社1993年版，第111—112页。

动。邓小平在全国科技工作会议讲话后，在开展理想和纪律教育的同时，中共中央、国务院也出台规定，制止借改革之名牟取私利。3月13日，国务院发出《关于坚决制止就地转手倒卖活动的通知》。5月23日，中共中央和国务院发出《关于禁止领导干部的子女、配偶经商的决定》。8月20日，国务院发出《关于进一步清理和整顿公司的通知》。通过整党和贯彻这一系列措施，新的不正之风蔓延势头得到遏制，这才有了全面改革的顺利进行。

在这一过程中，"从严治党"的理念已经呼之欲出。根据目前收集到的资料，"从严治党"最早出现在1984年山西省查处领导干部非法私建住宅的工作中。当年3月21日的《人民日报》上，有一篇题为《蠹虫》的报告文学，反映的就是运城地区的情况，其中引用了中纪委派驻组组长的话："共产党还是共产党，我们整党的决心，从严治党的决心，是不可动摇的！"这是比较早的相关文献。最后，如前文所述，1985年11月，在总结第二期、部署第三期整党工作时，中央正式提出了"从严治党"。一经提出，"从严治党"就迅速成为主流话语快速传播开来，反映其体现着党心和民意。

3. 1986年至1987年

在提出和不断完善20世纪末实现"小康社会"目标的同时，邓小平已经在思考中国下一个世纪的发展目标。早在1981年9月，邓小平就说过："实现四个现代化是相当大的目标，要相当长的时间。本世纪末也只能搞一个小康社会，要达到西方比较发达国家的水平，至少还要再加上三十年到五十年的时间，恐怕要到二十一世纪末。"①当年11月,他进一步提出,在实现"小康社会"的基础上,"在下个世纪再花三十年到五十年时间,接近西方的水平"②。1984年4月,邓小平指出:"我们的第一个目标就是到本世纪末达到小康水平,第二个目标就是要在三十年至五十年内达到或接近发达国家的水平。"③当年5月和10月,他重申:"我们第一步是实现翻两番,需要二十年,还有第二步,需要三十年到五十年,恐怕是要五十年,接近发达国家的水平。"④

进入1986年以后,这一理论渐趋成熟,进入了最终确立阶段。根据最新的发展形势,这年6月,邓小平把"小康社会"的目标从"人均八百美元"调整为"八百至一千美元"。此后,他一直沿用这一说法。1987年2月18日,邓小平在与加蓬总统邦戈会谈时,修改了他之前一直采用的"达到或接近发达国家的水平"的目标,转而提出:"到下世纪中叶我们建成中等发达水平的社会主义国家。"⑤不久,他为"中等发达水平"确定了具体标准:"到本世纪末,中国人均国民生产总值将近达到八百至一千美元,看来一千美元是有希望的。""更重要的是,有了这个基础,再过五十年,再翻两番,达到人均四千美元的水平。""那时,十五亿人口,国民生产总值就是六万亿美元,这是以一九八〇年美元与人民币的比价计算

---

① 中共中央文献研究室编:《邓小平年谱(1975—1997)》(下),中央文献出版社2004年版,第769—770页。
② 中共中央文献研究室编:《邓小平年谱(1975—1997)》(下),中央文献出版社2004年版,第785页。
③ 中共中央文献研究室编:《邓小平年谱(1975—1997)》(下),中央文献出版社2004年版,第970页。
④ 《邓小平文选》第3卷,人民出版社1993年版,第79页。
⑤ 《邓小平文选》第3卷,人民出版社1993年版,第204页。

的，这个数字肯定是居世界前列的。"①这样，21世纪中叶的战略目标就确定为"人均四千美元"和"国民生产总值六万亿美元"。

1987年4月30日，邓小平在同西班牙政府副首相格拉会谈时，第一次比较完整地概括了从新中国成立到21世纪中叶一百年间中华民族百年图强的"三步走"经济发展战略："我们原定的目标是，第一步在八十年代翻一番。以一九八〇年为基数，当时国民生产总值人均只有二百五十美元，翻一番，达到五百美元。第二步是到本世纪末，再翻一番，人均达到一千美元。实现这个目标意味着我们进入小康社会，把贫困的中国变成小康的中国。那时国民生产总值超过一万亿美元，虽然人均数还很低，但是国家的力量有很大增加。我们制定的目标更重要的还是第三步，在下世纪用三十年到五十年再翻两番，大体上达到人均四千美元。做到这一步，中国就达到中等发达的水平。这是我们的雄心壮志。"②同年10月，党的十三大正式确认了"三步走"发展战略：第一步，实现国民生产总值比1980年翻一番，解决人民的温饱问题。这个任务已经基本实现。第二步，到本世纪末，使国民生产总值再增长一倍，人民生活达到小康水平。第三步，到下个世纪中叶，人均国民生产总值达到中等发达国家水平，人民生活比较富裕，基本实现现代化。③至此，完整的"小康社会"理论最终形成，并且为日后全面建设小康社会理论的形成和发展奠定了坚实的理论和实践基础。

与此同时，"从严治党"自正式提出后快速发展，也进入了理

---

① 《邓小平文选》第3卷，人民出版社1993年版，第216页。
② 《邓小平文选》第3卷，人民出版社1993年版，第226页。
③ 中共中央文献研究室编：《十三大以来重要文献选编》（上），中央文献出版社2011年版，第14页。

论形成时期。

"从严治党"理念,是在改革开放初期党建理论创新的基础上,在反对不正之风、整党、理想和纪律教育等工作实践中产生并迅速完善的。1987年5月26日,在全国范围内历时三年半的整党工作宣布基本结束。客观地说,整党工作中由于出现了一些分歧和争议,没有完全达到预期效果。中央的总结报告尖锐地指出:"总的说来,全党在思想、作风、纪律、组织四个方面,都比整党前有了进步,党内存在的三个严重不纯的状况,已经有了改变。""但是应该清醒看到,党风方面还存在着许多严重问题和阴暗面。由于各种'关系网'、派性残余、封建遗毒和以言代法的干扰阻碍,有些败坏党风和党的形象的以权谋私、违法乱纪的重大问题,还没有揭露出来,有的虽已揭露但没有严肃查处;至于组织、人事工作方面存在的一些不正之风问题,相当一些单位在整党中没有认真触及。"①但是,这次整党取得了宝贵的经验,最主要的是"这次整党既解决党内存在的一些突出问题,又不像过去的一些政治运动那样,留下很多后遗症,没有引起社会局势的动荡";"始终注意了正确处理整党工作同改革、经济工作的关系,总的说来,做到了互相结合,互相促进"。这些对此后的党建工作具有长远的指导意义。从日后来看,还有其他重要收获,就是重申了"党要管党"的原则,提出了"从严治党"等新理念。

确立"三步走"战略的十三大,在党建理论上也有重要突破。十三大报告正式提出:"从严治党,除了必须把少数腐败分子开除

---

① 薄一波:《关于整党的基本总结和进一步加强党的建设》(1987年5月26日),《人民日报》,1987年6月1日。

出党之外，还必须着眼于对绝大多数党员经常地进行教育，提高他们的素质。""经验证明，仅仅靠教育不能完全解决问题，必须从严治党，严肃执行党的纪律。"①这明确了"从严治党"以纪律和教育为核心的主要内涵，标志着"从严治党"作为党建理论正式形成。此后其继续发展，在1992年党的十四大上以"坚持党要管党和从严治党"②的表述正式成为党的建设最重要的指导方针，直到今天发展成为"全面从严治党"作为国家战略布局的重要组成部分。习近平总书记指出："党要管党、从严治党，是党的建设的一贯要求和根本方针"，"'全面'就是管全党、治全党"，"全面从严治党永远在路上"。③在这一理论指导下，正在不断产生新的实践。

在经历了最初的共同迈进后，"小康社会"与"从严治党"继续共同前进。我们会发现，在每一个发展中的关键环节，二者都产生了相互呼应的重要成果。如同习近平总书记指出的："党和人民事业发展到什么阶段，党的建设就要推进到什么阶段。这是加强党的建设必须把握的基本规律。"④回顾这一历程，可以明显地看到推动党建理论创新、加强党的建设，对于实现国家现代化战略目标的重要保障和积极促进作用。今天，"全面从严治党"正如火如荼，习近平总书记尖锐地指出："现在，党内有些同志感到不适应，有的说要求太严，管得太死，束缚了手脚"，"有的说都去抓

---

① 《人民日报》，1987年11月4日。
② 中共中央文献研究室编：《十四大以来重要文献选编》（上），中央文献出版社2011年版，第33页。
③ 习近平：《在第十八届中央纪律检查委员会第六次全体会议上的讲话》（2016年1月12日），《人民日报》，2016年1月13日。
④ 习近平：《在庆祝中国共产党成立95周年大会上的讲话》（2016年7月1日），《人民日报》，2016年7月2日。

管党治党，经济社会发展没精力抓了"。①其实，历史早已作出了回答：没有"从严治党"，就没有改革开放的顺利进行，就没有"小康社会"的如期实现。党的十八大以来，以习近平为核心的党中央创新发展马克思主义党建学说，把全面从严治党纳入"四个全面"战略布局。理论上，"四个全面"战略布局的提出，使全面建成小康社会与全面从严治党紧密地联系在一起；实践中，坚定不移地推进全面从严治党的实践，使党的建设开创新局面，党风政风呈现新气象，成为实现全面建成小康社会的重要保障。党的十八届六中全会，研究了全面从严治党重大问题，制定新形势下党内政治生活若干准则，修订《中国共产党党内监督条例（试行）》，是推进全面从严治党的新措施。如习近平总书记指出的："夺取全面建成小康社会决胜阶段的伟大胜利，关键在党。'打铁还需自身硬'是我们党的庄严承诺，全面从严治党是我们立下的军令状。"②未来，"全面从严治党"仍将与"全面建成小康社会"继续并肩前进。从这一切入口也可以看出，社会主义精神文明建设在实现中华民族伟大复兴过程中具有重大作用，邓小平关于社会主义精神文明的思想在今天依然具有重要的现实指导意义。

---

① 习近平：《在第十八届中央纪律检查委员会第六次全体会议上的讲话》（2016年1月12日），《人民日报》，2016年1月13日。
② 习近平：《习近平谈治国理政》第2卷，外文出版社2017年版，第161页。

第四章
南方谈话中
论证完善的理论观点

在邓小平南方谈话中，有很多思想观点邓小平之前就已经提出，伴随着改革开放的实践，它们进行了系统的演进，到南方谈话时邓小平又对其进行了进一步的论证完善，完成理论总结，使之成为具有更重要指导意义的理论。从数量上看，此类思想内容是南方谈话中所占比重最大的。择其要者，邓小平在南方谈话中论述了马克思主义是科学、科学技术是第一生产力、经济发展台阶论、和平与发展的时代主题等。

一、马克思主义是科学

20世纪90年代初，马克思主义处于自其诞生以来最严重的危机之中。这种危机并非来自理论上的挑战，而是来自实践中的巨大挫折。本书第一章在谈南方谈话的国际背景时已有论述，苏联是世界历史上第一个社会主义国家，也曾是国际共产主义运动的旗帜，作为两极争霸中的一极，创造了辉煌的成就，它的失败除了从根本上改变了世界格局，对人心的影响更是难以估量。站在今天通过"倒放电影"的方式去回顾，其实很难体会到苏东剧变带来的巨大冲击，社会主义国家当时处境的艰难，还有面对全世界旗帜鲜明地坚持马克思主义所需要的理论勇气与政治定力。

（一）南方谈话关于马克思主义的论述

在南方谈话中，邓小平最集中地谈到马克思主义，是在视察珠海期间。

1992年1月25日上午，邓小平登上拱北口岸粤海大厦最高处的旋转餐厅。这里与澳门只有一箭之遥，邓小平一边俯瞰窗外拱北新貌和澳门远景，一边听取谢非、梁广大的汇报。

此时的澳门，距离正式回归祖国还有7年的时间。邓小平的愿望已讲过多次："就我个人来说，我愿意活到一九九七年，亲眼看到中国对香港恢复行使主权。"[1]"我的最大愿望是活到一九九七年，因为那时将收回香港，我还想去那里看看。我也想去台湾看看，不过看来一九九七年以前解决这个问题不容易。"[2]六天前刚到深圳，他就到皇岗口岸视察，站在深圳河大桥桥头，久久眺望对面的香港。孔子说："五十而知天命。"年近九十的邓小平似乎对自己的天命很有把握，虽然他也说过："到本世纪末翻两番有没有可能？

---

[1] 《邓小平文选》第3卷，人民出版社1993年版，第72页。
[2] 《邓小平文选》第3卷，人民出版社1993年版，第273页。

我希望活到那个时候，看到翻两番实现。"①但他很早就将1997年设为自己的极限，对于澳门回归的1999年，他似乎并不抱奢望。然而，面对他同样关心的澳门，邓小平的心中也有所触动。

同香港问题一样，澳门问题的解决也是邓小平积极推动的。1979年2月8日，中葡两国经过友好谈判，建立正式外交关系。中国驻法大使韩克华与葡萄牙驻法大使安东尼奥·利英布拉·马尔丁斯分别代表两国政府签订了《中葡建交公报》和《会谈记录》。双方就澳门问题达成如下原则谅解：中国大使代表中华人民共和国政府对澳门问题表示的立场是："澳门是中国领土，定将归还中国。至于归还的时间和细节，可在将来认为适当时候由两国政府谈判解决。"葡萄牙驻法国大使表示："葡萄牙政府原则同意中国政府的立场。""葡萄牙宪法没有把澳门并入葡萄牙的领土，宪法只把澳门看作是在葡萄牙管理之下。葡萄牙对于澳门地域管理的结束，将可在中华人民共和国和葡萄牙之间进行谈判。"1982年9月1日，在党的十二大开幕词中，邓小平提出："加紧社会主义现代化建设，争取实现包括台湾在内的祖国统一，反对霸权主义、维护世界和平，是我国人民在八十年代的三大任务。"②根据这一精神，解决香港和澳门问题，被提上了党和国家的议事日程。1984年12月，中国国家主席李先念应邀访问葡萄牙共和国，同葡国领导人就澳门问题交换了意见。次年5月，葡萄牙共和国总统拉马略·埃亚内斯访问中国，中葡两国领导人在友好的气氛中就澳门问题再次交换了意见。5月24日上午，邓小平与埃亚内斯见面，他指出："中葡之间没有吵

---

① 《邓小平文选》第3卷，人民出版社1993年版，第321页。
② 《邓小平文选》第3卷，人民出版社1993年版，第3页。

架的问题，只存在一个澳门问题。这个问题在两国建交时已经达成谅解，只要双方友好协商，是不难解决的。"①双方为解决澳门问题取得了基本共识。1986年6月，中葡双方在北京开始谈判。在澳门主权问题上，双方分歧不大，主要问题是中国收回澳门的时间。考虑到中葡之间的友好关系，中方准备在收回香港之后一年，即1998年收回澳门；但葡方提出，澳门应有比香港更长的过渡时间，不能少于十二年。甚至有葡萄牙政治人物宣称，葡方难以接受中国在2000年前收回澳门的管治权，时间应定为2017年。针对葡方的意见，邓小平坚决地表示："澳门问题必须在本世纪解决，不能把殖民主义尾巴拖到下一世纪。"②同年12月31日，中方严正声明："任何关于2000年以后交还澳门的主张都是不能接受的。"次年1月，葡最高国务会议经过四个半小时的激烈争论，最终达成一致：保持和发展与中国的友好合作关系，有着十分重要的意义；同意在1999年将澳门交回中国。1986年5月20日，中葡双方发表新闻公报："中华人民共和国政府和葡萄牙共和国政府经过友好磋商，决定于1986年6月最后一周在北京开始就解决历史遗留下来的澳门问题进行会谈。"1987年4月13日，邓小平会见了葡萄牙总理卡瓦科·席尔瓦。会谈后，他和席尔瓦出席《中华人民共和国和葡萄牙共和国关于澳门问题的联合声明》的签字仪式。《联合声明》宣布，中华人民共和国政府将于1999年12月20日对澳门恢复行使主权。

---

① 中共中央文献研究室编：《邓小平年谱（1975—1997）》（下），中央文献出版社2004年版，第1049页。
② 周南：《邓小平的"一国两制"理论与香港、澳门的顺利回归》，全国邓小平生平和思想研讨会组织委员会编《邓小平百周年纪念——全国邓小平生平和思想研讨会论文集》（中），中央文献出版社2005年版。

回到1992年的珠海，时任珠海市委书记梁广大向邓小平汇报："试办特区前，珠海有不少人外流到香港、澳门。生产队长一早起来吹开工哨才发现，队里六七十个强劳动力一夜之间全跑了。有个260多户人家的村子，除了老人和孩子，全都跑空了。特区创办后，珠海人的生活一天比一天好起来，过上了小康水平的富裕日子，原来外流的珠海人也纷纷回来了。那个跑空了的村子，除队长一人感到'无颜见江东父老'没回来外，其他260多户人家都回到珠海定居了。现在还有些澳门人到珠海来定居。"①

　　听到了这些情况，邓小平很高兴，他说："这好嘛，说明社会主义能战胜资本主义。"②随后，他沉思了片刻，再开口并未谈一时一地之事，而是以恢宏的历史眼光，发表了一段关于马克思主义的重要讲话：

　　"我坚信，世界上赞成马克思主义的人会多起来的，因为马克思主义是科学。它运用历史唯物主义揭示了人类社会发展的规律。封建社会代替奴隶社会，资本主义代替封建主义，社会主义经历一个长过程发展后必然代替资本主义。这是社会历史发展不可逆转的总趋势，但道路是曲折的。资本主义代替封建主义的几百年间，发生过多少次王朝复辟？所以，从一定意义上说，某种暂时复辟也是难以完全避免的规律性现象。一些国家出现严重曲折，社会主义好像被削弱了，但人民经受锻炼，从中吸收教训，将促使社会主义向着更加健康的方向发展。因此，不要惊慌失措，不要认为马克思主义就消失了，没用了，失败了。哪有这回事！"③

---

① 梁广大：《回忆邓小平一九九二年视察珠海》，《中共党史研究》，2002年第3期。
② 梁广大：《回忆邓小平一九九二年视察珠海》，《中共党史研究》，2002年第3期。
③ 《邓小平文选》第3卷，人民出版社1993年版，第382—383页。

这是邓小平在国际共产主义运动遭遇重大挫折的时刻，对马克思主义进行的一次掷地有声的正面维护，是对历史的判断。除了这一段，稍早一点邓小平还从另一个角度谈到了马克思主义。

1月23日上午，邓小平离开深圳，由谢非和梁广大陪同，从蛇口港乘海关902快艇前往珠海。为方便汇报，随行的拱北海关关长刘浩要求控制快艇行进中的噪声。因此，平时只需要一小时的航程，用了一小时四十分钟。邓小平在二层前舱就座，谢非和梁广大在桌上打开广东省地图，谢非负责汇报广东省里的工作，梁广大汇报珠海的工作。二人商定，抓紧时间拣重点汇报，多留出时间请邓小平讲。邓小平戴上眼镜，一边看地图，一边听谢非和梁广大汇报，并不断插话。当快艇接近珠海市九洲港时，邓小平站起身来，望着烟波浩渺的伶仃洋说道：

"学马列要精，要管用的。长篇的东西是少数搞专业的人读的，群众怎么读？要求都读大本子，那是形式主义的，办不到。我的入门老师是《共产党宣言》和《共产主义ABC》。最近，有的外国人议论，马克思主义是打不倒的。打不倒，并不是因为大本子多，而是因为马克思主义的真理颠扑不破。实事求是是马克思主义的精髓。要提倡这个，不要提倡本本。我们改革开放的成功，不是靠本本，而是靠实践，靠实事求是。农村搞家庭联产承包，这个发明权是农民的。农村改革中的好多东西，都是基层创造出来，我们把它拿来加工提高作为全国的指导。实践是检验真理的唯一标准。我读的书并不多，就是一条，相信毛主席讲的实事求是。过去我们打仗靠这个，现在搞建设、搞改革也靠这个。我们讲了一辈子马克思主义，其实马克思主义并不玄奥。马克思主义是很朴实的东西，很朴实的道理。"①

这两段谈话，都是有针对性的，但是结合起来看，却恰恰很好地反映了邓小平关于马克思主义、共产主义的认识：一方面，邓小平终其一生，坚定不移地坚持马克思主义、共产主义的革命信仰，这是极其不易的，但也是老一辈无产阶级革命家的共性；另一方面，邓小平的一个重要的过人之处在于，他具有去伪存真的卓越洞察力，能够实事求是地将信仰贯彻于实践，从而取得改造世界的伟大胜利，为马克思主义在世界范围的继续发展作出重要贡献。概括来说，一个是"坚定不移"，另一个是"实事求是"。从理论上来看，最能体现邓小平实事求是地坚持共产主义信仰，并最具有理论价值和实践指导意义的，是邓小平的社会主义观。

（二）邓小平的社会主义观

社会主义观是对于"什么是社会主义，怎样建设社会主义"认识的总和，其中正确认识"什么是社会主义"又是明确"怎样建设社会主义"的基础。邓小平的社会主义观，从解放思想、事实求是的思想路线出发，既始终坚持科学社会主义的基本原则，又成功摆脱了传统观点的束缚，极大地提升了对社会主义的认识水平，丰富了马克思主义社会主义理论，在国际共产主义运动的低潮期为社会主义实践打开了一个难能可贵的新局面。

那么，邓小平为我们揭示的社会主义是怎样的呢？从他大量关于社会主义的论述中可以概括出，邓小平指出社会主义是这样一种社会形态：

---

① 《邓小平文选》第3卷，人民出版社1993年版，第382页。

1. 社会主义是生产力迅速发展的社会形态

邓小平始终坚持马克思主义的基本原则。他说:"我是个马克思主义者。我一直遵循马克思主义的基本原则。马克思主义,另一个词叫共产主义。"[1]

那么,什么是马克思主义的基本原则呢?历史上曾经有过长时间的教条解读,而邓小平的逻辑简单明了:"马克思主义又叫共产主义,马克思主义的基本原则是,在社会主义阶段实行'各尽所能,按劳分配',在共产主义阶段实行'各尽所能,按需分配'。"[2]很明显,这个基本原则是落脚于分配环节,也就是生产的完成阶段。

根据什么是社会主义的基本原则,产生了怎样建设社会主义的第一个基本原则:"马克思主义的基本原则就是要发展生产力。"[3]其中的逻辑关系是:"共产主义是没有人剥削人的制度,产品极大丰富,各尽所能,按需分配。按需分配,没有极大丰富的物质条件是不可能的。要实现共产主义,一定要完成社会主义阶段的任务。社会主义的任务很多,但根本一条就是发展生产力,在发展生产力的基础上体现出优于资本主义,为实现共产主义创造物质基础。"[4]同时也产生了实践中必须坚持的两个根本原则:"一个公有制占主体,一个共同富裕,这是我们所必须坚持的社会主义的根本原则。我们就是要坚决执行和实现这些社会主义的原则。"[5]毫无疑问,

---

[1] 《邓小平文选》第3卷,人民出版社1993年版,第173页。
[2] 《邓小平文选》第3卷,人民出版社1993年版,第254页。
[3] 《邓小平文选》第3卷,人民出版社1993年版,第116页。
[4] 《邓小平文选》第3卷,人民出版社1993年版,第137页。
[5] 《邓小平文选》第3卷,人民出版社1993年版,第111页。

"发展生产力"的原则是第一位的。

关于发展生产力，可能是邓小平论述最多的、一贯的，并且始终与社会实践相联系的问题。早在主政西南时期，他就提出："共产党就是为发展社会生产力的，否则就违背了马克思主义理论。"[1]在经历了社会主义建设的艰辛探索和重大挫折之后，他认识到："我们总结了几十年搞社会主义的经验。社会主义是什么，马克思主义是什么，过去我们并没有完全搞清楚。"[2]"从一九五八年到一九七八年这二十年的经验告诉我们：贫穷不是社会主义，社会主义要消灭贫穷。不发展生产力，不提高人民的生活水平，不能说是符合社会主义要求的。"[3]

邓小平的社会主义观对生产力与社会主义关系的认识，既有理论的依据，也有实践的总结。从理论上来说，邓小平认为："按照历史唯物主义的观点来讲，正确的政治领导的成果，归根结底要表现在社会生产力的发展上，人民物质文化生活的改善上。"[4]"马克思主义最注重发展生产力。"[5]从实践中来说，这是历史的深刻教训凝结而成的："我们革命的目的就是解放生产力，发展生产力。离开了生产力的发展、国家的富强、人民生活的改善，革命就是空的。我们反对旧社会、旧制度，就是因为它是压迫人民的，是束缚社会生产力发展的。这个问题现在是比较清楚了。""但过去人们有不同的理解，于是我们发展社会生产力的进程推迟了，特别是耽

---

[1] 《邓小平文选》第1卷，人民出版社1994年版，第148页。
[2] 《邓小平文选》第3卷，人民出版社1993年版，第137—138页。
[3] 《邓小平文选》第3卷，人民出版社1993年版，第116页。
[4] 《邓小平文选》第2卷，人民出版社1994年版，第128页。
[5] 《邓小平文选》第3卷，人民出版社1993年版，第63页。

误了十年。中国六十年代初期同世界上有差距，但不太大。六十年代末期到七十年代这十一二年，我们同世界的差距拉得太大了。"①

因此，邓小平的社会主义观鲜明地提出："根据我们自己的经验，讲社会主义，首先就要使生产力发展，这是主要的。"②"我们在总结这些经验的基础上，提出了整个社会主义历史阶段的中心任务是发展生产力，这才是真正的马克思主义。"③本书第三章中已经阐释，南方谈话中社会主义本质的提出，进一步强调了解放生产力的重要意义，也是以"发展生产力是社会主义的中心任务"作为根本立足点的。

生产力原则，在邓小平的社会主义观中是占据总领地位的，贯穿于其他各个方面。

2. 社会主义是马克思主义理论与各国具体实际相结合的社会形态

与人类历史上存在过的各种社会形态不同，社会主义并不是从现实存在中提炼，而是率先从理论中产生的。马克思对未来社会的预测是在剖析资本主义基本矛盾的基础上得出的科学结论，从社会主义走向实践的那一刻起，就发生了如何对待马克思主义理论、如何将科学理论与具体实际相结合的问题。邓小平从长期的历史与实践中得出结论："最根本的一条经验教训，就是要弄清什么叫社会主义和共产主义，怎样搞社会主义。搞社会主义必须根据本国的实际。"④"社会主义事业是人类历史上崭新的事业。为了实现这个理

---

① 《邓小平文选》第2卷，人民出版社1994年版，第231—232页。
② 《邓小平文选》第2卷，人民出版社1994年版，第314页。
③ 《邓小平文选》第3卷，人民出版社1993年版，第254—255页。
④ 《邓小平文选》第3卷，人民出版社1993年版，第223页。

想，我们都做出了巨大的努力。几十年的实践和探索使我们获得了有益的经验，深刻地认识到在社会主义建设中，一定要从本国的实际出发，把马克思主义同本国实际相结合。从中国来说，就是要走自己的路，建设有中国特色的社会主义。"①

邓小平的社会主义观从实际出发，对马克思主义理论进行发展。邓小平不断强调"马克思主义理论从来不是教条，而是行动的指南。它要求人们根据它的基本原则和基本方法，不断结合变化着的实际，探索解决新问题的答案，从而也发展马克思主义理论本身"②。他指出："科学社会主义是在实际斗争中前进着，马列主义毛泽东思想是在实际斗争中前进着。我们当然不会由科学的社会主义退回到空想的社会主义，也不会让马克思主义停留在几十年或一百多年前的个别论断的水平上。"③"不以新的思想、观点去继承、发展马克思主义，不是真正的马克思主义者。"④

因此，邓小平的社会主义观认为："要坚持马克思主义，坚持走社会主义道路。但是，马克思主义必须是同中国实际相结合的马克思主义，社会主义必须是切合中国实际的有中国特色的社会主义。"⑤

3. 社会主义是全面超越资本主义的社会形态

为什么要走社会主义道路，从根本上说，因为社会主义是当今世界最为先进的社会形态，而这必须表现在其对资本主义的全面超

---

① 中共中央文献研究室编：《邓小平年谱（1975—1997）》（下），中央文献出版社2004年版，第1258页。
② 《邓小平文选》第3卷，人民出版社1993年版，第146页。
③ 邓小平在党的理论工作务虚会上的讲话（1979年3月30日），中共中央文献研究室科研管理部编《中共中央文献研究室个人课题成果集2013年》（上），中央文献出版社2014年版，第444—445页。
④ 《邓小平文选》第3卷，人民出版社1993年版，第291页。
⑤ 《邓小平文选》第3卷，人民出版社1993年版，第63页。

越。邓小平曾经尖锐地指出："什么叫社会主义，社会主义总是要表现它的优越性嘛。它比资本主义好在哪里？"[1]"什么叫优越性？不劳动、不读书叫优越性吗？人民生活水平不是改善而是后退叫优越性吗？如果这叫社会主义优越性，这样的社会主义我们也可以不要。"[2]社会主义对资本主义的超越，不是空喊口号，必须有具体的表现和证明。如邓小平所说："社会主义制度的优越性已经得到了证明，不过还要证明得更多更好更有力。我们一定要、也一定能拿今后的大量事实来证明，社会主义制度优于资本主义制度。这要表现在许多方面，但首先要表现在生产力发展的速度和效果方面。"[3]这方面在第一点已有说明，还可以进一步具体阐释。

邓小平的社会主义观认为，社会主义超越资本主义，首先就要表现在以更快的速度发展生产力。他多次指出："生产力发展的速度比资本主义慢，那就没有优越性，这是最大的政治，最大的阶级斗争，这是社会主义和资本主义谁战胜谁的问题。"[4]"当然我们不要资本主义，但是我们也不要贫穷的社会主义，我们要发达的、生产力发展的、使国家富强的社会主义。我们相信社会主义比资本主义的制度优越。它的优越性应该表现在比资本主义有更好的条件发

---

[1] 邓小平在国务院第一次全体会议上的发言（1978年3月10日），中共中央文献研究室科研管理部编《中共中央文献研究室个人课题成果集2013年》（上），中央文献出版社2014年版，第445页。
[2] 中共中央文献研究室编：《邓小平年谱（1975—1997）》（上），中央文献出版社2004年版，第250页。
[3] 《邓小平文选》第2卷，人民出版社1994年版，第251页。
[4] 邓小平在听取中共吉林省委常委汇报工作后的讲话（1978年9月16日），中共中央文献研究室科研管理部编《中共中央文献研究室个人课题成果集2013年》（上），中央文献出版社2014年版，第446页。

展社会生产力。"①

邓小平的社会主义观认为，社会主义发展生产力，是为了提高人民生活水平。他说："人民生活长期停止在很低的水平总不能叫社会主义。"②"社会主义的优越性归根到底要体现在它的生产力比资本主义发展得更快一些、更高一些，并且在发展生产力的基础上不断改善人民的物质文化生活。"③他甚至振聋发聩地指出："我们要想一想，我们给人民究竟做了多少事情呢？我们一定要根据现在的有利条件加速发展生产力，使人民的物质生活好一些，使人民的文化生活、精神面貌好一些。"④

邓小平的社会主义观认为，社会主义超越资本主义，要发挥制度的优越性，又要不断完善制度。他指出："共产党的领导就是我们的优越性。我们要坚持共产党的领导，当然也要有监督，有制约。再如民主集中制也是我们的优越性。这种制度更利于团结人民，比西方的民主好得多。我们做某一项决定，可以立即实施。又如解决民族问题，中国采取的是民族区域自治的制度。我们认为这个制度比较好，适合中国的情况。我们有很多优越的东西，这是我们社会制度的优势，不能放弃。所以，我们要坚持四项基本原则。"⑤同时，他也指出："如果不坚决改革现行制度中的弊端，过去出现过的一些严重问题今后就有可能重新出现。只有对这些弊端进行有计划、有步骤而又坚决彻底的改革，人民才会相信我们的领

---

① 《邓小平文选》第2卷，人民出版社1994年版，第231页。
② 《邓小平文选》第2卷，人民出版社1994年版，第312页。
③ 《邓小平文选》第3卷，人民出版社1993年版，第63页。
④ 《邓小平文选》第2卷，人民出版社1994年版，第128页。
⑤ 中共中央文献研究室编：《邓小平年谱（1975—1997）》（下），中央文献出版社2004年版，第1210页。

导，才会信任党和社会主义，我们的事业才有无限的希望。"[1]

邓小平的社会主义观认为，社会主义超越资本主义，还要体现在精神文明。他有预见性地指出："我们为社会主义奋斗，不但是因为社会主义有条件比资本主义更快地发展生产力，而且因为只有社会主义才能消除资本主义和其他剥削制度所必然产生的种种贪婪、腐败和不公正现象。""不加强精神文明的建设，物质文明的建设也要受破坏，走弯路。光靠物质条件，我们的革命和建设都不可能胜利。"[2]

总之，邓小平的社会主义观认为，走社会主义道路是正确的，社会主义必将取代资本主义。而在现阶段，我们要用各个领域迅速地发展进步体现社会主义的优越性："我们中国要用本世纪末期的二十年，再加上下个世纪的五十年，共七十年的时间，努力向世界证明社会主义优于资本主义。我们要用发展生产力和科学技术的实践，用精神文明、物质文明建设的实践，证明社会主义制度优于资本主义制度，让发达的资本主义国家的人民认识到，社会主义确实比资本主义好。"[3]

4.社会主义是对外开放的社会形态

改革开放是当代中国最鲜明的时代特征，这其中打破"闭关锁国"的局面、实现对外开放是打开局面的第一步。正由于在与国际接轨中的诸多不适应，才在社会各领域产生了改革的强大内在动力。认识到社会主义应当是一个对外开放的社会形态，是在实践中

---

[1] 《邓小平文选》第2卷，人民出版社1994年版，第333页。
[2] 《邓小平文选》第3卷，人民出版社1993年版，第143—144页。
[3] 中共中央文献研究室编：《邓小平年谱（1975—1997）》（下），中央文献出版社2004年版，第1255页。

确立对外开放政策的先导。对外开放，是邓小平社会主义观的重要内容。

邓小平的社会主义观认为，社会主义必须实行对外开放。新时期伊始，邓小平不断强调："关起门来无法搞社会主义。"①"我们要把世界一切先进技术、先进成果作为我们发展的起点。"②他提出，对外开放是发展社会主义生产力必不可少的重要补充："我们经常讲四个现代化，往往容易忽略了主词：社会主义。为了实现社会主义四个现代化，我们制定了一系列的方针和政策。其中最大的政策是两个开放，即对内和对外的开放政策。开放政策现在已经开始见效了。我们对内对外实行开放会出现一些不健康的因素，但是比较起来，最大的益处是发展了社会生产力。"③他认为，实行对外开放政策才是真正坚持科学社会主义："我们坚持自力更生为主、争取外援为辅、学习和引进外国先进技术发展我国社会主义经济建设的方针。我们努力按照客观经济规律办事。也就是说，我们坚持了科学社会主义。"④

邓小平的社会主义观认为，对外开放是为了学习吸收发达国家好的东西为社会主义服务。当今世界的主要发达国家都是资本主义国家，因此对外开放也要弄清什么是资本主义，邓小平在改革开放之初即提出了区分界限的问题："要弄清什么是资本主义。资本主义要比封建主义优越。有些东西并不能说是资本主义的。比如说，

---

① 中共中央文献研究室编：《邓小平年谱（1975—1997）》（下），中央文献出版社2004年版，第975页。
② 《邓小平文选》第2卷，人民出版社1994年版，第111页。
③ 中共中央文献研究室编：《邓小平年谱（1975—1997）》（下），中央文献出版社2004年版，第1035—1036页。
④ 《邓小平文选》第2卷，人民出版社1994年版，第165页。

技术问题是科学,生产管理是科学,在任何社会,对任何国家都是有用的。我们学习先进的技术、先进的科学、先进的管理来为社会主义服务,而这些东西本身并没有阶级性。"① "我们必须从理论上搞懂,资本主义与社会主义的区分不在于是计划还是市场这样的问题。"②针对社会上的疑惑、质疑和阻力,邓小平明确指出,开放政策不会动摇社会主义:"我们的对外方针是服务于发展社会主义经济的,中国是社会主义,要坚持这个道路,发展就是发展社会主义经济,吸收外资、合资经营等都不可能伤害我们的社会主义经济的主体,只会发展我们社会主义经济的主体。中国发展三十年、五十年到七十年,那个时候社会主义的经济基础更加强大了,就更不怕对外开放的冲击了,不会影响我们的大局了。"③ "有人说中国的开放政策会导致资本主义。我们的回答是,我们的开放政策不会导致资本主义。"④

邓小平的社会主义观认为,要正视开放政策带来的消极影响,坚持根本的社会主义制度。早在1978年邓小平就指出:"你们问我们实行开放政策是否同过去的传统相违背。我们的作法是,好的传统必须保留,但要根据新的情况来确定新的政策。过去行之有效的东西,我们必须坚持,特别是根本制度,社会主义制度,社会主义公有制,那是不能动摇的。我们不能允许产生一个新的资产阶级。我们引进先进技术,是为了发展生产力,提高人民生活水平,

---

① 《邓小平文选》第2卷,人民出版社1994年版,第351页。
② 《邓小平文选》第3卷,人民出版社1993年版,第364页。
③ 中共中央文献研究室编:《邓小平年谱(1975—1997)》(下),中央文献出版社2004年版,第1005页。
④ 中共中央文献研究室编:《邓小平年谱(1975—1997)》(下),中央文献出版社2004年版,第1026页。

是有利于我们的社会主义国家和社会主义制度。至于怎么能发展得多一点、好一点、快一点、省一点，这更不违背我们的社会主义制度。"[1]"当然，会带来一些资本主义的腐朽的东西。我们意识到了这个问题，但这不可怕。"[2]为了抵制这种消极影响，邓小平认为需要综合运用政治、经济和教育手段："搞活开放也会带来消极影响，我们要意识到这一点，但有办法解决，没有什么了不起。因为从政治上讲，我们的国家机器是社会主义性质的，它有能力保障社会主义制度。从经济上讲，我国的社会主义经济在工业、农业、商业和其他方面已经建立了相当坚实的基础。"[3]"我还要说，我们社会主义的国家机器是强有力的。一旦发现偏离社会主义方向的情况，国家机器就会出面干预，把它纠正过来。开放政策是有风险的，会带来一些资本主义的腐朽东西。但是，我们的社会主义政策和国家机器有力量去克服这些东西。"[4]"我们一定要经常教育我们的人民，尤其是我们的青年，要有理想。为什么我们过去能在非常困难的情况下奋斗出来，战胜千难万险使革命胜利呢？就是因为我们有理想，有马克思主义信念，有共产主义信念。我们干的是社会主义事业，最终目的是实现共产主义。这一点，我希望宣传方面任何时候都不要忽略。"[5]

所以说，社会主义必须实行对外开放，大胆吸收和借鉴人类社会创造的一切文明成果，这是邓小平的社会主义观始终坚持的要点。

---

[1] 《邓小平文选》第2卷，人民出版社1994年版，第133页。
[2] 《邓小平文选》第2卷，人民出版社1994年版，第351页。
[3] 《邓小平文选》第3卷，人民出版社1993年版，第135页。
[4] 《邓小平文选》第3卷，人民出版社1993年版，第139页。
[5] 《邓小平文选》第3卷，人民出版社1993年版，第110页。

5. 社会主义是共同富裕的社会形态

社会主义区别于资本主义的最大特征是什么？发展社会主义的目的是什么？邓小平指出，这就是共同富裕。南方谈话中提出社会主义的本质是解放生产力，发展生产力，消灭剥削，消除两极分化，最终达到共同富裕。其中，共同富裕是社会主义本质的落脚点，是中国共产党人的伟大梦想。

邓小平的社会主义观认为，社会主义不是平均主义的共同贫穷。邓小平从理论与实践两个角度不断强调："平均主义害处太大了。"[1]他指出："按照马克思说的，社会主义是共产主义第一阶段，这是一个很长的历史阶段，必须实行按劳分配，必须把国家、集体和个人利益结合起来，才能调动积极性，才能发展社会主义的生产。共产主义的高级阶段，生产力高度发达，实行各尽所能，按需分配，将更多地承认个人利益、满足个人需要。"[2]因此，"按劳分配政策很值得研究，不能搞平均主义。管理好的企业，工资待遇应该不同。企业管理得好，为国家贡献大的，应给予奖励，刺激技术水平、管理水平的提高"[3]。于是，他提出了让一部分人先富起来的大战略："在经济政策上，我认为要允许一部分地区、一部分企业、一部分工人农民，由于辛勤努力成绩大而收入先多一些，生活先好起来。一部分人生活先好起来，就必然产生极大的示范力量，影响左邻右舍，带动其他地区、其他单位的人们向他们学习。

---

[1] 中共中央文献研究室编：《邓小平年谱（1975—1997）》（上），中央文献出版社2004年版，第376页。
[2] 《邓小平文选》第2卷，人民出版社1994年版，第351—352页。
[3] 中共中央文献研究室编：《邓小平年谱（1975—1997）》（上），中央文献出版社2004年版，第376页。

这样，就会使整个国民经济不断地波浪式地向前发展，使全国各族人民都能比较快地富裕起来。""当然，在西北、西南和其他一些地区，那里的生产和群众生活还很困难，国家应当从各方面给以帮助，特别要从物质上给以有力的支持。"①

但是实行这一战略，最终目的是要实现共同富裕，不是两极分化："我们提倡一部分地区先富裕起来，是为了激励和带动其他地区也富裕起来，并且使先富裕起来的地区帮助落后的地区更好地发展。提倡人民中有一部分人先富裕起来，也是同样的道理。对一部分先富裕起来的个人，也要有一些限制，例如，征收所得税。还有，提倡有的人富裕起来以后，自愿拿出钱来办教育、修路。当然，决不能搞摊派，现在也不宜过多宣传这样的例子，但是应该鼓励。"②

邓小平的社会主义观认为，社会主义的目的就是要实现共同富裕。邓小平指出："社会主义与资本主义不同的特点就是共同富裕，不搞两极分化。"③如果不注意共同富裕问题，出现了两极分化，国家就会面临严峻问题："共同致富，我们从改革一开始就讲，将来总有一天要成为中心课题。社会主义不是少数人富起来、大多数人穷，不是那个样子。社会主义最大的优越性就是共同富裕，这是体现社会主义本质的一个东西。如果搞两极分化，情况就不同了，民族矛盾、区域间矛盾、阶级矛盾都会发展，相应地中央和地方的矛盾也会发展，就可能出乱子。"④"中国有十一亿人口，

---

① 《邓小平文选》第2卷，人民出版社1994年版，第152页。
② 《邓小平文选》第3卷，人民出版社1993年版，第111页。
③ 《邓小平文选》第3卷，人民出版社1993年版，第123页。
④ 《邓小平文选》第3卷，人民出版社1993年版，第364页。

如果十分之一富裕，就是一亿多人富裕，相应地有九亿多人摆脱不了贫困，就不能不革命啊！九亿多人就要革命。所以，中国只能搞社会主义，不能搞两极分化。"[1]

邓小平的社会主义观认为，只有依靠社会主义才能实现共同富裕。邓小平曾经阐述共同富裕构想的提出："走社会主义道路，就是要逐步实现共同富裕。共同富裕的构想是这样提出的：一部分地区有条件先发展起来，一部分地区发展慢点，先发展起来的地区带动后发展的地区，最终达到共同富裕。如果富的愈来愈富，穷的愈来愈穷，两极分化就会产生，而社会主义制度就应该而且能够避免两极分化。解决的办法之一，就是先富起来的地区多交点利税，支持贫困地区的发展。"[2]而要实现共同富裕，必须依靠社会主义："只有社会主义，才能有凝聚力，才能解决大家的困难，才能避免两极分化，逐步实现共同富裕。"[3]具体方法就是调节分配制度，邓小平指出："十二亿人口怎样实现富裕，富裕起来以后财富怎样分配，这都是大问题。题目已经出来了，解决这个问题比解决发展起来的问题还困难。""要利用各种手段、各种方法、各种方案来解决这些问题。"[4]

如今，共同富裕已经是人们耳熟能详的词语，是社会关注的热点；同时我们也应明白，共同富裕是古今中外从未出现过的社会状

---

[1] 中共中央文献研究室编：《邓小平年谱（1975—1997）》（下），中央文献出版社2004年版，第1317页。
[2] 《邓小平文选》第3卷，人民出版社1993年版，第373—374页。
[3] 中共中央文献研究室编：《邓小平年谱（1975—1997）》（下），中央文献出版社2004年版，第1312页。
[4] 中共中央文献研究室编：《邓小平年谱（1975—1997）》（下），中央文献出版社2004年版，第1364页。

态，目前也尚未形成全面系统的实现途径。关于这一问题，本书第五章还将做专题论述。

6.社会主义是在世界发挥关键作用的社会形态

在资本主义占据主流的国际社会中，社会主义国家该如何自我定位，如何判断世界局势，如何处理对外关系，这也是关系社会主义生死存亡的重要问题。邓小平对于这一问题的回答是：中国将超越制度与意识形态，开展与世界各国的和平交往；同时中国将坚定地走社会主义道路，对社会主义的前途充满信心。

邓小平的社会主义观认为，社会主义是世界和平的重要促进力量。首先，社会主义国家本身不会搞霸权主义、对外侵略。邓小平多次强调："社会主义究竟是什么？社会主义的含义首先是不搞霸权，不能利用自己的力量去欺侮、剥削、干涉、侵略和颠覆别的国家，就是不要搞霸权主义。""衡量一个国家是不是真的社会主义，其中标志之一，就是搞不搞霸权主义。"[①]"我们相信一点，只要对外实行扩张、侵略，奴役别的民族，甚至公开出兵占领别的国家，不可能是社会主义。我们在联合国说过这样的话，尽管穷，中国还是一个社会主义的大国，如果中国有朝一日侵略、奴役、剥削别的国家，还不用说占领别的国家，也应该在中国头上安上社会帝国主义的帽子。我们坚持中国的社会主义也就包括反对霸权主义的内容。中国永远属于第三世界，永远不做超级大国。"[②]其次，社

[①] 邓小平会见泰国新闻代表团时的谈话（1978年10月3日），中共中央文献研究室科研管理部编《中共中央文献研究室个人课题成果集2013年》（上），中央文献出版社2014年版，第452页。

[②] 邓小平会见美联社驻京记者罗德里克时的谈话（1980年4月11日），中共中央文献研究室科研管理部编《中共中央文献研究室个人课题成果集2013年》（上），中央文献出版社2014年版，第452页。

会主义国家将承担更多的国际义务,促进世界和平。邓小平谈到:"我们作为一个真正的社会主义国家,是不会只顾自己的。衡量我们是不是真正的社会主义国家,不但要使我们自己发展起来,实现四个现代化,而且要能够随着自己的发展,对人类做更多的贡献。我们相信,经过一段努力,我们自己发展后,可以更多地尽到我们的国际主义义务。"①"现在我们的对外援助可能要比前几年少一些,因为我们顾不过来。但随着我们经济的发展,我们将拿出相当大的数目来帮助第三世界。中国永远属于第三世界。现在是名副其实地属于第三世界,将来发达了,还是属于第三世界。那时,我们还要继续执行现在的在道义上、政治上帮助第三世界的方针政策。这个问题不仅是我们这一代人的问题,也是下一代人的问题。中国是不是真正的社会主义国家,这是一个重要的标志。"②

邓小平的社会主义观认为,只要中国社会主义不倒,社会主义在世界将始终站得住。首先,中国必须坚定地走自己选择的社会主义道路。邓小平指出:"坚持社会主义,是中国一个很重要的问题。如果十亿人的中国走资本主义道路,对世界是个灾难,是把历史拉向后退,要倒退好多年。如果十亿人的中国不坚持和平政策,不反对霸权主义,或者是随着经济的发展自己搞霸权主义,那对世界也是一个灾难,也是历史的倒退。十亿人的中国坚持社会主义,十亿人的中国坚持和平政策,做到这两条,我们的路就走对了,就

---

① 中共中央文献研究室编:《邓小平年谱(1975—1997)》(上),中央文献出版社2004年版,第325页。
② 中共中央文献研究室编:《邓小平年谱(1975—1997)》(上),中央文献出版社2004年版,第632页。

可能对人类有比较大的贡献。"①其次，社会主义中国的成功，将在全世界起到示范作用。邓小平说："别人的事情我们管不了，只讲一个道理：中国的社会主义是变不了的。中国肯定要沿着自己选择的社会主义道路走到底。谁也压不垮我们。只要中国不垮，世界上就有五分之一的人口在坚持社会主义。我们对社会主义的前途充满信心。"②"我们做的是一件事，就是向人类揭示，从实践中告诉人类，社会主义是必由之路，社会主义优越于资本主义。可能我们积累的经验更符合于第三世界，而整个第三世界占整个人类的三分之二，很快就会占到四分之三。"③

所以，从根本上说，邓小平的社会主义观，就是中国要沿着自己选择的社会主义道路走到底，并在世界历史上最终发挥举足轻重的作用。

综上所述，邓小平既坚定不移，又实事求是地坚持马克思主义的理想信念，并真正达到了马克思主义的追求——改造世界的目标。他的社会主义观，通过不断解放思想，立足于中国实际，对"什么是社会主义"做出了与传统不同的解答。追寻邓小平着眼于远大、立足于现实的理想信念，理解邓小平的社会主义观，要求我们在实践中始终坚持社会主义道路，运用全部力量和智慧建设中国特色社会主义。如同邓小平晚年总结的："这个制度这么好，谁不拥护？现在欧洲的一些社会党也在吹，说中国的道路是正确的。什

---

① 《邓小平文选》第3卷，人民出版社1993年版，第158页。
② 《邓小平文选》第3卷，人民出版社1993年版，第320—321页。
③ 邓小平会见保加利亚共产党中央总书记、国务委员会主席托多尔·日夫科夫时的谈话（1987年5月7日），中共中央文献研究室科研管理部编《中共中央文献研究室个人课题成果集2013年》（上），中央文献出版社2014年版，第453页。

么是社会主义，从来没有搞清楚过，现在搞清楚了。这是真正的马克思主义思想。达到共产主义的目标，要经过社会主义阶段，但这个社会主义阶段是很长的。很难讲有多长，也许要一万年。共产主义理想是伟大的，但要经过相当长的历史阶段才能达到。各尽所能，按需分配，当然是很好的理想，但要真正达到，可不容易。社会主义是可爱的，为社会主义奋斗是值得的。这同时也是为共产主义奋斗。我们牺牲了多少人，流了多少血！俄国还会变，不过是多少年以后的事，不会是短期的事。资本主义经历了几百年，社会主义才几十年，就要判定输赢？赢家一定会是社会主义。从地区上来说，就是中国。"[1]

二、科学技术是第一生产力

（一）南方谈话对科学技术是第一生产力的论证

南方谈话在经过整理以后，包含了一大段关于科技的论述，具体如下："经济发展得快一点，必须依靠科技和教育。我说科学技术是第一生产力。近一二十年来，世界科学技术发展得多快啊！高科技领域的一个突破，带动一批产业的发展。我们自己这几年，离开科学技术能增长得这么快吗？要提倡科学，靠科学才有希望。近十几年来我国科技进步不小，希望在九十年代，进步得更快。每一行都树立一个明确的战略目标，一定要打赢。高科技领域，中国也要在世界占有一席之地。我是个外行，但我要感谢科技工作者为国

---

[1] 邓小平同弟弟邓垦的谈话（1992年7月12日），中共中央文献研究室科研管理部编《中共中央文献研究室个人课题成果集2013年》（上），中央文献出版社2014年版，第454页。

家作出的贡献和争得的荣誉。大家要记住那个年代,钱学森、李四光、钱三强那一批老科学家,在那么困难的条件下,把两弹一星和好多高科技搞起来。应该说,现在的科学家更幸福,因此对他们的要求会更多。我说过,知识分子是工人阶级的一部分。老科学家、中年科学家很重要,青年科学家也很重要。希望所有出国学习的人回来。不管他们过去的政治态度怎么样,都可以回来,回来后妥善安排。这个政策不能变。告诉他们,要做出贡献,还是回国好。希望大家通力合作,为加快发展我国科技和教育事业多做实事。搞科技,越高越好,越新越好。越高越新,我们也就越高兴。不只我们高兴,人民高兴,国家高兴。对我们的国家要爱,要让我们的国家发达起来。"[1]

其内容丰富,几乎涵盖了邓小平科技思想中的经典语言,不过其中具有总领地位的还是开头的两句:"经济发展得快一点,必须依靠科技和教育。我说科学技术是第一生产力。"整段内容,是围绕邓小平科技思想中最核心的"科学技术是第一生产力"的论述——更准确地说,是论证。

自1988年邓小平经过长期思考正式提出"科技是第一生产力"的观点后,一方面他十分看重自己的这一理论创新,多次进行阐述,并将其提高到事关民族振兴的高度;另一方面他又对此持非常谨慎的态度,一直没有采用非常确凿的口吻,而是在许多场合进行反复求证,尤其是在接近实践的场合。如果考察一下邓小平南方谈话中论述科技问题的原始形态,这种求证的特点则更明显。因为这些论述分散在他参观多个高科技企业的过程中,而把高科技项目和

---

[1] 《邓小平文选》第3卷,人民出版社1993年版,第377—378页。

现代化企业作为考察的重点，则是邓小平在中外各地参观视察的一贯特色。

首先是在深圳，1月20日上午，也就是离开国贸大厦后，邓小平前往先科激光公司视察。先科公司是当时深圳最先进的高科技企业，一下车，邓小平便与走上前来的公司董事长叶华明亲切握手。当他听到随行人员介绍这是叶挺将军的儿子时，他注视着叶华明亲切地问："你是老二吧？"叶华明伸出四个手指回答说："我是老四。"邓小平说："啊！我们快四十年没见面了。"叶华明说："是的，我那时还是个孩子，可现在五十多岁了。"邓小平向前走去，随即又想起了什么。他问："你弟弟叶正光在哪里工作？"叶华明回答说："他在海南岛。"在公司的贵宾厅，邓小平听取了关于公司发展情况的介绍，对先科的高技术设备和产品表现出浓厚的兴趣。为展示激光视盘的特性、音响效果、功能和检索能力，先科公司为他们播放了刚刚制作完成的传记资料片《我们的邓大姐》。邓小平看资料片时，对身旁的谢非说："我今年八十八岁，邓颖超同志和我同年，都是一九零四年生的。我是八月出生，她比我约大半岁。"

在从贵宾厅到激光视盘生产车间三十米长的过道上，许多职工热烈鼓掌欢迎邓小平。听说这些职工大多数是二十五岁到三十岁，由全国各地招聘来的，大部分是科技人员。邓小平说："很好，高科技项目要让年轻人干，希望在青年人身上。"在激光视盘生产车间，邓小平问及原材料是否进口？我国目前能否生产？产品质量怎样才能保证？他还特别问到"版权怎么解决"，当叶华明说是按国际惯例办，向外国电影公司购买版权时，他肯定地说："应该这样，要遵守国际有关知识产权的规定。"离开车间前，邓小平又问到公司当年的生产目标。听说公司当年要生产五十万张激光视盘，二百五十部激光视盘电影，国产片和外国片一样多，其中还有科教片和一部分卡拉OK，总产值可达三亿多元，利润八千万元时，邓小平高兴地说："很好，希望你们努力实现这个目标。"①

接着是在珠海，关于科技问题邓小平主要是在这里谈的。1月24日上午，邓小平来到珠海特区生物化学制药厂视察。1991年，这家仅有八十人的企业人均创税达十二万元。药厂厂长迟斌元是珠海市首届重奖有突出贡献科技人员特等奖获得者，他一见到邓小平就紧紧握住他的手，激动不已地说："我们全厂职工盼着您来啊，这是我们全厂职工的幸福。您是中国改革开放的总设计师，我们能够有今天，是您指引的结果。"邓小平微笑着摆摆手："过奖了。"在参观生产车间时，邓小平拿起装凝血酶的小药瓶连续提了几个问题。当听说凝血酶已经成功地打入了国际市场时，他十分赞赏地说："我们应该有自己的拳头产品，创出中国自己的名牌，否则就要受人欺负。这就要靠我们的科学工作者出把力，这样才能摆脱被人欺负的局面。"②在一个车间门口，邓小平透过玻璃门，向里面起立鼓掌的科技人员亲切招手。他停住脚步，转身对陪同的厂长迟斌元和省市负责人说："在科学技术方面，中国要有一席之地。你们这个厂的科技发展成果就是一席之地的一部分。中国应该每年有新的东西，每一天都有新的东西，这样才能占领阵地。尽管我岁数大了，但我感到很有希望。这十年进步很快，但今后进步会比这十年更快。全国各行各业都要通力合作，集中力量打歼灭战。每一行都

---

① 叶华明：《那时他就关心碟片的版权》，《北京青年报》，2004年8月20日。
② 中共中央文献研究室编：《邓小平年谱（1975—1997）》（下），中央文献出版社2004年版，第1336页。

要树立明确的战略目标。我们过去打仗就是用这种方法。"①走到一座楼梯的转弯处,邓小平看到墙上挂着一块写有"不求虚名,只求实干"的标语牌,停下脚步,轻声地念了一遍,赞许地说:"对,就是要实干。"②

次日上午,邓小平来到珠海市高新技术企业——亚洲仿真控制系统工程有限公司参观。这是一家创建于1988年的高科技企业,研制项目被列入国家"火炬"计划。当邓小平走进大厅时,早已等候在此的科技人员和公司员工用热烈的掌声向他表示欢迎。邓小平看着在场的众多年轻人,非常高兴地说:"祝贺,祝贺你们年轻人!"公司总经理游景玉向邓小平介绍:"仿真系统工程在世界上是二十世纪七十年代兴起的高科学技术。这类系统工程,采取模拟的方法解决了航天、航海、军事、电站等复杂行业训练人员的重大课题。"

邓小平走进公司的计算机房,认真地询问公司的科研和生产情况,以及有关知识产权的问题。一台三十万千瓦模拟电机组正在微机控制下进行工作,让人感到正置身于大型火力发电站的控制室。邓小平显得十分兴奋,他竖起大拇指轻轻地晃动着说:"我相信你们能在发展高科技方面带个头。"③

游景玉还向邓小平详细介绍了公司的科研、生产和科技队伍等情况,最重要的谈话就发生在这里。当游景玉汇报到亚仿公司走的

---

① 中共中央文献研究室编:《邓小平年谱(1975—1997)》(下),中央文献出版社2004年版,第1336—1337页。
② 中共中央文献研究室编:《回忆邓小平》(下),中央文献出版社1998年版,第495页。
③ 梁广大:《回忆邓小平一九九二年视察珠海》,《中共党史研究》,2002年第3期。

是一条科技、生产、效益相结合的道路时,邓小平问道:"科技是第一生产力,这个论断你认为站得住脚吗?"游景玉回答说:"我认为完全站得住脚,我们是用实践来回答这个问题的。我们的实践,过去的、现在的和未来的实践,都会说明这个问题。"[1]邓小平说:"就是靠你们来回答这个问题。我相信这是正确的。"[2]

随后,邓小平问游景玉是不是留美学生?游景玉回答说:她曾去美国接受培训,负责引进仿真技术。公司有一批人在美国学习过。在美国,他们每天工作十个小时,决心把祖国的高科技事业发展起来。邓小平沉思片刻后谈到:"你们带头,所有出国学习的人,希望他们都回来。不管他们过去政治态度怎样,回来我们妥善安排他们。他们要做贡献,只有回国,起码国内是相信他们的。"[3]谢非告诉邓小平,广东省已制定政策欢迎留学生回来,也允许他们再出去。邓小平表示肯定:"这个好嘛!这要有点胆量。不是讲改革开放吗?开放嘛,进出就是要自由一点嘛。回来不适合,他可以走。事实上,绝大多数留学生回来后,只要安排妥当,是不会出去的。"[4]

游景玉汇报:公司投产第一年,人均产值达二十多万元。邓小平马上接着说:"更重要的是水平。近一二十年来,世界科学技术发展多快啊!高科技领域的一个突破,带动了一批产业的发展。要提倡科学,靠科学才有希望。近十几年来我国科技进步不小,希望

---

[1] 梁广大:《回忆邓小平一九九二年视察珠海》,《中共党史研究》,2002年第3期。
[2] 中共中央文献研究室编:《邓小平年谱(1975—1997)》(下),中央文献出版社2004年版,第1337页。
[3] 梁广大:《回忆邓小平一九九二年视察珠海》,《中共党史研究》,2002年第3期。
[4] 中共中央文献研究室编:《邓小平年谱(1975—1997)》(下),中央文献出版社2004年版,第1337页。

在九十年代，进步得更快。"①

游景玉还介绍：他们公司一百零五人中，百分之八十以上是博士、硕士和高中级科技人员。邓小平看着机房内先进的技术设备和良好的工作条件，颇为感慨地对科技人员说：你们现在的条件比50年代好得多了。"大家要记住那个年代，钱学森、李四光、钱三强那一批老科学家，在那么困难的条件下，把两弹一星和好多高科技搞起来，应该说，现在的科学家更幸福。"②邓小平在一台计算机旁停了下来，与一位正在操作的年轻人交谈，他说："要握一握年轻人的手，科技的希望在年轻人。当然，老科学家也是很重要的。我是看新鲜的，越新越好，越高越好，越新越高？越高兴啊！我高兴，人民高兴，中国这个国家高兴。"邓小平环视在场的人，坚定地说："全国各行各业要共同努力，来证明我们可以干很多事情。现在外国已经开始怕起来，撒切尔夫人有句话，她怕中国的发展，所以她亲自来看。我们要夹着尾巴做人。"③

邓小平离开亚仿公司前，员工们站在大厅为他送行。一位年轻人向他伸出手来，"我要和大家拉一拉手"，他说着便握住年轻人的手。于是，一排手臂齐刷刷地伸在他面前。邓小平从前排转到后排，和大家一一握手。他说："我很高兴，我们有这么年轻的科技队伍。"④与公司科技人员一起合影留念后，邓小平再次绕到后排，与站在那里的几位年轻人握手，并语重心长地说："对国家要爱

---

① 梁广大：《回忆邓小平一九九二年视察珠海》，《中共党史研究》，2002年第3期。
② 中共中央文献研究室编：《回忆邓小平》（下），中央文献出版社1998年版，第497页。
③ 梁广大：《回忆邓小平一九九二年视察珠海》，《中共党史研究》，2002年第3期。
④ 梁广大：《回忆邓小平一九九二年视察珠海》，《中共党史研究》，2002年第3期。

哟！中国要发达起来，中国穷了几千年了，现在是改变这种状况的时候了。""我国各行业要共同努力，来证明可以干很多事。"①

离开亚洲仿真控制系统工程有限公司，邓小平的心情依然没有平静。上车后，他又继续说："当年钱学森搞导弹的时候，给他一百个高中生，就这样带出来了。现在这个公司大专以上的科技人员就有一百人，学历比那时高多了。珠海这个地方就容纳了这么多高科技人才，从全国来说，就更多了。今天我们看到那么多年轻的科技工作者，有希望啊！从中国出去的科学工作者，有很多人很想念祖国，这很好啊！要把他们吸引回来。"②

通过以上详细过程，可以看出邓小平希望从实践中得到对"科学技术是第一生产力"的印证，也体现出他高度重视这一理论创新。

（二）邓小平提出科学技术是第一生产力的理论发展历程

邓小平提出科学技术是第一生产力的理论观点，有点类似于他提出"小康"概念的过程：一方面，邓小平一直对科技事业很关心，国家科委原副主任吴明瑜曾对我说："小平同志关心的科技事业多了，而且世界上来访的重要科学家，他几乎都亲自接见了。"③他曾发表过很多关于科技的论述，内容很丰富，甚至有点庞杂。另一方面，他在与外宾的会谈中突然提出这一带有突破性的理论观点，让人感觉很突然，不知道他是如何思考的。所以，探究邓小平

---

① 中共中央文献研究室编：《回忆邓小平》（下），中央文献出版社1998年版，第498页。
② 中共中央文献研究室编：《邓小平年谱（1975—1997）》（下），中央文献出版社2004年版，第1337页。
③ 吴明瑜访谈记录，2014年。

提出科学技术是第一生产力的思想历程，并不容易。不过，对邓小平科技思想进行全面梳理，提取出里面的关键点，可以看到邓小平的思考轨迹。

邓小平的科技思想，可以追溯到很早，因为这一直是他最感兴趣的领域。赴法国勤工俭学时，他怀抱的就是"学点本事"，实业救国的梦想，但是条件不允许，他最终走上职业革命者的道路，不可避免地变成了科学的"外行"。但是初心难忘，就像他对意大利物理学家齐吉基夫妇和美籍华人李政道夫妇说的："对于科学我是外行，但我是热心科学的。"[1]作为补偿，邓小平从新中国成立初起，就主动从事科教事业"后勤部长"的工作，而且持之以恒。因此，齐吉基曾当面感谢邓小平对世界科学技术的支持。[2]与邓小平理论的整体特征一致，邓小平系统的科技思想，是伴随着他领导科技工作的实践形成的。

1.全面整顿、拨乱反正与重申科学技术是生产力

马克思主义有一个基本观点，即"科学技术是生产力"。19世纪，马克思通过考察工业革命发展进程中科学技术的作用，得出结论："劳动生产力是随着科学和技术的不断进步而不断发展的"[3]，"生产力中也包括科学"[4]。恩格斯在《马克思墓前讲话草稿》中说："如果什么地方有了新的科学成就，不论能否实际应用，马克思比谁都感到莫大的喜悦。但是，他把科学首先看成是一个伟大的

---

① 《邓小平文选》第3卷，人民出版社1993年版，第183页。
② 中共中央文献研究室编：《邓小平年谱（1975—1997）》（下），中央文献出版社2004年版，第1145页。
③ 《马克思恩格斯全集》第23卷，人民出版社2003年版，第664页。
④ 《马克思恩格斯全集》第46卷，人民出版社2003年版，第211页。

历史杠杆，看成是按最明显的字面意义而言的革命力量。"①他本人也认为："随着自然科学领域中每一个划时代的发现，唯物主义也必然要改变自己的形式。"②

但是，长期以来我们党对此缺少一个明确认识。1963年，毛泽东曾指出："科学技术这一仗，一定要打，而且必须打好。""不搞科学技术，生产力无法提高。"③但他对科学技术是不是生产力、科技人员是不是劳动者没有做出明确回答。"文化大革命"期间，"四人帮"大肆破坏，我国科技和教育事业几近瘫痪。

1975年，邓小平主持全面整顿，大刀阔斧地整治各领域的混乱状况，科技领域是重要环节。7月，邓小平派胡耀邦等人到中国科学院开展工作，并亲自修改审定，完成了《科学院工作汇报提纲》，特别重申了马克思主义的重要观点，其中就涉及"科学技术是生产力"。9月，邓小平在听取汇报时针对"四人帮"对科技工作的破坏和造成的认识上的混乱，多次插话发表意见："如果我们的科学研究工作不走在前面，就要拖整个国家建设的后腿。""提高自动化水平，减少体力劳动，世界上发达国家不管是什么社会制度都是走这个道路。"他无畏地提出："科学技术叫生产力，科技人员就是劳动者！"④

全面整顿成效显著，科技事业生机乍现。然而，很快邓小平第三次被打倒，"科学技术是生产力"被批为"科学决定论"。他领导下取得的科技成就被"四人帮"污蔑为"卫星上天，红旗落

---

① 《马克思恩格斯全集》第25卷，人民出版社2001年版，第592页。
② 《马克斯恩格斯选集》第4卷，人民出版社1995年版，第228页。
③ 《毛泽东文集》第8卷，人民出版社1999年版，第351页。
④ 《邓小平文选》第2卷，人民出版社1994年版，第32、34页。

地"，《科学院工作汇报提纲》被批成"大毒草"，科技界再次陷入混乱。

历经苦难终不悔。在政治隔离的日子里，邓小平关于科学的思考并没有停止。第三次复出后，邓小平主动请缨主管科学和教育工作；改革开放事业，也是从科教战线的拨乱反正起步的。1977年邓小平第三次复出前，他对科学技术与生产力的关系又进行了进一步思考。据时任中国科学院副院长方毅的秘书郭曰方回忆："我记得大概是四五月份，他（邓小平）还住在玉泉山。有一天方毅同志正在给中科院的领导干部做报告。我突然接到小平同志的秘书来的电话，（说）小平同志想见一见方毅同志，能不能现在就来？我就赶快写了个条子，跑到方毅同志讲话那个桌子。方毅同志一看小平同志召见，这个事情最重要，所以他就把这个会议交给中科院的另外一位领导（主持），就赶往了玉泉山。那天上午大概谈了两三个小时。""回来，方毅同志非常高兴。说今天晚上连夜要把小平同志今天的谈话整理出来。当时谈的时候有个记录，连夜不睡觉也要把它搞完。""我后来看了一下，那个谈话实际上是小平同志在复出之前，对中国未来发展的一个思考。思考的主要问题是科学技术，包括他后来提出来的科学技术是第一生产力，要抓人才培养，（知识分子）是工人阶级的一部分，一系列论断，那个谈话里面基本上都有。"[①]结合相关资料，这次谈话应该是5月12日上午邓小平约方毅、李昌谈科学和教育工作问题，充分体现了他当时的思考情况。

1978年春，全国科学大会召开，那是在十一届三中全会历史转折之前，可以说是改革开放的前哨战，被称作"科学的春天"。3

---

① 郭曰方访谈记录，2014年。

月18日，邓小平在会上讲话指出："科学技术是生产力，这是马克思主义历来的观点。早在一百多年以前，马克思就说过：机器生产的发展要求自觉地应用自然科学。并且指出：'生产力中也包括科学。'现代科学技术的发展，使科学与生产的关系越来越密切了。科学技术作为生产力，越来越显示出巨大的作用。"他还从马克思主义理论的基本观点出发阐述："大家知道，生产力的基本因素是生产资料和劳动力。科学技术同生产资料和劳动力是什么关系呢？历史上的生产资料，都是同一定的科学技术相结合的；同样，历史上的劳动力，也都是掌握了一定的科学技术知识的劳动力。我们常说，人是生产力中最活跃的因素。这里讲的人，是指有一定的科学知识、生产经验和劳动技能来使用生产工具、实现物质资料生产的人。"①

邓小平重申并进一步阐明了"科学技术是生产力"的观点，在六千人的会场内外激起了强烈反响。参加会议的众多科学家，比如农科院院长金善宝，当时已经八十二岁，听了讲话以后非常激动，说：我要像二十八岁那样来继续奋斗。后来，美国宾夕法尼亚大学的顾毓琇教授当面对邓小平说："你在科学大会上的讲话，是科技现代化的宣言，可以和马克思的《共产党宣言》相比。"邓小平表示："马克思主义历来认为，科学技术是生产力。"②

邓小平还多次谈过这个问题。1978年4月下旬，邓小平同时任第三机械工业部部长的吕东等人的一次谈话时指出："科学技术是巨

---

① 《邓小平文选》第2卷，人民出版社1994年版，第87、88页。
② 中共中央文献研究室编：《邓小平年谱1975—1997》（下），中央文献出版社2004年版，第933页。

大生产力。"①1982年12月14日，邓小平与新增选的全国政协常委马璧、范寿康谈到："关于到本世纪末实现翻两番，经过仔细研究是可能的。关键是重视科学，肯定这一点，就有希望。马克思说，科学技术是生产力，我们过去对这个思想理解得很不够。发展生产力是很重要的革命。"②

春天的气息给全国人民带来了希望，重申马克思关于"科学技术是生产力"的基本观点，邓小平为我国的科技发展和社会进步注入了活力。而关于科技问题的理论创新，还依赖于20世纪80年代进一步的工作实践。

2. 科技体制改革与科学技术是第一生产力的提出

整个80年代，邓小平视察最多的是高科技产业，接见最多的客人是科学家。他以对现代和未来社会发展的深刻洞察力，突出人才在社会主义建设中的关键性作用，在科教领域提出了一系列带有突破性的观点和论断。在他的领导下，80年代中期，党和国家做出了把科学教育放到优先发展的战略地位，把经济发展纳入依靠科技进步轨道的重大决策。

80年代中期展开的全面改革，以城市经济体制改革为中心，更是包含众多领域改革的系统工程。科技体制与教育体制的改革，是全面改革的重要组成部分；科技与教育事业的蓬勃发展，也是我国在80年代后半段突飞猛进的重要原因。

1982年10月24日，也就是党的十二大召开一个月后，中央召

---

① 中共中央文献研究室编：《邓小平年谱1975—1997》（上），中央文献出版社2004年版，第305页。
② 中共中央文献研究室编：《邓小平年谱1975—1997》（下），中央文献出版社2004年版，第876页。

开全国科学技术奖励大会并提出了党的科技战略总方针:"科学技术工作必须面向经济建设","经济建设必须依靠科学技术"。这成为80年代中期我国制定科技体制改革方案需要贯彻的总方针,确定了科技体制改革的主要精神是:在保证国家重点科技项目的基础上,改革科研管理体制和拨款制度,开拓技术市场,加强企业技术吸收和开发能力,运用经济杠杆和市场调节手段,促进技术成果商品化和人才合理流动,推动科技工作者主动为经济建设服务。

当时的科技体制与计划经济体制一样,在集中力量突破重点科技问题、创造"两弹一星"等科技成就上曾发挥过重要作用,但是其弊端也非常明显,主要表现在:在运行机制方面,国家单纯依靠行政手段管理科技工作,包得过多,统得过死;在机构组织方面,旧的科技体制主要按照行政隶属关系设置科研机构,造成脱节和分割,科研成果转化为现实生产力的周期长、速度慢,科研项目重复率高、应用面窄,科研力量未能形成合理的纵深配置,未能最大限度地推进生产力的发展;人事制度上,由于受"左"的指导思想影响,脑力劳动得不到应有尊重。人才不能合理流动,难以最大限度发挥科技人员的主动性、积极性和创造性。

1984年10月22日上午,邓小平出席中共中央顾问委员会第三次全体会议,在谈到《经济体制改革的决定》时指出:"这个文件一共十条,最重要的是第九条,当然其他各条也都是非常重要的。第九条,概括地说就是'尊重知识,尊重人才'八个字,事情成败的关键就是能不能发现人才,能不能用人才。"[①]

《经济体制改革的决定》第九条的主要内容是:"起用一代

---

① 《邓小平文选》第3卷,人民出版社1993年版,第91—92页。

新人，造就一支社会主义经济管理干部的宏大队伍。"其中明确指出：

"进行社会主义现代化建设必须尊重知识、尊重人才，同一切轻视科学技术、轻视智力开发、轻视知识分子的思想和行为作斗争，坚决纠正许多地方仍然存在的歧视知识分子的状况，采取有力措施提高知识分子的社会地位，改善他们的工作条件和生活待遇。我们的一切改革，都必须有利于促进科学技术的进步，有利于调动各地区、各部门、各单位和个人进行智力开发的积极性，有利于鼓励广大青少年，广大工人、农民和知识分子加速提高文化技术水平。对有重大发明创造和特殊贡献的，要给以重奖。

"科学技术和教育对国民经济的发展有极其重要的作用。随着经济体制的改革，科技体制和教育体制的改革越来越成为迫切需要解决的战略性任务。中央将专门讨论这方面的问题，并作出相应的决定。"[1]

一周后，中央书记处会议决定将科技、教育改革提上日程，要求尽快制定关于教育体制和科技体制改革的初步方案。[2] 次年3月2日，全国科技工作会议开幕，研究科技体制改革的重大问题。3月7日上午，邓小平出席在中南海怀仁堂举行的闭幕会，并发表讲话。

讲话中，邓小平回顾了"科学的春天"以来我国的可喜变化，并重申了"科学技术是生产力"的观点："七年前，也是三月份，开过一次科学大会，我讲过一篇话。主要讲了两个意思，两句话。

---

[1] 中共中央文献研究室编：《十二大以来重要文献选编》（中），中央文献出版社2011年版，第68—69页。
[2] 胡启立：《〈中共中央关于教育体制改革的决定〉出台前后》，《炎黄春秋》，2008年第12期。

一句叫做科学技术是生产力；一句叫做中国的知识分子已经成为工人阶级的一部分。当时，所以要讲这两条，是因为有争论。七年过去了，争论已经解决了。结论是谁做的？是实践做的，群众做的。""我很高兴，现在连山沟里的农民都知道科学技术是生产力。他们未必读过我的讲话。他们从亲身的实践中，懂得了科学技术能够使生产发展起来，使生活富裕起来。农民把科技人员看成是帮助自己摆脱贫困的亲兄弟，称他们是'财神爷'。'财神爷'这个词，不是我的用语，是农民的发明。但是，他们的意思，同我在科学大会上讲的话是一样的。"①

接下来，他结合"改革是为了解放生产力"的观点，提出了科技体制改革问题："现在要进一步解决科技和经济结合的问题。所谓进一步，就是说，在方针问题、认识问题解决之后，还要解决体制问题。""这次会议为中央作出科技体制改革的决定作了准备。这个决定草案，我看是个好文件，这个文件的方向，同整个经济体制改革的方向是一致的。经济体制，科技体制，这两方面的改革都是为了解放生产力。新的经济体制，应该是有利于技术进步的体制。新的科技体制，应该是有利于经济发展的体制。双管齐下，长期存在的科技与经济脱节的问题，有可能得到比较好的解决。"②

同日，科技体制改革的纲领性文件《关于科学技术体制改革的决定》发布。《决定》指出："科学技术体制改革的根本目的，是使科学技术成果迅速地广泛地应用于生产，使科学技术人员的作用得到充分发挥，大大解放科学技术生产力，促进经济和社会的

---

① 《邓小平文选》第3卷，人民出版社1993年版，第107页。
② 《邓小平文选》第3卷，人民出版社1993年版，第108页。

发展。"为实现这一目的，提出了全面而具体的改革措施。科技体制改革全面展开后，取得了非常积极的成效。经过几年的实践，拨款制度改革基本完成预定目标，大批科研机构通过新的运行机制走上经济建设主战场。技术市场对科技成果转化为现实生产力的作用日益增强，合同成交额由1984年的7.2亿元上升到1991年的94.8亿元。科研单位与企业结成的科研生产联合体达一万多家，科研机构创办独资、合资技术经济实体四千多个。由科技人员创办的民办科技机构达两万多家，从业人员超过五十万人。一些国家级和地方的经济技术开发区初具规模。科学技术对经济建设的服务产生了巨大效益，科研机构的经济实力也大大增强。到1990年，全国县以上自然科学领域的研究机构中，已有20%以上可以不要国家拨款，实现自主发展。新兴的民办机构也成为科技事业的一支生力军。最后也是最关键的是，这些变革促使我国科技水平急剧上升。从1978年到1993年，我国共取得重大科技成果二十二万多项，无论数量上还是质量上都取得了长足的进步，我国整体科技实力快速缩小与世界领先水平的差距。如1995年江泽民指出的："一九八五年，党中央发布了关于科学技术体制改革的决定，开始了科技体制的全面改革。经过十几年改革和发展的成功实践，我国科技工作发生了历史性变化，科技实力和水平显著提高，战略重点已转向国民经济建设，为经济发展和社会进步作出了突出贡献。"[①]

邓小平不仅从战略上指导着我国科技事业的发展方向，大力推进科技体制改革，而且直接领导着一些重大科研项目，如"863"计划和北京正负电子对撞机，还经常关心科教领域发生的具体问题。

---

① 《江泽民文选》第1卷，人民出版社2006年版，第425页。

在这些丰富的实践中，他始终进行着更深的理论思考。从20世纪的历史发展趋势出发，领导中国巨轮的邓小平越来越感觉到，"科学技术是生产力"这一经典论断已经有所不足了。在马克思、恩格斯所处的时代，往往是生产实践向生产技术和科学理论提出要求，当技术满足了生产的需要之后，相关的科学理论才在生产和技术的实践基础之上建立起来。而在新时期，科学理论的发展速度已经超过生产和技术的发展，成为技术和生产的先导。邓小平总结第二次世界大战以来，特别是20世纪七八十年代世界经济和科技发展的新趋势和新经验，敏锐地捕捉每一项重大科技发现的社会意义，在继承前人理论和经验的基础上，对现代科学技术在生产力中的地位进行了新的考察。

第三次科学技术革命于20世纪40年代末勃然兴起，推动整个世界在经济、社会、文化等各个领域进入一个新纪元，是以往历次技术革命无法比拟的。60年代后，高新科技在全球范围迅速发展，世界主要国家在该领域的竞争日益加剧，无论是发达国家，还是发展中国家，都受其影响。从70年代初开始，科技革命进入一个新的更高的发展阶段，以微电子技术、生物工程技术、新型材料技术为标志的新技术革命，无论规模、速度，还是内容和影响，在人类历史上都是空前的，促使科学技术的各个重要领域和国民经济的一切重要部门都出现了异常活跃的状态。顺应这一变化，80年代初，高技术及其产业已成为国家竞争的主要战场。时间来到1988年下半年，邓小平很多方面的思想在这段时间进行了总结性的发展，其中也包括科技思想。经过几年指导科技体制改革的实践，他的认识愈加深入。为了使东方古国能够快速赶上时代的步伐，邓小平准备在马克思主义基本原理的基础上进行一次重要的理论突破。

1988年9月5日上午，邓小平与捷克斯洛伐克总统古斯塔夫·胡萨克会面。据当时参加会见的中联部原部长李淑铮回忆："这次会见的时间不长，我记得也就是三十五分钟。因为那个时候是十三大刚开过，邓小平同志已经退居二线，除了担任军委主席以外，其他的领导职务他都不再担任了，所以邓小平同志说，我现在已经退居二线了，有好多事情以及我们国内的很多问题，总书记、总理都跟你谈了不少了，我今天的任务就是请你吃饭。所以就只会见了半小时左右，也谈了不少问题。"①

邓小平说他的任务是请胡萨克吃饭，而最重要的谈话也确实发生在会见结束后的午宴上。就在这里，邓小平发表崭新论断："马克思说过，科学技术是生产力，事实证明这话讲得很对。依我看，科学技术是第一生产力。"②

他是从鼓励胡萨克推动捷克斯洛伐克推进对外开放的角度说起的。李淑铮说："东欧国家当中，捷克应该说是工业基础和科学技术最好的之一，当然除了苏联以外。过去它很发达，所以邓小平同志在跟他谈的时候，谈到第一生产力的时候，还谈到了这么一段意思，就是说你们几十年处于封闭状态，因此你们落后了，你们现在比西欧国家落后，想当年你们跟西欧国家也差不多，所以他说封闭是不行的，必须要改革，我希望你们改革取得成功。邓小平同志又鼓励他们：但是你们有很好的物质基础，尤其是科学技术，所以只要你们解决思想问题，定下方策。意思是说要开放，不要封闭，定下方策以后，我想很快以后会赶上去，发展生产力会很快的，另

---

① 李淑铮访谈记录，2004年。
② 《邓小平文选》第3卷，人民出版社1993年版，第274页。

外这样就可以大大提高产品国际竞争力,要进入国际竞争的行业,要把这个提到议事日程上来。""然后,邓小平同志非常谦虚地对胡萨克说,我讲的这些话是不是符合你们国家的情况,请研究,完全是探讨式的。我记得当时胡萨克就说,我们国家确实落后了,这是事实,他也同意邓小平同志的说法,所以我觉得选择跟胡萨克谈话,除了邓小平对我们国内科学技术的见解以外,选这个对象也很有针对性,通过这个东西对捷克的领导人也有启示。"①

当时参加会见活动的原国务委员戴秉国也说:"当时为什么他跟捷克人谈科学技术问题呢?这个不偶然。捷克在二战前就是世界上十大工业国之一,技术比较发达,现在它的技术水平在东欧地区也还是比较高的。改革开放以后,他一直在思考科学技术问题,见到捷克人,因为捷克科学技术比较发达,他就在思考,发展他的思想。"②

这次谈话中,邓小平还以高屋建瓴的宏观视野谈到:"世界在变化,我们的思想和行动也要随之而变。""历史在前进,我们却停滞不前,就落后了。"③对这次重要的谈话,李淑铮评价:"在国内来讲,邓小平同志早就胸有成竹了,他经过了实践、总结,从理论上提高,得出这么一个科学的论断。""这是第一次全面地、明确地阐明了邓小平同志的这个观点,我认为这是对马克思关于科技生产力的一个发展,一个非常重要的论断,不仅具有非常重要的现实指导意义,而且发展了马克思主义关于科技的观点,在理论上有

---

① 李淑铮访谈记录,2004年。
② 戴秉国访谈记录,2004年。
③ 《邓小平文选》第3卷,人民出版社1993年版,第274页。

着深远的意义。"①

9月12日上午,邓小平在住地听取中共相关负责同志关于价格和工资改革初步方案的汇报。虽然谈的是经济问题,但邓小平在谈话中从战略层面论述了科学和教育问题,其中谈到:"从长远看,要注意教育和科学技术。否则,我们已经耽误了二十年,影响了发展,还要再耽误二十年,后果不堪设想。最近,我见胡萨克时谈到,马克思讲过科学技术是生产力,这是非常正确的,现在看来这样说可能不够,恐怕是第一生产力。将来农业问题的出路,最终要由生物工程来解决,要靠尖端技术。对科学技术的重要性要充分认识。科学技术方面的投入、农业方面的投入要注意,再一个就是教育方面。我们要千方百计,在别的方面忍耐一些,甚至于牺牲一点速度,把教育问题解决好。"②这是他对当代科技革命的发展以及中国现代化建设的现实问题十多年的实践探索和理论思考,从长远的战略层面思考和解决科技与教育问题,是他科教思想的最终着眼点,"科学技术是第一生产力"是其最光辉的理论创造。

3. 科技产业化与验证科学技术是第一生产力

对"科学技术是第一生产力",邓小平一直十分慎重。晚年,他悉心思考和反复论证这个理论能不能站得住脚。这一过程中,实现科技产业化成为重要的实践基础。

1986年,在论证"863"计划的过程中,国家科委组织邀请全国两百多位科学家云集北京座谈讨论。参加讨论的各方对这个拟订中的计划,产生了方向性的分歧,有一种意见认为:高科技主要应用

---

① 李淑铮访谈记录,2004年。
② 《邓小平文选》第3卷,人民出版社1993年版,第274—275页。

在军事领域，我国历来发展高科技也主要是应用于军事领域，现在这一计划应以增强军事实力为主（即以军为主）；另一种意见则认为：根据我国改革开放的实践和现代化建设的需要，选择高技术项目应该以发展国民经济为主（即以民为主）。4月5日，国家科委副主任吴明瑜将讨论情况书面报告邓小平，吴明瑜回忆，当时他的报告中提出：我们按照您的指示邀请部分科学家进行座谈讨论。据我们了解，现在各方对这个拟议中的计划，出发点尚有不小的差异。虽然都赞成军民结合，但有的同志认为应当以军为主，有的则认为应当以民为主。

在信中，吴明瑜还从邓小平的角度，提出了自己的意见：根据您多次指示精神，特别是1984年11月您在军委座谈会上的讲话精神，我以为提军民结合，以民为主，可能更切合我国今天的国情。邓小平第二天对这一方向性的争论作出批示："我赞成'军民结合，以民为主'的方针。"[①]

按照邓小平的指示，这一高科技计划最终贯彻了军民结合、以民为主的原则。因此也就使这一计划成为一个主要解决国民经济急需重大科技问题的高技术发展计划，为这一计划的成功奠定了基础，也开启了日后"发展高科技，实现产业化"方针的先声。1988年8月，《高技术产业发展计划》——也就是"火炬"计划，与"863"计划衔接开始实施。

1991年是"863"计划实施五周年。年初，有关方面曾提出，希望一直关心着我国高科技发展的邓小平给予题词。但经请示以后，邓小平表示，自己已经不在第一线工作，不作题词。3、4月份，中

---

① 吴明瑜访谈记录，2014年。

央电视台播放五集电视文献片《火炬计划巡礼》,邓小平看了这个节目,很感兴趣,请在科技领域工作的女儿邓楠作介绍,随后表示"火炬"计划很好,愿意为其题词。于是,邓小平专门为4月23日国家科委召开的全国"863"计划工作会议和高新技术产业开发区工作会议题词:"发展高科技,实现产业化。"①4月25日,会议的闭幕式宣读了邓小平的题词。作为"863"计划最鲜明的特征之一,产业化冲破了中国科研课题"实验室循环"的怪圈。②

接下来,就是前文已述的,1992年南方谈话,邓小平到实践中和第一线的科技人员中去进行论证。南方谈话中邓小平的相关论述是"科学技术是第一生产力"理论观点的重要完善。

4.科教兴国战略与科学技术是第一生产力的落实

1992年10月,党的十四大第一次把"科学技术是第一生产力"列为社会主义根本任务的五个主要论点之一,此后进一步成为新思想新战略的理论基础,科技和教育的优先发展地位成为全党共识。1995年5月6日,全国科技大会颁布《中共中央国务院关于加速科学技术进步的决定》,第一次提出科教兴国战略。江泽民在大会上明确指出:"科教兴国,是指全面落实科学技术是第一生产力的思想,坚持教育为本,把科技和教育摆在经济、社会发展的重要位置,增强国家的科技实力及实现生产力转化的能力,提高全民族的科技文化素质。"③1996年3月,"九五"计划和2010年远景目标纲要把实施科教兴国作为我国跨世纪建设蓝图的关键措施。1997年9月12

---

① 中共中央文献研究室编:《邓小平年谱(1975—1997)》(下),中央文献出版社2004年版,第1329页。
② 王大珩:《谈谈八六三高技术计划》,《科学中国人》,1996年第2期。
③ 《江泽民文选》第1卷,人民出版社2006年版,第428页。

日，党的十五大把科教兴国战略作为我国把现代化建设全面推向21世纪的发展战略。巧合的是，这一天正是邓小平提出"科学技术是第一生产力"，"从长远看，要注意教育和科学技术"九周年。

中国和世界发展的事实证明，"科学技术是第一生产力"这一论断，不仅是正确的，而且是对马克思主义理论的重要发展。它突破了传统的生产力认识范畴和对科学技术作用理解的局限性，强调科学技术对于现代生产力发展的决定性作用，为大力发展科学技术提供了重要理论依据。它使人们从更高层次上看到了人类社会的发展前景，指明了当代中国社会主义现代化建设的有效推动力量和发展社会生产力的根本途径。

除了理论脉络的梳理，我们还可以从具体的事例中体会邓小平"科学技术是第一生产力"思想的落实，主要就体现在他对我国科技事业的大力推进方面。

（三）从航天决策看邓小平对中国科技事业的推进[①]

每当谈到邓小平指导推进我国科技事业的实例，我们总会提及"863"计划、正负电子对撞机等大型科研项目，有一个重要的科研领域却常常被忽略，这就是我国的航天科技事业。

随着我国载人航天和探月工程的巨大突破，航天技术已经成为今日中国的社会热点。取得如此重大的成就，使我国在这一领域达到世界领先水平，是所有航天工作者长期刻苦努力的结果，理应获得全社会的敬意。如同邓小平所说："这些东西反映一个民族的能

---

① 本小节的主要内容已发表在《邓小平与改革开放——纪念邓小平同志诞辰110周年学术研讨会论文集》，题为《邓小平关于我国航天事业发展的重要决策及其启示》。

力,也是一个民族、一个国家兴旺发达的标志。"①我国航天事业的发展历程中,中央领导机构做出的政治决策也发挥了至关重要的作用。这其中,邓小平更是扮演了关键性的角色。对于航天科研事业,邓小平是始终关心和大力推动的,在近四十年的时间里形成了一系列重要的政治决策。这其中,在几个关键时间节点上的决策尤为重要,分别是:1958年、1978年、1986年和1991年。

1.1958:"卫星还要放,但是要推后一点。"

中国发展航天技术始自20世纪50年代。1957年10月4日,苏联将"伴侣1号"人造地球卫星送入环地球运行轨道,这是人类的第一个航天器,简称人造卫星或卫星。此举轰动世界,对于刚刚成立中华人民共和国的中国人民来说,社会主义苏联老大哥在宇宙空间中的壮举,带来了巨大的鼓舞和示范作用。当时,中国的许多著名科学家根据人造地球卫星在科技、军事、经济等领域的巨大价值,倡导中国积极开展对宇宙空间的科研工作。次年5月17日,毛泽东提出了中国要发展航天事业的战略决策,他在八届二中全会的讲话中指出:"苏联卫星上天,我们想不想搞个把两个卫星,我们也要搞一点卫星。"②毛泽东的这段指示,后来被概括为"我们也要搞人造卫星",成为家喻户晓的奋斗目标。由此,东方古国在新政权的领导下开始了探索宇宙的新纪元。

之后不久,中央政治局会议研究了中国发展人造卫星的问题,同意以中国科学院为主搞人造卫星,并准备拨专款两亿元用于发展这项事业。要知道,1957年我国工农业生产总值只有

---

① 《邓小平文选》第3卷,人民出版社1993年版,第279页。
② 中共中央文献研究室编:《毛泽东年谱(1949—1976)》第3卷,中央文献出版社2013年版,第351页。

一千三百八十八亿元，启动可谓有力。此时，邓小平已在中共八届一中全会上当选中央政治局常委、中央委员会总书记。中央政治局关于发展人造卫星的决策，他是参与者。

此时，我国航天事业虽然开始起步，但是处在"大跃进"和"浮夸风"的社会环境中，关于发展计划的设想不太准确。当时举国上下对发射人造卫星的热情很高，对客观现实的考虑却不充分，尤其是提出要在新中国成立十周年之前把第一颗国产人造卫星送入太空，而且还是重型卫星，要采用高能推进剂运载火箭。考虑到当时科研基础几乎一片空白，这个目标带有盲目性。当时还有很多发展指标，比如农业亩产量，都以"放卫星"来形容。从日后的情况来看，如果按照这个过高的指标发展下去，可能会和当时许多建设项目一样，起步不久就面临夭折。

科学的发展需要冷静地思考。1958年10月，中科院高空大气物理代表团启程赴苏联进行考察，团长赵九章时任中国科学院地球物理研究所所长。专家们经过实地考察，认识到必须有强大的工业基础和较高的科学技术水平作后盾，才能完成发射人造卫星这项技术很复杂和综合性很强的大工程。12月，代表团回国，随后向中央提出建议：鉴于我国尚未具备发射人造地球卫星的条件，空间探测事业应先从火箭探空搞起。

这一建议得到了邓小平的有力支持。当时，邓小平刚刚参加了毛泽东主持召开的一系列纠正"左"倾错误的工作会议，正在思考重新编制国家发展的各项指标。1958年底，他作出指示："卫星明后年不放，（现在放卫星）与国力不相称"，"卫星还要放，但是要推后一点"①。

第二年1月21日,时任中科院党组书记的张劲夫向"581"任务(人造卫星任务)领导小组和中科院领导传达了邓小平的指示。中科院遵照指示改变了工作方针:调整空间技术研究任务,收缩空间技术研制机构,中止研制大型运载火箭和人造卫星,把空间技术的研制力量转到重点搞探空火箭上来。同年12月6日,邓小平视察"探空5号"火箭的试制和总装情况。他在位于龙华的空军第十三修理厂保密车间现场表示:这样搞很好,可以多搞一些,多取得一些经验。②

实践证明,邓小平的决策是完全必要和符合国情的。1965年,中国航天转入人造卫星工程的研制,此前已经通过高空物理探测、探空火箭练兵、探索卫星的发展方向、创建空间环境模拟试验条件,从人才和技术等方面打下了扎实基础。

另外,20世纪60年代初,当我国火箭技术刚刚完成仿制、走上独立研制道路时,国防科研部门也准备和其他社会部门一样搞"上山下乡",大批科技人员面临"下放",火箭科研工作即将"下马",邓小平及时指示:"(国防部)五院的同志就不要上山下乡了,要集中力量,确保导弹上天。"③依靠他及其他领导人的关心,困难时期我国航天事业没有受到冲击,反而壮大了科研队伍,加快了研制步伐,终于在1970年4月24日成功发射我国第一颗人造卫星,

---

① 李大耀:《邓小平与中国航天》,《航天返回与遥感》,2004年第2期。
② 中共中央文献研究室、中共上海市委宣传部、上海文广新闻传媒集团联合摄制:电视文献片《邓小平与上海》,2004年8月。
③ 国防科学技术工业委员会编:《邓小平国防科技工业建设思想研究》,北京航空航天大学出版社2004年版,第24页。

使我国成为世界上第五个具有研制发射人造卫星能力的国家。70年代中期，邓小平主持全面整顿，积极支持主管中国导弹和航天科研生产的第七机械工业部进行整顿，指示限期消除派性，迅速扭转由于"文化大革命"破坏造成的瘫痪局面。1975年，我国返回式卫星发射并于三天后返回成功，成为世界第三个掌握该项技术的国家。70年代的成就，奠定了我国在国际航天领域的有利地位，而此后的发展征途，依然与邓小平息息相关。

2. 1978："把力量集中到急用、实用的应用卫星上来。"

1978年，中国开启了崭新的历史进程，我国航天科技事业的前景也与整个国家的未来一样光明。百废待兴之际，中国航天像各行各业一样，迫切希望改变落后局面，准备大干快上。然而，与二十年前一样，邓小平再次给准备赶苏超美的航天人泼了一瓢冷水。

1978年8月初，邓小平在专门听取第七机械工业部汇报时指出："我国是发展中的国家，在空间技术方面，中国不参加太空竞赛，现在不必上月球，要把力量集中到急用、实用的应用卫星上来。"[1]这成为中国导弹和空间技术的发展方针。

急切追赶世界领先水平的邓小平却没有急于发展举世瞩目的载人航天和探月工程，他是不是对此没有兴趣呢？

半年后，1979年大年初一，邓小平率中国政府代表团首次访问美国。很多熟悉情况的人都说，这实际上是一个科技代表团，在与美方签订的六个协定中，就包括一个航天技术合作协议。在美国期间，邓小平参观了美国国家航空航天局——全名为"林登·贝

---

[1] 国防科学技术工业委员会编：《邓小平国防科技工业建设思想研究》，北京航空航天大学出版社2004年版，第26页。

恩斯·约翰逊太空中心",对宇航馆内的各种设施都表现出很大的兴趣。他登上航天飞机模型座舱进行模拟飞行,迟迟不愿下来。当时的亲历者回忆说,邓小平触摸月球表面岩石样本的时候,像个孩子一样兴奋。可见,对于载人航天和探月工程,邓小平的兴趣比别人大得多。当时,他之所以要求科研力量集中到急用、实用的项目上来,一方面是考虑到当时中国经济社会和科技发展的实际情况,就是我国科技事业在"文化大革命"期间受到很大冲击,与世界领先水平差距很大。1975年主持全面整顿时邓小平就表示:"同发达国家相比,我们的科学技术和教育整整落后了二十年。科研人员美国有一百二十万,苏联九十万,我们只有二十多万,还包括老弱病残,真正顶用的不很多。"[①]另一方面是考虑到科研工作和经济建设的辩证统一关系:科学研究必须支持国民经济发展,将大批科研成果局限在国防领域是不正确的;社会经济发展以后,才有较大的力量发展科学技术,实现良性循环。

实事求是地谋划属于中国人民的高科技发展之路,这才是科学态度。根据邓小平的指示和之后十一届三中全会工作重点的转移,空间技术战线加快研制国民经济和国防急需的应用卫星。1979年,作为世界上第四个拥有远洋航天测量船的国家,我国的"远望一号"建成并投入使用。1980年,成功向太平洋预定海域发射第一枚运载火箭,邓小平在北京指挥中心观看了实况。1981年,我国自主掌握了"一箭三星"技术。1984年,我国成功发射第一颗通信卫星。到1986年,返回式遥感卫星成功进行国土普查,开始用卫星直接为国民经济建设服务。气象卫星取得突破,通信卫星也进入实用

---

① 《邓小平文选》第2卷,人民出版社1994年版,第40页。

阶段。这些突破为更高水平的科研项目打下了坚实基础，而1986年又成为其付诸实施的重要契机。

3. 1986："此事宜速作决断，不可拖延。"

时间来到1986年3月3日，一份由四位著名科学家——王大珩、王淦昌、杨嘉墀、陈芳允联合写的《关于跟踪研究外国战略性高技术发展的建议》，呈到邓小平面前。其中建议：全面追踪世界高技术的发展，制订中国高科技的发展计划。

当时的时代背景是：进入20世纪80年代，科学技术发展迅速，引起人类社会的深刻变革。许多国家为了在国际竞争中赢得先机，都把发展高技术列为国家发展战略的重要组成部分，不惜花费巨额投资，组织大量的人力与物力。美国的"战略防御倡议"、日本的"今后十年科学技术振兴政策"和欧洲的"尤里卡计划"等，在1983年对世界高技术大发展产生了很大的震动。面对世界高技术蓬勃发展、国际竞争日趋激烈的严峻挑战，中国该如何应对？中国的高层领导人、著名科学家和其他有识之士都在思考这个问题。

3月5日，四位科学家的建议书来到邓小平的案头。今天，我们无法准确描述邓小平当时的心情，但事后的种种迹象表明，他看完后十分高兴。就在当天，这封信上留下了邓小平的批示："这个建议十分重要，请……找专家和有关负责同志，提出意见，以凭决策。此事宜速作出决断，不可拖延。"[1]

国务院很快便召集有关方面负责人，对四位科学家的建议进行了充分的讨论。最后决定，由国防科工委和国家科委负责组织论证。

---

[1] 中共中央文献研究室编：《邓小平年谱（1975—1997）》（下），中央文献出版社2004年版，第1107页。

4月，全国两百多位科学家云集北京，讨论制定《国家高技术研究发展计划纲要》。国家科委成立"863"计划——高技术研究发展计划编制小组，组织论证，广泛征求专家意见。10月6日，邓小平审阅报告并批示："我建议，可以这样定下来，并立即组织实施（如有缺点或不足，在实施中可以修改和补充）。耀邦、先念、陈云同志审核后，提政治局讨论、批准。"[①]11月，中共中央、国务院批准《高技术研究发展计划纲要》，并正式作出决定：拨款一百亿元！该纲要选择十五个主题项目，在七个重要的高技术领域重点突破，跟踪世界水平。这样重大的一个计划，从提出建议到1987年初付诸实施，只用了八个多月的时间，既严谨又迅速，这同邓小平的积极推动是分不开的。

航天技术是排第二位的重点攻关领域，要求重点研究性能先进的大型运载火箭、天地往返运输系统及此基础上的载人空间站这两个主题。后一个主题的研究成果，尤其是在以屠善澄为首席科学家的专家委员会领导下开展的四年多的概念研究，成为"神舟"号飞船载人航天计划的依据。在此期间，邓小平已经向中央辞去全部领导职务，但这没有影响他对这一梦想向现实转变关键环节的关心。

4.1991："你们要搞新型号，增加新的能力，相信你们会办得好的。"

围绕中国载人航天到底选择哪一个发展方向，学术界曾展开长达三年的学术争论。1990年5月，专家委员会确定我国载人航天的第一步，是用现有的长征2E运载火箭发射一次性使用的宇宙飞船。

---

① 中共中央文献研究室编：《邓小平年谱（1975—1997）》（下），中央文献出版社2004年版，第1107页。

中国航天高技术报告会于1991年1月30日召开。会后，航空航天工业部副部长刘纪原准备了两份文件：一份是《关于开展载人飞船工程研制的请示》；一份是《关于发展我国载人航天技术的建议》。据航空航天工业部计划司总工程师张宏显回忆，该建议中说："上不上载人航天，是政治决策，不是纯科技问题，不是科技工作者能定的。我国航天事业的发展，面临老一辈无产阶级革命家领导创建的、得来不易的航天国际地位得而复失的危险。恳请中央尽快决策。"根据当时的情况，刘纪原适时地将两份文件提交给了邓小平，并很快得到批准。①

邓小平具体是如何批复的，史料所限，尚不得而知。但可以确定的是，他十分关心这一问题。几天后的2月13日，邓小平来到上海航天局运载火箭总装车间视察。他驻足于"长征四号"运载火箭合练弹前，仔细询问相关情况。他问时任上海航天局局长苏世堃："长征四号"是液体还是固体？苏世堃回答：是液体的，固体一般搞武器，现在都是液体的。邓小平说：我也参加过这个决策。苏世堃随即表示：中国航天事业的发展，都是在党中央，在老一代无产阶级革命家开创下才发展起来的。邓小平讲：决策靠我们，我们是政治决策，但是把它干出来，还是靠你们。②他说："我们是社会主义国家，一旦国家需要就会集中力量来保证你们，这是社会主义的优越性。我们可以集中力量办几件事。你们要搞新型号，增加新的能力，相信你们会办得好的。这支队伍经过几十年的锻炼，没有失

---

① 黄文君：《胸怀凌云梦，丹心向太空》，《人民日报·海外版》，2011年10月15日。
② 中共中央文献研究室、中共上海市委宣传部、上海文广新闻传媒集团联合摄制：电视文献片《邓小平与上海》，2004年8月。

败过。"①支持之意，溢于言表。时任国防科工委主任的丁衡高回忆说："20世纪90年代初，在863计划载人航天领域前期研究论证的基础上，小平同志又亲自关心该领域从概念研究及时转入工程研制建设问题，为我国载人航天这一跨世纪工程的立项实施给予了有力支持，创造了有利条件。"②

次年9月21日，中国载人航天工程"921"工程正式批准，确定了载人航天"三步走"的发展战略。2003年，开始载人飞行试验阶段。10月，"神舟五号"飞船载人升空，我国成为全世界第三个掌握飞船载人航天技术的国家。

在我国航天事业发展的各个阶段，邓小平都做出了关键的、正确的政治决策，每次都有力地推动了该项事业的发展进步，时至今日已经结出硕果。追踪这一历史过程，再结合邓小平关于"科学技术是第一生产力"的理论思考，不仅要求我们缅怀邓小平对我国科技事业发展作出的重大贡献，更要求我们从中汲取营养，指导未来的工作。

第一，用实际行动发展中国的高科技。

发展中国自己的高科技，在世界高科技领域占据一席之地，是邓小平的夙愿，也是全国人民的愿望。攀登科学的高峰，并不是一朝一夕、轻易能够做到的，这需要巨大的投入和脚踏实地的工作。邓小平关于发展航天事业的决策和论述，正是用实际行动发展科技事业的典范。

首先，在理论和社会意识上明确发展科技事业的重要性。邓小

---

① 中共中央文献研究室编：《邓小平年谱（1975—1997）》（下），中央文献出版社2004年版，第1327页。
② 丁衡高：《丁衡高国防科技文选》（机密），国防工业出版社2008年版，第945页。

平提出"科学技术是第一生产力"的指导思想。同时，他在各种场合反复阐述科技进步对于国民经济发展、社会进步以及社会主义国家综合国力提升的关键性作用，使航天科研事业，这种与普通百姓生活存在一定距离的高科技领域，得到全社会的普遍认同和全力支持。这些构成了发展高科技事业的政治和社会基础。

其次，建立能够承担重大使命的科研队伍。邓小平对航天工作者表示：决策靠我们，我们是政治决策，但是把它干出来，还是靠你们。他留下的题词更是朴实无华："感谢你们的工作。"实际上，任何伟大的事业都是靠人的力量做出来的。建立一支能够经受考验、攻克难关的科技工作者队伍，本身就是一项政治决策。邓小平十分强调"尊重知识，尊重人才"，以他为代表的中央领导机构，尤其重视专业人才的作用，对他们表示充分的尊重，在极其困难的条件下保证了队伍的健全，竭尽所能改善他们的工作和生活条件，最终打造了一支世界领先的科技队伍，实现了领先世界的奋斗目标。仅中国空间技术研究院，就涌现出五位"两弹一星"功勋奖章获得者、十三位两院院士、十二位国家级有突出贡献中青年专家、六十三位部级重大贡献专家、一千七百多位高级专业技术人员、一千多位高级技术工人。这才是发展高科技事业的物质基础。

最后，立足项目决策，在实践中开拓进取，在世界高科技领域占据一席之地。中国航天事业的发展，并不是一蹴而就的，而是通过每一个项目的推进，每一次技术的突破，循序渐进，最终才实现了飞天壮举。在社会主义政治条件下，中央决策具有长远谋划、逐步实现、长抓不懈的优势，可以保证长远目标和个别项目的关联性和连续性。邓小平关于航天事业发展的重要决策，最基本的是项目决策。选择合适项目、坚决保证完成、及时总结提升、最终实现突破，正是航天事业的发展脉络。推而广之，在各个科研领域，以及其他社会建设的发展和改革过程中，这也是一条符合我国实际、能够取得成效的科学发展道路。各级领导机构，把握好项目决策，正是推进我国社会主义建设事业的基础性工作。

第二，在日常工作中贯彻解放思想、实事求是的思想精髓。

"解放思想，实事求是"是邓小平理论的精髓，邓小平将其贯彻于各项工作的始终，在关于航天事业发展的决策中可见一斑。

首先，求真务实，使决策符合国情实际，保证积极效果。无论是1958年推迟发射卫星，还是1978年决定暂时不上月球，邓小平的决策不是从主观意愿出发，而是根据客观的实际情况进行的。在客观条件不具备、论证不充分的情况下盲目、仓促上马重大项目，制定不切实际的过高目标，只会好心办坏事，给国家、人民带来损失。同时，1986年、1992年决定发展载人航天，也是根据科技和经济社会条件已经具备的实际情况，同时还依据了世界发展形势，借鉴了国际上的先进技术和经验。决策，必须在事实基础上，有效发挥推进事业进步、有利于国家和人民的积极作用。

其次，抓住机遇，在关键时刻敢于拍板，力求世界领先。航天事业，与其他社会事业相比，有相似性，也有其特殊性。相似性在于，其也是社会事业的一部分，要按照内在规律办事。特殊性在于，其投入大，周期长，专业性强，危险性高，保密性强，与百姓生活、经济发展的直接效益有一定距离，失败的可能性也比较大。因此，航天领域的决策是不容易做的。例如，关于是否发展载人航天、向哪个方向发展，就经历了长期的研究论证、激烈的学术争论，还难以达成一致意见。拍这个板，是需要承担更高的风险和责任的。与此同时，发展机遇却转瞬即逝，世界发展日新月异，我们在适当的时期没有实现进步和突破，就意味着落后。在这一问题上，几代中央领导集体都在关键时刻顶住压力，做出了恰当的正确决策，有力地推动了事业向前发展。邓小平所主张的，在历史发展的关键时刻，"宜速作决断，不可拖延"，依然是我们今天必须遵循的圭臬。

第三，积极推行科学化民主化的决策方式。

很多专家学者都有论述，邓小平在领导我国改革开放事业中的众多决策，是科学化民主化决策的典范。关于航天事业的系列决策，之所以比较正确，而且成效显著，也是依据了科学化民主化的原则。

首先，关于航天事业发展的决策，充分尊重了该项事业的特点和内在规律，采取了科学有效的工作方式。无论是"581"任务、"863"计划还是"921"工程，都经过了专业的、系统的可行性论证，甚至还有广泛参与的招标式方案论证，自由的学术辩论，专家委员会的精心组织，政治决策中的集体领导，等等。最终，专家建议和政治决策珠联璧合，保障了决策的正确性和有效性。

其次，关于航天事业发展的决策，充分发扬了民主精神，尤其是有效发挥了大批专家学者的专业价值。在决策的每一个环节，技术专家们的意见建议都起到了基础性的作用，中央领导集体对此表达了最高的尊重和支持。邓小平1958年的决策是依据中国科学院高空大气物理代表团的建议做出的，"863"计划是根据四位科学家的建议启动的，每一个大的项目都经过了大批专家学者的充分讨论，尤其是载人航天计划，学术界的激烈争论长达数年之久。充分民主发挥的作用，就如同在1978年11月的中央工作会议上一样，为决策注入了最宝贵的生机和活力。

综上所述，科学化民主化的决策方式，是我们党的优良传统，在关于航天事业发展的系列决策中，十分充分地表现出来，是我们在各项事业中都应该继承和发扬的正确的工作方式。我国航天事业在今天取得的重大成就，与长期以来正确的政治决策是分不开的，而邓小平在几个关键节点上的重要决策更是发挥了举足轻重的作用。在未来继续发展航天和其他高科技事业，以及发展各项社会经济文化建设事业的过程中，邓小平关于我国航天事业发展的重要决策都是可资借鉴的优秀教材。而邓小平"科学技术是第一生产力"的重要理论观点，为中国和世界发展的事实所证明，这一论断不仅是正确的，而且是对马克思主义理论的重要发展。今天，如习近平总书记指出的："从总体上看，我国在主要科技领域和方向上实现了邓小平同志提出的'占有一席之地'的战略目标，正处在跨越发展的关键时期。"[1]

三、经济发展台阶论

经济发展台阶论是学界对邓小平在20世纪90年代初提出的"过几年有一个飞跃，跳一个台阶"的经济思想的归纳。经济发展台阶论实际是关于经济发展速度问题的思考，是其经济思想的重要内容。邓小平正式提出经济发展台阶论是比较晚的，就在南方谈话前不久，而真正为人们所熟知，则是通过南方谈话中的大量论述。

---

[1] 习近平：《为建设世界科技强国而奋斗——在全国科技创新大会、两院院士大会、中国科协第九次全国代表大会上的讲话》（2016年5月30日），《人民日报》，2016年6月1日。

（一）南方谈话关于经济发展台阶论的论述

经济增速滑坡，经济结构矛盾日益突出，是南方谈话前我国的主要经济形势，也是当时的主要历史背景，因此邓小平在南方谈话中关于这方面的论述是非常丰富的，并且贯串视察的始终，散见于整个沿途。

邓小平在视察南方过程中发表的第一个谈话是1月18日在武昌火车站，这本是途经，根本算不上视察的一站，但确实是南方谈话的开端。

当时，湖北省委书记关广富、省长郭树言、省委副书记兼武汉市委书记钱运录三人来到站台上看望邓小平，没想到邓小平突然对他们讲起基本路线，又讲到要发展，治理整顿只能是一边发展一边整顿，整顿以后发展了，这才是成功的。感觉到讲话的重要性，三人想要记录，却没有带纸来，只好赶紧把香烟盒拆开，在五个香烟盒纸上，钱运录记录下邓小平这番重要的讲话。邓小平离开武昌后，他们立即在车站的一间办公室，认真追忆邓小平的谈话内容，并整理出一个记录——《邓小平同志谈话要点》，当天下午即用密码电报报告给中共中央办公厅。整理的《邓小平同志谈话要点》其中就包括关于经济发展速度的问题："当关广富同志谈到现在形势不错，经济正回升，效益也开始上来，但我们湖北同沿海比开放不够，有一段改革开放声音小一些，这一段要大一些，现在群众情绪稳定时，小平同志说：'关键是要把国内的事情办好，经济要发展。现在经济发展得还不够，人家还不一定看得起我们。关键是要发展经济，发展经济就要靠改革开放。不要怕搞点资本主义，多搞点三资企业不要怕。只要我们头脑清醒，就不要怕。我们有优势，有国营大中型企业，有乡镇企业，政权在我们手里，我们还有无产阶级专政这一条。经济要发展，低速度就等于不发展。现在，周围的台湾比我们快，东南亚的一些国家比我们快。如果我们发展慢了，老百姓一比较，就有问题了。经济发展要快，不要慢，只要是稳步协调发展。'"

离开武昌火车站几个小时后，下午4时，邓小平的专列途经长沙火车站，在这里停留十分钟。湖南省委书记熊清泉和湖南省的负责人利用这个时间向邓小平做简要汇报，邓小平听后高兴地说："构想很好。实事求是，从湖南的实际出发，就好嘛！"这时，他特别强调："要抓住机遇，现在就是好机遇。改革开放的胆子要大一点，经济发展要快一些，总要力争几年上一个台阶。"①

1月23日，从深圳到珠海的途中，海关902快艇上，广东省委书记谢非和珠海市委书记、市长梁广大在二层前舱的桌子上打开广东省地图，开始向邓小平汇报工作。结束后，邓小平严肃地指出："抓住时机，发展自己，关键是发展经济。现在，周边一些国家和地区，经济发展比我们快，如果我们不发展或发展得太慢，老百姓一比较，就有问题了。所以，能发展就不要阻挡。有条件的地方，要尽可能搞快点。只要是讲效益，讲质量，搞外向型经济，就没有什么可以担心的。低速度就等于停步，甚至等于后退。要抓住机会，现在就是好机会。我就担心丧失机会。不抓呀，看到的机会就丢掉了。时间一晃就过去了。"②

1月25日，邓小平视察珠海亚洲仿真控制系统工程有限公司，论证了科学技术是第一生产力。之后，他乘车经过景山路前往下一个

---

① 张爱茹：《邓小平南方谈话实录》，《党史纵横》，2002年第1期。
② 梁广大：《回忆邓小平一九九二年视察珠海》，《中共党史研究》，2002年第3期。

地点，看着车窗外一座座厂房说："现在总的基础不同了，我们十年前哪有这么多工厂？现在大中型厂子里头的设备多好呀！过去我们搞'两弹'必需的设备和这些相比，差得远呢，简单得很，不一样啦！"由此，他再次谈到经济发展的速度问题："经济发展比较快的是一九八四年至一九八八年。这五年，首先是农村改革带来了许多新的变化，农作物大幅度增产，农民收入大幅度增加，乡镇企业异军突起，广大农民购买力增加了，不仅盖了大批新房子，而且自行车、缝纫机、收音机、手表'四大件'和一些高档消费品进入普通农民家庭。农副产品的增加，农村市场的扩大，农村剩余劳动力的转移，又强有力地推动了工业的发展。这五年，共创造工业总产值六万多亿元，平均每年增长百分之二十一点七。吃、穿、住、行、用等各方面的工业品，包括彩电、冰箱、洗衣机，都大幅度增长。钢材、水泥等生产资料也大幅度增长。农业和工业，农村和城市，就是这样相互影响、相互促进。这是一个非常生动、非常有说服力的发展过程。可以说，这个期间我国财富有了巨额增加，整个国民经济上了一个新的台阶。"他接着说："一九八九年开始治理整顿。治理整顿，我是赞成的，而且确实需要。经济'过热'确实带来一些问题。比如，票子发得多了一点。物价波动大了一点，重复建设比较严重，造成了一些浪费。但是怎样全面地来看那五年的加速发展？那五年的加速发展，也可以称作一种飞跃，但与'大跃进'不同，没有伤害整个发展的机体、机制。那五年的加速发展功劳不小，这是我的评价。治理整顿有成绩，但评价功劳，只算稳的功劳，还是那五年加速发展也算一功？或者至少是一个方面的功？如果不是那几年跳跃一下，整个经济上了一个台阶，后来三年治理整顿不可能顺利进行。看起来我们的发展，总是要在某一阶段，抓住时机，加速搞几年，发现问题及时加以治理，尔后继续前进。"①

邓小平于1月28日上午登上了拱北口岸粤海大厦最高处的旋转餐厅。梁广大向邓小平汇报珠海的财税收入情况。听完汇报后，邓小平提起了上海："当时搞特区我有个失误，那就是没有把上海划进去，深圳是因为靠近香港，珠海靠近澳门，厦门靠近台湾，汕头的华侨多，我就没有考虑上海，上海人多精明啊！"②

邓小平于1月29日下午前往广州，在途中视察了顺德县容奇开发区的广东珠江冰箱厂，这里生产的"容声冰箱"荣获国家金质奖，远销巴基斯坦和东南亚一些国家及香港地区。厂长潘宁向邓小平汇报了珠江冰箱厂的历史、现状和未来发展情况，该厂是1983年筹办的集体性质的乡镇企业，自1984年投产以来七年间产量增加了十六倍，全国居首。当时邓小平谈兴很浓，原定十五分钟的视察时间延长了二十分钟，他说："我们国家一定要发展，不发展就会受人欺负，发展才是硬道理。""顺德经济发展体现了改革开放的成果，所以，改革开放一定要坚持，而且还要胆大一点。"③

当天下午5时，邓小平在广州东站登上返回北京的专列，省委负责人在站台上向他表示，一定要加快改革开放的步伐，加快经济发展的速度，争取二十年赶上亚洲"四小龙"。

1月30日，专列进入江西境内。下午3时40分，途经鹰潭车站。同在武昌、长沙火车站一样，邓小平在鹰潭车站也是一边沿月台散

---

① 中共中央文献研究室编：《回忆邓小平》（下），中央文献出版社1998年版，第492—493页。
② 梁广大：《回忆邓小平一九九二年视察珠海》，《中共党史研究》，2002年第3期。
③ 刘金田、张爱茹：《辉煌的精神力量——邓小平南方谈话始末》，《决策与信息》，2012年第4期。

步，一边同江西省委书记毛致用、省长吴官正谈话。

邓小平十分关心江西的农业发展，谈话首先从江西去年的年景开始，随后听取了毛致用的汇报。邓小平于此时指出："稳定发展我赞成。但是，只要能快一点还是要争取快一点。胆子要更大一点，放得更开一点。不能胆子没有了，雄心壮志也没有了。有机遇能跳还是要跳。"①

2月17日下午，邓小平在上海听取中共上海市委书记吴邦国、市长黄菊关于浦东开发和发展规划的汇报，并审看浦东新区规划图。听完汇报后，他指出："浦东开发晚了，但可以借鉴广东的经验，可以搞得好一点，搞得现代化一点，起点可以高一点。起点高，关键是思想起点要高。后来居上，我相信这一点。"②

20日下午3时，邓小平途经南京火车站。江苏省委书记沈达人、省长陈焕友等江苏省的负责人告诉邓小平，听了他在上海、深圳等地作的重要指示，大家都非常高兴。邓小平对他们强调："要抓住时机，把经济搞上去，步子可以快一点。我现在就怕丧失时机。""江苏应该比全国平均速度快一点。"③

后来经过整理，经济发展台阶论成为南方谈话的正式文本中的一段重要内容：

"抓住时机，发展自己，关键是发展经济。现在，周边一些国家和地区经济发展比我们快，如果我们不发展或发展得太慢，老百

---

① 中共中央文献研究室编：《回忆邓小平》（下），中央文献出版社1998年版，第204页。
② 中共中央文献研究室编：《邓小平年谱（1975—1997）》（下），中央文献出版社2004年版，第1340页。
③ 中共中央文献研究室编：《邓小平年谱（1975—1997）》（下），中央文献出版社2004年版，第1341页。

姓一比较就有问题了。所以，能发展就不要阻挡，有条件的地方要尽可能搞快点，只要是讲效益，讲质量，搞外向型经济，就没有什么可以担心的。低速度就等于停步，甚至等于后退。要抓住机会，现在就是好机会。我就担心丧失机会。不抓呀，看到的机会就丢掉了，时间一晃就过去了。

"我国的经济发展，总要力争隔几年上一个台阶。当然，不是鼓励不切实际的高速度，还是要扎扎实实，讲求效益，稳步协调地发展。比如广东，要上几个台阶，力争用二十年的时间赶上亚洲'四小龙'。比如江苏等发展比较好的地区，就应该比全国平均速度快。又比如上海，目前完全有条件搞得更快一点。上海在人才、技术和管理方面都有明显的优势，辐射面宽。回过头看，我的一个大失误就是搞四个经济特区时没有加上上海。要不然，现在长江三角洲，整个长江流域，乃至全国改革开放的局面，都会不一样。

"从我们自己这些年的经验来看，经济发展隔几年上一个台阶，是能够办得到的。我们真正干起来是一九八〇年。一九八一、一九八二、一九八三这三年，改革主要在农村进行。一九八四年重点转入城市改革。经济发展比较快的是一九八四年至一九八八年。这五年，首先是农村改革带来许多新的变化，农作物大幅度增产，农民收入大幅度增加，乡镇企业异军突起。广大农民购买力增加了，不仅盖了大批新房子，而且自行车、缝纫机、收音机、手表'四大件'和一些高档消费品进入普通农民家庭。农副产品的增加，农村市场的扩大，农村剩余劳动力的转移，又强有力地推动了工业的发展。这五年，共创造工业总产值六万多亿元，平均每年增长百分之二十一点七。吃、穿、住、行、用等各方面的工业品，包括彩电、冰箱、洗衣机，都大幅度增长。钢材、水泥等生产资料也大幅度增长。农业和工业，农村和城市，就是这样相互影响、相互促进。这是一个非常生动、非常有说服力的发展过程。可以说，这个期间我国财富有了巨额增加，整个国民经济上了一个新的台阶。一九八九年开始治理整顿。治理整顿，我是赞成的，而且确实需要。经济'过热'，确实带来一些问题。比如，票子发得多了一点，物价波动大了一点，重复建设比较严重，造成了一些浪费。但是，怎样全面地来看那五年的加速发展？那五年的加速发展，也可以称作一种飞跃，但与'大跃进'不同，没有伤害整个发展的机体、机制。那五年的加速发展功劳不小，这是我的评价。治理整顿有成绩，但评价功劳，只算稳的功劳，还是那五年加速发展也算一功？或者至少算是一个方面的功？如果不是那几年跳跃一下，整个经济上了一个台阶，后来三年治理整顿不可能顺利进行。看起来我们的发展，总是要在某一个阶段，抓住时机，加速搞几年，发现问题及时加以治理，尔后继续前进。从根本上说，手头东西多了，我们在处理各种矛盾和问题时就立于主动地位。对于我们这样发展中的大国来说，经济要发展得快一点，不可能总是那么平平静静、稳稳当当。要注意经济稳定、协调地发展，但稳定和协调也是相对的，不是绝对的。发展才是硬道理。这个问题要搞清楚。如果分析不当，造成误解，就会变得谨小慎微，不敢解放思想，不敢放开手脚，结果是丧失时机，犹如逆水行舟，不进则退。

"从国际经验来看，一些国家在发展过程中，都曾经有过高速发展时期，或若干高速发展阶段。日本、南朝鲜、东南亚一些国家和地区，就是如此。现在，我们国内条件具备，国际环境有利，再加上发挥社会主义制度能够集中力量办大事的优势，在今后的现代化建设长过程中，出现若干个发展速度比较快、效益比较好的阶段，是必要的，也是能够办到的。我们就是要有这个雄心壮志！"[1]

关于其理论内涵和实践意义，已经产生了许多研究成果，这里不准备再对其进行全面的阐释，而是集中探讨其中的一个核心问题——邓小平关于经济发展速度的设想与实践，以及这与邓小平经济思想的关系。

（二）经济发展台阶论：邓小平关于经济发展速度的辩证法[2]

关于经济发展速度的问题，在邓小平的思想体系和中国实现增长奇迹的历程中，这是一个被反复提及的问题，而对这个问题的回答最简单也最复杂。

说最简单，是因为邓小平关于经济发展速度的观点是非常清楚和明确的，而且其基本内容并没有发生大的变化；说最复杂，是因为这一观点在实践中的落实情况，表现在各领域、各区域的经济发展的实际进程异常复杂。

1.邓小平关于经济发展速度的基本观点是始终一贯的

关于邓小平对经济发展速度的设想，一直有不同的说法。有人说邓小平只是一味地求快，这是没有根据的主观臆断；也有比较熟悉材料的学者，认为邓小平对经济发展速度的指导，是根据不同时期的具体情况不断变化的，有时主张快，有时主张慢，是其实事求是的体现，这种看法是有一定根据的。不过，通过梳理邓小平全部的相关论述，笔者发现，对这样一个重要的宏观经济问题，从1978年到1992年，邓小平每一年都会发表相关的论述，对经济发展做出

---

[1] 《邓小平文选》第3卷，人民出版社1993年版，第375—377页。
[2] 本小节的主要内容已发表在《邓小平研究》2018年第4期，题为《关于经济发展台阶论的再思考——谈邓小平关于经济发展速度的辩证思想》。

有效指导。在这些论述中，根据当时国际国内形势和情况的不同，尤其在谈到具体政策方针时，侧重点的确有所不同；但是，如果说邓小平关于经济发展速度的基本观点，则并没有发生什么根本性的变化，可以说是始终一贯的。

本章第一节已经阐述了邓小平的社会主义观："马克思主义历来认为，社会主义要优于资本主义，它的生产发展速度应该高于资本主义。"[①]本节前文也已经详细呈现了邓小平在南方谈话中的相关论述，可以说这就是经济发展台阶论的最终理论形态，其内容很丰富，包括了详细的论据和论证，但加以概括，其基本观点简单而明确：邓小平所说的"上台阶"，指国民经济每隔几年出现一个具有飞跃性的发展，既表现在经济总量的较大增长，还要求发展质量和经济效益，二者相辅相成，缺一不可。既要有较高的速度，又要讲求质量和效益，这就是邓小平关于经济发展速度的辩证法。那么，邓小平在改革开放之初的设想是什么样的呢？

中共中央于1979年10月4日至10日召开的省、市、区第一书记座谈会，重点是讨论1980年经济计划。当时的大背景，国民经济也正处于调整之中。在第一天的会议上，邓小平就发表了重要讲话，"对当前和今后经济工作中的若干问题，讲几点意见"[②]。他说："经济工作是当前最大的政治，经济问题是压倒一切的政治问题"，"不只是当前，恐怕今后长期的工作重点都要放在经济工作上面"[③]，"经济工作要按经济规律办事，不能弄虚作假，不能空喊

---

① 《邓小平文选》第2卷，人民出版社1994年版，第312页。
② 《邓小平文选》第2卷，人民出版社1994年版，第194页。
③ 《邓小平文选》第2卷，人民出版社1994年版，第194页。

口号，要有一套科学的办法"①。接着，他由当时的经济调整，谈到了经济发展速度的问题：

"八字方针，核心是调整。调整是为了什么？"②"是为了创造条件，使得在调整过程中，特别是调整以后，能够有一个比较好的又比较快的发展速度。最近在发展速度上，发生一个明后两年工农业总产值是增长百分之八还是百分之六的问题。我的意见，增长百分之六也可以，但一定是不加水分的百分之六，扎扎实实的百分之六，不在乎这两年的速度是高一点还是低一点。文化大革命中公布的数字就有虚假，有重复计算的问题，有产品不对路、质量很差的问题。知道这一点对我们今天考虑问题有好处。以后要求的速度、数字是扎扎实实的，没有水分的，产品要讲质量的，真正能体现我们生产的发展。如果做到这一点，其他的作风也都会变，管理水平、技术水平也会提高，实际得到的利益多得多。还要考虑到，如果到一九八二年、一九八三年，我们的速度不能够更快一点，我看交不了帐。"③"我们要瞻前顾后，看远一点。"④

概括这段话的核心观点，"不在乎这两年的速度是高一点还是低一点"，但目标还是"能够有一个比较好的又比较快的发展速度"，同时，"要求的速度、数字是扎扎实实的，没有水分的，产品要讲质量的，真正能体现我们生产的发展"。这与南方谈话中的基本观点，是一致的。在改革发展之中，邓小平的想法又是什么样呢？

---

① 《邓小平文选》第2卷，人民出版社1994年版，第196页。
② 《邓小平文选》第2卷，人民出版社1994年版，第197页。
③ 《邓小平文选》第2卷，人民出版社1994年版，第197—198页。
④ 《邓小平文选》第2卷，人民出版社1994年版，第198页。

1982年5月6日，邓小平会见利比里亚国家元首多伊。当时，以农村改革、经济特区建设为代表的初步改革已见成效，党的十二大即将召开，"翻两番"的奋斗目标正在积极酝酿。邓小平在与外宾的谈话中总结了我国过去三十年的建设经验，他提出："根据我们的经验，步子也不能迈得太快、太急。过去，我们搞得太急，发生了一些错误，我们叫'左'的错误，这样，经济发展的速度反而慢了。现在要发展经济，还是要靠自力更生、量力而行这个原则。"①"今后十年经济发展不会太快，因为过去遗留下来的问题太多，各种比例失调。五年至十年以内，经济发展速度只能每年增长百分之四，达到百分之五就了不起了。我们希望下一个十年也就是本世纪最后一个十年的经济发展速度更高些。"②

1985年9月10日，邓小平会见美国不列颠百科全书编委会副主席弗兰克·吉布尼。当时，以城市经济改革为中心的全面改革正如火如荼。邓小平与外宾谈到了中国的经济形势，他指出："我们正在制定第七个五年计划，'七五'计划期间发展速度不要太高，希望能保持在百分之七或八，实际执行的结果可能会超过。我们不追求发展速度，速度太快不利于均衡地发展，更不利于持续地发展。"③

1987年4月26日，邓小平会见捷克斯洛伐克总理什特劳加尔。当时，距离邓小平提出"三步走"的发展战略仅有四个月，距离十三大的召开也只有六个月。邓小平再次谈到了发展速度的问题，他首先说："我们首先开放农村，很快见效。有的地方一年翻身，

---

① 《邓小平文选》第2卷，人民出版社1994年版，第406—407页。
② 《邓小平文选》第2卷，人民出版社1994年版，第407页。
③ 中共中央文献研究室编：《邓小平年谱（1975—1997）》（下），中央文献出版社2004年版，第1075页。

有的地方两年翻身。农村取得经验之后,转到城市。现在城市改革已经搞了近三年的时间,要做的事情还多得很。对外开放,也很快收到成效。"同时,他也指出:"必须一切从实际出发,不能把目标定得不切实际,也不能把时间定得太短。一九八四年第四季度到一九八五年,发展速度比较快,但也带来一些问题。所以要调整一下,收缩一下。这也是好事情,我们取得了经验。"[1]

1988年,是我国改革开放的第十个年头。十年改革,成效卓著。特别是从1984年到1988年,中国经济经历了一个加速发展时期,国民生产总值从7171亿元增加到14928亿元,增加了一倍多;国家财政收入从1642亿元增加到2357亿元;整个国民经济上了一个大台阶。与此同时,我国的经济体制改革也推进到一个新的关口。如何处理发展速度与风险的关系,6月7日,邓小平在会见波兰统一工人党中央政治局委员、部长会议主席梅斯内尔时谈到:"现在面临的问题是,不进则退,退是没有出路的。""我们的改革有很大的风险,但很有希望成功。""要在改革过程中,保持生产有较好的发展,不要勉强追求太高的速度,当然太低了也不行。过去十年的发展速度不算低,如果今后这些年也保持比较好的速度,我们深化改革的风险就小得多了。"[2]这之后,价格闯关受挫,国民经济发展出现了大的波动。9月12日,邓小平在听取中央负责人关于价格和工资改革初步方案汇报时,并没有否定之前的判断,他表示:"要创造良好的环境,使改革能够顺利进行。""治理通货膨胀、价格上涨,无论如何不能损害我们的改革开放政策,不能使经济萎缩,要

---

[1] 《邓小平文选》第3卷,人民出版社1993年版,第224页。
[2] 《邓小平文选》第3卷,人民出版社1993年版,第268页。

保持适当的发展速度。现在出现的这些问题是能解决的，我们有信心。小错误难免，只要不犯大错误就行了。"①

1989年，我国遭遇严重的政治风波，6月16日，邓小平要求新的中央领导集体："经济不能滑坡。凡是能够积极争取的发展速度还是要积极争取，当然不要求像过去想的那么高。""这次解决经济滑坡的问题，要清理一下急需解决哪些问题。""要在今后的十一年半中争取一个比较满意的经济发展速度。如果再翻一番，没有水分的翻一番，那时候人民就会看到我们的国家、我们的社会主义事业是兴旺发达的。"②

接下来，就是90年代初邓小平提出经济发展台阶论，再到南方谈话的完整论述。从中可以看出，尽管不同时间点我国经济的实际状况有差别，邓小平在谈到具体问题时的侧重点有所不同，但他关于经济发展速度的基本观点是始终一贯的，概括来说，就是快与好的辩证统一。从根本上说，这是建设社会主义的客观要求，是由我国的国情和经济发展的客观规律所决定的。

同时需要指出的是，这种前后一致性并不意味着邓小平在这方面的思想是没有发展的。事实上，在改革开放新时期，邓小平始终身处我国国民经济建设的壮阔实践之中，在基本观点保持不变的基础上，他对于经济发展规律的探索不断产生新的成果，其经济思想不断完善，经济发展台阶论的提出就是突出体现。

2. 经济发展台阶论是在实践基础上不断完善形成的规律性总结

90年代初期，邓小平已经赋闲在家，但他的思考还没有停止。

---

① 《邓小平文选》第3卷，人民出版社1993年版，第277页。
② 《邓小平文选》第3卷，人民出版社1993年版，第312页。

这时，邓小平是从三个层面来思考中国经济发展问题的：第一层面是，应对摆在眼前的由国内国际因素造成的经济滑坡问题，包括具体的政策措施；第二层面是，对我国改革开放十余年来的经济发展实践进行总结，形成规律性的结论；第三层面是，在前两个层面的基础上，实现进一步的理论突破，指明中国经济改革的目标和发展的方向。无论哪个层面的问题都是宏大的经济命题，且都与国家、民族乃至世界的前途命运息息相关，其理论与实践难度不言而喻。然而，对这三个层面的问题，邓小平都及时地给出了明确的答案，站在今天回顾，这三个答案又都是公认的最佳选择。

1990年3月3日，邓小平向江泽民、杨尚昆、李鹏等几位中央负责同志明确提出："现在特别要注意经济发展速度滑坡的问题，我担心滑坡。百分之四、百分之五的速度，一两年没问题，如果长期这样，在世界上特别是同东亚、东南亚国家和地区比，也叫滑坡了。世界上一些国家发生问题，从根本上说，都是因为经济上不去，没有饭吃，没有衣穿，工资增长被通货膨胀抵消，生活水平下降，长期过紧日子。如果经济发展老是停留在低速度，生活水平就很难提高。人民现在为什么拥护我们？就是这十年有发展，发展很明显。假设我们有五年不发展，或者是低速度发展，例如百分之四、百分之五，甚至百分之二、百分之三，会发生什么影响？这不只是经济问题，实际上是个政治问题。所以，我们要力争在治理整顿中早一点取得适度的发展。"①

邓小平对什么是"适度的速度"进行了解释："什么叫适度？适度的要求就是确实保证这十年能够再翻一番。要按一九八〇年的

---

① 《邓小平文选》第3卷，人民出版社1993年版，第354页。

固定价格,没有水分的,还要把人口增长的因素计算在内。这样算,究竟每年增长速度要达到多少?我们现在的算法究竟准不准确,可不可靠?年增百分之六的速度是不是真正能实现第二个翻番?这个要老老实实地计算,要最终体现到人民生活水平上。生活水平究竟怎么样,人民对这个问题感觉敏锐得很。我们上面怎么算帐也算不过他们,他们那里的帐最真实。"①

他还指明了实现这一适度的发展速度的现实迫切性和重大历史意义:"最根本的因素,还是经济增长速度,而且要体现在人民的生活逐步地好起来。人民看到稳定带来的实在的好处,看到现行制度、政策的好处,这样才能真正稳定下来。不论国际大气候怎样变化,只要我们争得了这一条,就稳如泰山。"②"总之,经济能不能避免滑坡,翻两番能不能实现,是个大问题。使我们真正睡不着觉的,恐怕长期是这个问题,至少十年。中国能不能顶住霸权主义、强权政治的压力,坚持我们的社会主义制度,关键就看能不能争得较快的增长速度,实现我们的发展战略。"③

在具体政策措施方面,邓小平一方面提出了战略思维的问题:"要实现适当的发展速度,不能只在眼前的事务里面打圈子,要用宏观战略的眼光分析问题,拿出具体措施。机会要抓住,决策要及时,要研究一下哪些地方条件更好,可以更广大地开源。"④另一方面,他直接提出了两条,并且亲自抓:其一是上海,开发开放浦东;其二是农业,实现两个飞跃。可以说,前者是王牌,需要

---

① 《邓小平文选》第3卷,人民出版社1993年版,第354—355页。
② 《邓小平文选》第3卷,人民出版社1993年版,第355页。
③ 《邓小平文选》第3卷,人民出版社1993年版,第355—356页。
④ 《邓小平文选》第3卷,人民出版社1993年版,第355页。

突破；后者是基础，需要稳固。关于前者，邓小平指出："抓上海，就算一个大措施。上海是我们的王牌，把上海搞起来是一条捷径。"[①]关于后者，邓小平认为："中国社会主义农业的改革和发展，从长远的观点看，要有两个飞跃。第一个飞跃，是废除人民公社，实行家庭联产承包为主的责任制。这是一个很大的前进，要长期坚持不变。第二个飞跃，是适应科学种田和生产社会化的需要，发展适度规模经营，发展集体经济。这是又一个很大的前进，当然这是很长的过程。乡镇企业很重要，要发展，要提高。农业问题要始终抓得很紧。农村富起来容易，贫困下去也容易，地一耕不好农业就完了。"[②]事后来看，抓这两点均取得了奇效。

这是邓小平对第一个层面问题的回答。正是在回答第二个层面问题的过程中，邓小平提出了经济发展台阶论。

1991年8月20日，邓小平同江泽民、杨尚昆、李鹏、钱其琛[③]谈话，向中央提出两点"正式建议"："一个总结经验，一个使用人才"[④]。其中，"总结经验"是什么经验呢？就是经济工作的经验。他说："这一段总结经济工作的经验，重点放在哪里？我看还是放在坚持改革开放上。""根本的一条是改革开放不能丢，坚持改革开放才能抓住时机上台阶。"[⑤]

这就是经济发展台阶论的正式提出。在这次谈话中，邓小平并没有展开详细的论述，但他还是从国内国际两个角度进行了一些简

---

① 《邓小平文选》第3卷，人民出版社1993年版，第355页。
② 《邓小平文选》第3卷，人民出版社1993年版，第355页。
③ 当时任中共中央委员、国务委员兼外交部部长。
④ 《邓小平文选》第3卷，人民出版社1993年版，第369页。
⑤ 《邓小平文选》第3卷，人民出版社1993年版，第368页。

单的论证。在国际方面，邓小平指出："这方面也有国际经验嘛。好多国家都是这个样子，十年就跳出来了。""我们不抓住机会使经济上一个台阶，别人会跳得比我们快得多，我们就落在后面了。要研究一下，我总觉得有这么一个问题。机会难得呀！"①在国内方面，邓小平分析形势指出："现在中国局势稳定，一个是由于处理一九八九年那场动乱时坚持社会主义，一点也不动摇；再一个是由于坚持改革开放。如果不坚持改革开放，不拿实际行动证明这一点，也是不行的。坚持改革开放是决定中国命运的一招。"②那么，他在哪里进行了详细的论述呢？就是在南方谈话之中。

前文已述，在南方谈话中邓小平从深刻总结国际国内经济发展经验的角度，详细地论证并发展完善了经济发展台阶论。在国际方面，邓小平提出了"从国际经验来看，一些国家在发展过程中，都曾经有过高速发展时期，或若干高速发展阶段"③；在国内方面，邓小平总结了十余年的改革发展历程，"从我们自己这些年的经验来看，经济发展隔几年上一个台阶，是能够办得到的"④，还包括广东、江苏和上海的例子；进而形成了完整的经济发展台阶论："我国的经济发展，总要力争隔几年上一个台阶。当然，不是鼓励不切实际的高速度，还是要扎扎实实，讲求效益，稳步协调地发展。"⑤这是邓小平对第二个层面问题的正面回答。至于第三个层面的问题，主要是围绕着社会主义市场经济的思考，这是下一章将讨论的

---

① 《邓小平文选》第3卷，人民出版社1993年版，第368—369页。
② 《邓小平文选》第3卷，人民出版社1993年版，第368页。
③ 《邓小平文选》第3卷，人民出版社1993年版，第377页。
④ 《邓小平文选》第3卷，人民出版社1993年版，第376页。
⑤ 《邓小平文选》第3卷，人民出版社1993年版，第375页。

内容。

经过南方谈话完善的经济发展台阶论，后来经常被认为是邓小平提出的一种新的经济发展模式，而在我看来，其更像是对客观现象的理论归纳，是对经济发展普遍规律的探索和总结。邓小平在南方谈话中提出经济发展台阶论，一方面是针对当时的形势，有强烈的现实针对性；另一方面则是通过对实践的长期系统观察，形成关于经济发展实际路径的规律性总结。显然，前一个方面对当时实践的指导意义非凡，后一个方面在今天依然具有重要的理论价值。

（三）我国经济的台阶式发展在实践中的复杂情况

接下来要说"最复杂"的实践问题。前文已述，邓小平关于经济发展速度的基本观点是一种辩证法的观点，对此他从未发生改变。但是这种发展经济的辩证思想，在各领域、各区域千差万别的实际落实过程中，却经常失去辩证的特点，在许多具体实践中确有偏差。在对南方谈话的落实过程中，就存在这个问题，甚至可以说是一个典型事例。邓小平在南方谈话对经济发展台阶论的论证过程中，提出了一个鲜明的观点："发展才是硬道理。"由于其脍炙人口，迅速传遍全国各地，甚至国外也深受其影响。这一观点从战略高度指出了发展的重要性和必要性，就其本身来说，毫无疑问是正确的，即使站在今天，放眼全球，这句话依然是放之四海而皆准的真理。但我们对南方谈话的理解理应从整体把握，看看这句话的上下文，邓小平讲得非常清楚，什么样的发展才是正确的发展，他设定了许多限制性前提，如"有条件的地方要尽可能搞快点，只要是讲效益、讲质量，搞外向型经济"，再比如"经济发展得快一点，必须依靠科技和教育"，等等。即使不看全文，按照正常的思维逻辑，贯彻落实"发展才是硬道理"的精神，也不可能得出可以追求不健康的发展、可以不顾实际条件的结论。但是在复杂的具体实践过程中，对邓小平的思想确实存在着许多此类有意无意的曲解。

经济发展台阶论提出以后，尤其是南方谈话之后，由于其深入人心，全国迅速兴起了发展经济的热潮，看起来都在积极响应邓小平的号召，贯彻落实邓小平的思想。但是，当时各地出现了"大干快上"、乱铺摊子的"过热"现象，股票热、开发区热、房地产热超出了合理的范围，如果按照这个趋势发展下去，不仅无法达到邓小平提出的目标，反而会对国民经济造成损害，是对南方谈话精神的误读和执行偏差。南方谈话中已经谈到："经济'过热'，确实带来一些问题。比如，票子发得多了一点，物价波动大了一点，重复建设比较严重，造成了一些浪费。"[1]对实践中出现的这种偏差，邓小平是有观察、有思考的，他以一种特殊的方式表达了自己的态度。

1992年3月，七届全国人大五次会议在北京召开。25日，朱镕基在会上提出要全面正确理解邓小平南方谈话，深刻领会其精神实质，不要片面理解发展是硬道理。[2]邓小平对朱镕基的讲话表示了充分的支持。按照他的要求，朱镕基的讲话稿由江泽民亲自撰写按语，以中央文件的形式印发全党。以这种方式，邓小平明确地表示了对朱镕基关于正确解读"发展才是硬道理"的支持，反映了他的真实思想。

时至今日，我们的发展理念已经日趋成熟和完善。党的十八

---

[1] 《邓小平文选》第3卷，人民出版社1993年版，第376页。
[2] 参见朱镕基《朱镕基讲话实录》，人民出版社2011年版。

大，科学发展观作为党的指导思想写入党章。十八大刚刚闭幕，2012年11月30日，习近平总书记在中共中央召开的党外人士座谈会上强调："要保持经济增长"，"增长必须是实实在在和没有水分的增长，是有效益、有质量、可持续的增长"①。其中可以清晰地看到经济发展思想的延续与不断发展。党的十八届五中全会提出了五大发展理念："实现'十三五'时期发展目标，破解发展难题，厚植发展优势，必须牢固树立并切实贯彻创新、协调、绿色、开放、共享的发展理念。"②习近平总书记还指出："下好'十三五'时期发展的全国一盘棋，协调发展是制胜要诀。"③这是"十三五"乃至更长一段时期我国经济社会发展的行动指南，是直接指导我们开展新的建设实践的光辉理论。我们也可以清晰地看到，新的发展理念与邓小平的经济发展思想并不存在冲突，而是一脉相承，不断发展完善形成的。

四、和平与发展的时代主题

（一）南方谈话关于时代主题的论述

邓小平在南方谈话中关于时代主题的论述并不多，就是以下这一段："世界和平与发展这两大问题，至今一个也没有解决。社会主义中国应该用实践向世界表明，中国反对霸权主义、强权政治，

---

① 习近平：《习近平谈治国理政》，外文出版社2014年版，第112页。
② 《人民日报》，2015年10月30日。
③ 习近平：《在省部级主要领导干部学习贯彻党的十八届五中全会精神专题研讨班上的讲话》，《中办通讯》，2016年1月18日。

永不称霸。中国是维护世界和平的坚定力量。"①然而，这段话的分量却很重，因为其具有很强的时代意义。

和平与发展的时代主题，是邓小平在20世纪80年代中期提出来的，这标志着我们对世界发展趋势判断的根本转变，也反映着从70年代到80年代巨大的时代变迁。进入90年代，两极格局解体，世界局势发生了颠覆性的改变，到处表现出不确定、不安定的景象。面对这种局面，我们对时代主题的判断是否要进行调整？邓小平提出了他的看法，虽然从表面上看是重申，但实际上是针对新问题的回答。回头来看，在国际关系领域，我们在过去的二十多年里依然坚持了80年代确定的总体方针，并且积极发挥了反对霸权主义、维护世界和平的国际作用，这是我们成功取得改革和发展所需和平外部环境的重要基础。实践证明，邓小平80年代提出的和平与发展的时代主题，90年代南方谈话中所说的"世界和平与发展这两大问题，至今一个也没有解决"，不仅在当时是正确的，也依然符合今天的时代特征。为什么南方谈话中的寥寥数语能蕴含如此丰富的意义？这是由于这几句话如同一个目录，指向邓小平在过去数年中关于时代主题的深刻思考和大量论述，并且已经得到广泛认可。

（二）邓小平提出和平与发展是时代主题的思想历程

时代是具有相对质的规定性的社会发展的一定时期或特定阶段；时代主题是指在一个较长的历史时期世界形势和发展趋势的最高层次的战略判断。时代和国情一样，是马克思主义者研究过去和现实社会的出发点。列宁曾说："只有在这种基础上，即首先考虑

---

① 《邓小平文选》第3卷，人民出版社1993年版，第383页。

到各个'时代'的不同的基本特征（而不是个别国家的个别历史事件），我们才能够正确地制定自己的策略；只有了解了某一时代的基本特征，才能在这一基础上去考虑这个国家或那个国家的更具体的特点。"[1]

20世纪，从马克思主义的基本原理出发，无产阶级革命领袖曾对不同时期的时代主题做出判断。1915年，列宁在《第二国际的破产》一文中指出，"从前的'和平的'资本主义时代被当今帝国主义时代所代替"[2]，进而在二月革命后提出"无产阶级社会主义革命的时代"[3]。后来的历史证明列宁的时代观是正确的。

新中国成立后，面临着严峻的国际环境和周边形势。50年代抗美援朝和60年代援越抗美，中国在与强大的美国对抗，1964年8月又发生了美国轰炸北部湾事件。60年代中苏关系逐渐恶化，到1969年发生珍宝岛事件，苏联在中苏、中蒙边境陈兵百万。危机四伏，促使中国对战争的估计越来越严重。1965年，毛泽东提出"备战、备荒、为人民"，成为六七十年代中国的国民经济计划工作，乃至社会主义建设工作所遵循的指导方针。据当时在外交部翻译室工作的吴健民回忆："（1965年）9月29日，陈毅副总理兼外交部长举行中外记者招待会，为了培养年轻人，领导让我也去了。当时驻中国的几十个外国记者全去了，中国记者也很多，把礼堂挤得满满的。有记者问到关于战争的问题，陈老总激动起来，说你们都来吧！苏联人从北边来，印度人从西边来，美国人和蒋介石从南边来，我等你们来等得头发白了。当时就是这样的气壮山河，听得二十多岁的我

---

[1] 《列宁全集》第26卷，人民出版社1990年版，第143页。
[2] 《列宁全集》第26卷，人民出版社1990年版，第242页。
[3] 《列宁全集》第29卷，人民出版社2017年版，第503页。

是热血沸腾。我做翻译时，经常听一些老同志、领导讲，趁着我们这些老家伙在，打吧！打完之后再建！六十年代、七十年代，毛主席见外宾时说，山雨欲来风满楼。什么山雨？大战要大爆发了。再往后，毛主席对外宾讲得更激动了，说现在燕子已经低飞了。大家知道暴风雨来临之前，燕子低飞，这是一种自然现象。暴风雨就要来临，就是世界大战就要来临了。现在回过头看，毛主席对于形势的判断过于严峻，但放在当时的历史条件下看的话，也并非完全是空穴来风。"①

50年代末60年代初，帝国主义殖民体系瓦解，一大批亚、非、拉美国家取得民族解放，社会主义阵营也发生分化，世界的历史条件变迁了，中国观察世界的角度随之变化，70年代按照"三个世界"理论把世界各国分为三个部分。关于这一变化，1981年1月4日，邓小平在会见政界人士时指出，美国一些人认为中国旨在摧毁像美国这样的国家，"这样的观点至少不是八十年代的观点，也不是七十年代的观点，而是恢复了六十年代以前的观点"②。

进入僵持阶段后，美苏之间的核军备竞赛愈加恶性膨胀，世界上储存的核武器足够使地球毁灭"数十次"，其中95%以上属于美苏两家，地球上每个居民都受到四千公斤梯恩梯炸药的威胁。1983年加利福尼亚大学教授特科、康奈尔大学天体物理学教授萨根、宾夕法尼亚大学阿克曼博士以及宇航局研究中心的图恩和波拉克博士五位科学家提出了"核冬天"理论。萨根在科研报告中预言说，一场核战可能导致一个核冬天。在他描绘的核爆炸后的可怕图景里，

---

① 吴建民：《改革开放与小平同志的一个重大判断》，《北京日报》，2008年3月31日。

② 《邓小平文选》第2卷，人民出版社1994年版，第378页。

"从燃烧的城市升起的浓厚的烟雾会把世界包围起来,以致阳光不能照射到地球上给地球以温暖",使幸存者不久也会饿死。美国官方对这一理论故意冷落,说"不管核冬天是一种必然结果还是一种幻想,美国都不会改变政策"。但这一理论一经提出,就进一步推动了世界反核运动的高涨,给美苏形成了越来越大的政治和道义压力。①欧洲是美苏核军备竞赛的最前沿,从1980年冬开始,欧洲和平运动迅速高涨,并迅速扩大到美国、日本,数以百万计的民众掀起一次次声势浩大的反核示威。②随着美苏核均势的逐渐形成,战略核武器由"最后的手段"也逐渐向威慑手段转变,美苏双方逐步放弃了核战争可以打赢的考虑,认为核战争不能打,也不可能取胜。其中苏联的变化更加明显,明确提出核战争"不可能给任何人带来政治上的好处","核战争中没有胜利者和失败者"。美国总统里根也强调"核战争不可能取胜,决不可打核战争"。于是,美苏开始就限制战略核武器进行谈判。③

这些事实共同构成了邓小平提出和平与发展是时代主题的主要历史背景。

对世界形势、国际环境进行观察,做出判断,以作为政治决策的基础,是每一位担负国家命运的领导人的必修课。尽管如此,能够超前、准确地把握世界发展趋势的大局,并带领国家规避风险、抓住机遇,在世界舞台上也只有少数政治家能够做到,他们往往成为公认的卓越领导人。

邓小平提出和平与发展是时代主题,并非是根据一时一地的

---

① 《人民日报》,1984年7月17日。
② 《人民日报》,1982年6月22日。
③ 《人民日报》,1988年7月29日。

某个事件做出的判断，而是在长时间的观察、实践和总结中得出的科学结论。从时间上看，邓小平该领域的思考历程主要包括四个阶段；从理论上看，这四个阶段的思考各有侧重。这四个阶段是：

1.对战争与和平判断的转变

20世纪70年代末，在坚持"三个世界"理论的基础上，邓小平关于战争与和平的判断已开始有所改变。

1977年，邓小平第三次复出不久，就推动起草了《人民日报》的编辑部文章，即11月1日发表的《毛主席关于三个世界划分的理论是对马克思列宁主义的重大贡献》，认为"世界上一切反对苏美两霸的力量联合起来加强斗争，是当前国际形势发展的主流"，"世界战争是不可避免的，但是可以推迟的"；防务工作立足于早打大打，"但是这并不等于说战争明天一定就会打响"。12月28日，邓小平在中央军委全体会议上的讲话中谈到："国际形势也是好的。我们有可能争取多一点时间不打仗。"①

进入80年代，邓小平通过系统观察，开始调整对战争爆发可能性的估计。他在1980年1月《目前的形势和任务》的讲话中首先指出："全世界都估计到，八十年代是个危险的年代。""国际上很难预料会发生什么问题，但是，可以说是非常动荡、充满危机的年代。"而与此同时，"我们有信心，如果反霸权主义斗争搞得好，可以延缓战争的爆发，争取更长一点时间的和平。这是可能的，我们也正是这样努力的"。②他于10月25日同胡乔木、邓力群谈到："我们过去的提法，是立足于早打、立足于大打、立足于明天就

---

① 《邓小平文选》第2卷，人民出版社1994年版，第77页。
② 《邓小平文选》第2卷，人民出版社1994年版，第240、241页。

打。这里包括对世界大战的估计问题。我们还是认为,世界大战不可避免。但究竟什么时间打?我在一九七五年说过,五年打不起来。五年过去了,没有打。现在看,再有五年或者更多时间,也还是打不起来,因为双方的战略部署都还没有完成。这样,我们的工作就不能还是建立在过去那种估计的基础上。备战经费,可以挪出一部分来搞经济建设。"①次年1月19日,他对外宾表示:"提高警惕是必要的,但不要过分严重估计形势,不要造成人为的紧张,天天生活在恐惧状态中不行,这对我们不利。"②

随着时间的推移,邓小平关于战争与和平的判断越来越乐观。1982年8月,他对联合国秘书长德奎利亚尔表示:"我们不是悲观主义者,我们只是提出战争的危险性。我们说,战争的因素在增长,但制止战争的因素也在增长。"③1984年3月,邓小平同几位中央负责人谈话时说:"大战打不起来,不要怕,不存在什么冒险的问题。以前总是担心打仗,每年总要说一次。现在看,担心得过分了。我看至少十年打不起来。"④

邓小平对战争与和平前途的判断并不是被动的,而是主动的,也就是说,他并非静态地观察和平的产生,而是动态地在实践中积极促进制止战争因素的增长,尽一切努力争取世界和平。这或许是政治家与学者在思考角度上的区别。

1983年6月,中央外事小组成员进行了调整。中央外事小组由

---

① 中共中央文献研究室编:《邓小平年谱(1975—1997)》(上),中央文献出版社2004年版,第685—686页。
② 中共中央文献研究室编:《邓小平年谱(1975—1997)》(下),中央文献出版社2004年版,第708页。
③ 《邓小平文选》第2卷,人民出版社1994年版,第416页。
④ 《邓小平文选》第3卷,人民出版社1993年版,第25页。

新当选国家主席的李先念任组长；日常工作仍由姬鹏飞负责。在7月13日的中央外事工作领导小组会议上，李先念讲话指出："党的十一届三中全会后，我们在对外工作中继承并发展了这一方针、路线，重大决策都是在小平同志主持下作出的，并在实际工作中打开了新的局面。在外交战线上，我们面临的任务更加艰巨，斗争更加复杂。我们必须在党中央领导下兢兢业业地做好工作，重大问题要及时请示党中央和小平同志。"①这年下半年，中央外事小组讨论了国际形势，认为：国际形势经过几年的发展变化，一直讲"苏攻美守"已经不能准确地概括当前美苏争霸的战略态势，同意外交部提出的美苏争霸处于"战略僵持"状态的看法。对外仍然继续强调美苏争霸是国际局势紧张动荡的主要根源。②对于中央外事小组的分析和安排，邓小平表示同意。此时，他正在冷静地观察国际形势的新变化，考虑如何争取和平，基本的着眼点在于，中国的建设和改革需要一个和平的外部环境。

11月23日，邓小平对外宾提出"利用时间发展自己"的考虑："战争的危险确实存在，这个问题我们讲了多少年了。但我看至少五年内打不起来。我们要利用这样的有利条件来发展自己，如果争取到十年不发生战争，那对我们是最有利的，看来还是有可能的。不管国际风云如何变幻，我们总是利用时间发展自己。"③

11月29日上午，邓小平又在会见外宾时谈到了关于国际形势的

---

① 《李先念传》编写组、鄂豫地区革命史编辑部编：《李先念年谱》第6卷，中央文献出版社2011年版，第200页。
② 《李先念传》编写组编、朱玉主编：《李先念传（1949—1992）》（下），中央文献出版社2009年版，第1236页。
③ 中共中央文献研究室编：《邓小平年谱（1975—1997）》（下），中央文献出版社2004年版，第945—946页。

新认识:"我们这样的一些国家采取独立自主的外交政策是十分重要的。从六十年代我们就一直赞赏法国戴高乐总统在国际事务中采取的独立自主的政策。在七十年代,我们认为战争的危险主要来自苏联,当时我们同西方,包括美国、欧洲采取了更接近的政策,这是按照当时的实际情况决定的。近几年有点变化,苏联还是咄咄逼人,但美国最近的几手表明,对美国也不能忽略。对美国我们还要继续观察。这几年它搞的几手应该引起我们的注意。我们认为,有资格打第三次世界大战的只有美苏两家,没有别人。这是近几年我们对事物观察后的看法。"需要注意的是,这里他着重提出了"这种独立自主的外交政策更有利于争取和平"[1]。这是酝酿时代主题过程中产生的一个重要的外交基本方针。

1984年春节过后,李先念于2月8日、15日主持召开中央外事工作领导小组会议,会议提出进一步调整对外政策,认为在外交工作中,不要以美划线、以苏划线,也不要以我划线。一个国家的社会制度的性质,有其客观标准,不能以它们与中国关系好坏来判定。要避免出现以我为中心的现象。[2]与这次会议同时,邓小平视察了深圳、珠海、厦门和上海(与南方谈话的行程类似),2月17日刚回到北京,20日上午就在住地同领导外事工作的李先念谈话。22日上午,邓小平会见了美国乔治城大学战略与国际问题研究中心高级顾问兹比格涅夫·布热津斯基和主任阿穆斯·乔丹率领的代表团。在这次会见中,邓小平同布热津斯基谈话的重点是中美关系,尤其

---

[1] 中共中央文献研究室编:《邓小平年谱(1975—1997)》(下),中央文献出版社2004年版,第947页。
[2] 《李先念传》编写组编、朱玉主编:《李先念传(1949—1992)》(下),中央文献出版社2009年版,第1237页。

是解决台湾问题的"一国两制"设想，但也由此阐发了解决争端、稳定世界局势的新办法。他提出了不用结盟对抗方式而用"一国两制"、"搁置争议、共同开发"方式解决争端、稳定世界局势的新方法，在座的美国专家、学者都表现出极大兴趣。当时在场的虞家复回忆："邓小平讲完这段话，已近中午时分。客人们对他精辟的谈话报以热烈的掌声。离开时，他们都争着与邓小平握手。"①邓小平说："世界上有许多争端，总要找个解决问题的出路。我多年来一直在想，找个什么办法，不用战争手段而用和平方式，来解决这种问题。""总要从死胡同里找个出路。"此时，他并没有认为自己已经考虑成熟，他表示："有些话不一定准确，可能考虑不周到，但是要把世界局势稳定下来，总要想些主意。我多次讲过，中国人不比世界上任何人更少关心和平和国际局势的稳定。中国需要至少二十年的和平，以便聚精会神地搞国内建设。"②

4月28日上午，邓小平在人民大会堂东大厅会见了来访的美国总统罗纳德·里根。在同里根的会谈中，中美关系尤其是台湾问题自然是重中之重，但邓小平首先阐述了对国际形势的看法。他表示："和平是我们共同关心的首要问题。世界局势不稳定，但争取和平的前景良好。"③面对着自1979年两国建交以来访问中国的第一位在职美国总统，邓小平提出这一观点的分量是不同的。

需要指出的一点是，前文在叙述历史背景时提及这一时期美苏

---

① 虞家复：《伟大的构想——忆采访邓小平向外国人谈"一国两制"》，《中国记者》，1997年第6期。
② 《邓小平文选》第3卷，人民出版社1993年版，第49、50页。
③ 中共中央文献研究室编：《邓小平年谱（1975—1997）》（下），中央文献出版社2004年版，第971页。

开始就限制战略核武器进行谈判。对举行这种谈判,邓小平表示赞成,但并未对其抱太大希望。换句话说,邓小平并未将美苏限制战略核武器谈判作为他判断和平前景的依据。"但是对世界的形势,我们并不悲观,世界和平是有希望的。虽然战争的威胁始终存在,但世界上维护和平的力量在发展,制约战争的因素在增长。制约战争的力量首先是第三世界。第三世界的独立、发展每增加一分,制约战争的力量就增加一分。其次是不希望爆发战争的发达国家,例如欧洲的大多数国家,它们也是不愿意打仗的。我们这个估计是否符合实际,当然要让历史来证实。我们争取一个比较长时间和平环境是有可能的,这个判断不是依据美苏两家谈判进展如何决定的。"①

到1984年10月,邓小平在战争与和平的问题上,已经完成了对前景和趋势的判断由悲观到乐观的转变。10日,他对来访的德意志联邦共和国总理赫尔穆特·科尔说:"一九七四年你来访问,我们曾经谈到战争危险,现在我们对这个问题的看法有一点变化。""我们感到战争危险仍然存在,仍要提高警惕,但防止新的世界战争爆发的因素在增长。""要争取和平的环境,就必须同世界上一切和平力量合作。"②

此后他一直坚持这一观点,并得到了历史的验证。以此为前提,邓小平把发展问题提到了非常突出的位置。

---

① 中共中央文献研究室编:《邓小平年谱(1975—1997)》(下),中央文献出版社2004年版,第1045页。
② 《邓小平文选》第3卷,人民出版社1993年版,第82页。

2. 对世界发展问题的突出提出

与研究国内问题时很早就强调发展不同，邓小平在国际问题上对发展问题的突出提出是以对和平的乐观判断为前提的，并且提出阶段的主要提法也不是"发展问题"，而是"南北问题"，这反映了邓小平对世界发展问题认识的不断演进。

邓小平以战争与和平前景良好的判断为条件，提出和平与发展两大问题，并把发展问题放到更加突出的地位，是对过去"战争与革命"世界主题判断的重大转变。

邓小平对世界发展问题的关注可追溯到很久之前。1974年召开的第六届特别联大会议就是专门讨论这个问题的。在这次会议上，阿尔及利亚等国针对联合国开发计划署制订的援助不发达国家两个十年计划均已失败，富国越来越富，穷国越来越穷，世界经济秩序极不合理的状况，提出建立国际经济新秩序的主张。邓小平在那次会议上作了系统阐述毛泽东三个世界理论的著名讲演。他在讲演中也阐述了另一个主要问题，就是建立国际经济新秩序的主张，"用了很长时间讲这个问题"。他把长期被和平问题掩盖的发展问题，提到了更加重要的位置，反映了时代的新特征、新趋势，更揭示了世界局势的本质。

邓小平于1984年5月17日会见外宾时归纳："我看世界现在存在两个最根本的问题。第一是反对霸权主义，维护世界和平。当今世界不安宁的根源来源于霸权主义的争夺，它损害的是第三世界国家的利益。第二是南北问题。这是今后国际问题中一个十分重要的方面。"[1]第二天出版的《人民日报》报道这次会见时，摘发了邓小平的重要观点。[2]

5月29日上午，邓小平会见巴西总统若昂·菲格雷多。这次，邓小平新的概括是"世界上的两个突出问题"："一是和平问题"，"二是南北问题"。[3]在此前很长的一段时间里，发展问题被冷战造成的紧张局势所掩盖。邓小平预测到东西方关系的逐渐缓和，在做出战争可以避免的正确判断后，迅速地将发展问题提到非常显要的位置，随着时间的推移，甚至超过战争危险成为国际关系中的主要矛盾。这是非常有预见性且影响深远的。稍加注意就会发现，从发展问题的角度观察国际社会发生的矛盾、冲突，如今已成为我们观察世界变化的基本方法，是各个国家决定内外政策的重要依据。

提出"世界上的两个突出问题"后，从1984年到1985年，邓小平对这个问题进行了深入的思考和系统的总结，关于时代主题的认识趋于成熟。

3. 关于时代主题的归纳

1984年10月31日，邓小平会见缅甸总统、缅甸国务委员会主席吴山友。在关于时代主题的探讨中，这次外事会谈是非常重要的。邓小平鲜明地提出："国际上有两大问题非常突出，一个是和平问题，一个是南北问题。还有其他许多问题，但都不像这两个问题关系全局，带有全球性、战略性的意义。"[4]以此为契机，邓小平还

---

[1] 中共中央文献研究室编：《邓小平年谱（1975—1997）》（下），中央文献出版社2004年版，第974页。
[2] 《人民日报》，1984年5月18日。
[3] 《邓小平文选》第3卷，人民出版社1993年版，第56页。
[4] 《邓小平文选》第3卷，人民出版社1993年版，第96页。

提出了在整个国际社会积极倡导和平共处五项原则的主张,他说:"处理国与国之间的关系,和平共处五项原则是最好的方式。其他方式,如'大家庭'方式,'集团政治'方式,'势力范围'方式,都会带来矛盾,激化国际局势。总结国际关系的实践,最具有强大生命力的就是和平共处五项原则。"①

1984年12月13日上午,邓小平会见苏丹总统加法尔·穆罕默德·尼迈里,向他系统介绍了中国对国际问题的新主张:"现在世界上的问题可以概括为两大问题,就是东西问题和南北问题。东西问题也就是和平问题。""南北问题对第三世界国家是个非常现实的问题,南方国家首先要摆脱贫困。"②

关于时代主题的最终归纳产生于1985年3月4日,邓小平向日本客人详细介绍了中国对世界主题的新认识和和平外交政策,正式提出"现在世界上真正大的问题,带全球性的战略问题,一个是和平问题,一个是经济问题或者说发展问题"③,也就是"和平与发展"的时代主题新论断。而他的这一思想上升为中国的国家意志,并开始指导实践,还有一个历史过程。其中的关键环节,是整整三个月后的中央军委扩大会议。

4.上升为国家意志

在1985年6月4日的中央军委扩大会议上,邓小平系统阐述了对国际形势的判断和对外政策上的两个重要转变:

---

① 《邓小平文选》第3卷,人民出版社1993年版,第96页。
② 中共中央文献研究室编:《邓小平年谱(1975—1997)》(下),中央文献出版社2004年版,第1018页。
③ 《邓小平文选》第3卷,人民出版社1993年版,第105页。

"第一个转变，是对战争与和平问题的认识。"①"在较长时间内不发生大规模的世界战争是有可能的，维护世界和平是有希望的。根据对世界大势的这些分析，以及对我们周围环境的分析，我们改变了原来认为战争的危险很迫近的看法。"②

"第二个转变，是我们的对外政策。过去有一段时间，针对苏联霸权主义的威胁，我们搞了'一条线'的战略，就是从日本到欧洲一直到美国这样的'一条线'。现在我们改变了这个战略，这是一个重大的转变。……我们奉行独立自主的正确的外交路线和对外政策，高举反对霸权主义、维护世界和平的旗帜，坚定地站在和平力量一边，谁搞霸权就反对谁，谁搞战争就反对谁。"③

邓小平评价这两个转变的意义说："总之，一个是对国际形势的判断，一个是根据这个判断相应地调整对外政策，这是我们的两个大变化。现在看来，这两个变化是正确的，对我们是有益的，我们要坚持下去。只要坚持这样的判断和这样的政策，我们就能放胆地一心一意地好好地搞我们的四个现代化建设。我们的立足点还是自力更生，但是我们搞开放政策，利用国际和平环境更多地吸收对我们有用的东西，这对加速我们的发展比较有利。"④

通过中央军委扩大会议，邓小平关于时代主题的新论断上升为中国实行新的国际战略的指导方针。关于这一重要论断的重要理论与实践意义，已有大量的论述，其中我认为曾任国务院副总理兼外交部部长黄华和曾任外交学院院长吴建民的评价最为中肯。黄华指

---

① 《邓小平文选》第3卷，人民出版社1993年版，第126页。
② 《邓小平文选》第3卷，人民出版社1993年版，第127页。
③ 《邓小平文选》第3卷，人民出版社1993年版，第127—128页。
④ 《邓小平文选》第3卷，人民出版社1993年版，第128页。

出：在对于世界大战的估计上，由于长期认为两霸总有一天要打起来，世界大战危险日益迫近，立足早打大打，"为此我国国内工作围绕备战工作花费了巨大财力、物力和人力，使经济社会发展和人民生活受到一定的不利影响"。而邓小平根据第二次世界大战后，尤其是20世纪七八十年代国际形势的观察，指出和平与发展是当今世界的两大主题，"邓小平十分珍视国际局势趋于缓和的特点，强调要执行睦邻友好政策，主张同近邻国家搁置争议，共同开发，同各国实行互利合作，为中国的经济和社会发展创造长期稳定的良好的国际环境。一直到晚年，邓小平经常向周围同志提示，要抓住机遇。他认为，趋于缓和的国际局势、我国稳定和经济发展、中国和国际社会的互利合作以及几千万海外华人心向祖国等都是我国和平发展的有利机遇，务必抓紧"①。吴建民评价："现在我们正处在一个大的变化过程当中，我觉得当前这个变化，可能是1648年来三百多年间最深刻的变化。""中国发现时代变化的第一人是邓小平。""正是由于认识到了这一巨大变化，长期困扰我们的国内发展难题、国际争端，才有了切合实际的解决思路。"②

和平与发展的时代主题上升为国家意志的判断后，就成为我国具体外交实践的指导，用之处理国际问题的例子比比皆是。作为世界重量级国家领导人，邓小平不仅领导着我国的国际关系事务，更从宏观上指出了中国怎样才能在纷繁复杂的世界舞台上有所作为，为和平与发展问题的解决作出自己的贡献。

---

① 黄华：《亲历与见闻——黄华回忆录》，世界知识出版社2007年版，第208、207页。
② 吴建民：《改革开放与小平同志的一个重大判断》，《北京日报》，2008年3月31日。

(三)中国在和平与发展时代的有所作为

"有所作为",是邓小平提出的指导我国处理国际事务的重要原则。这一原则正式提出的时间,是在南方谈话之前不久,换句话说,是在世界格局发生剧变的过程当中。

邓小平在南方谈话中已经指出中国在和平与发展的时代主题条件下,可以为世界作出贡献。当然,这里他主要强调的是中国在维护世界和平方面的作用。在提出和平与发展是时代主题的同时,他就表示"我可以明确地肯定地讲一个观点,中国现在是维护世界和平和稳定的力量,不是破坏力量。中国发展得越强大,世界和平越靠得住"[①]。

不过,在南方谈话中的那段话不如他在1990年讲得全面:"我们对外政策还是两条,第一条是反对霸权主义、强权政治,维护世界和平;第二条是建立国际政治新秩序和经济新秩序。"[②]这两条实际上分别对应着和平与发展问题,且都着眼于积极行动,换句话说,在这两个领域都要"有所作为"。

1989年11月,在中共十三届五中全会上,邓小平实现了完全退休的愿望。在此前后,邓小平向中央提出了关于国际事务的指导意见,后来被概括为人们熟知的四句话:"冷静观察,稳住阵脚,沉着应付,有所作为。"了解情况的人也知道,前三句和最后一句并不是同时提出的,其中相差了一年多的时间。可以说,"有所作为"是一条关键性的补充,其充分地反映出这一年多的时间里邓小平对世界的观察与思考。

---

① 《邓小平文选》第3卷,人民出版社1993年版,第104页。
② 《邓小平文选》第3卷,人民出版社1993年版,第353页。

1989年9月4日上午，邓小平致信中共中央政治局，请求辞去中共中央军事委员会主席职务。同日上午，他在住地同江泽民、李鹏、乔石、姚依林、宋平、李瑞环、杨尚昆、万里谈话，主要商量自己退休的时间和方式问题。就在这次谈话中，邓小平向新一代中央领导集体提出："对于国际局势，概括起来就是三句话：第一句话，冷静观察；第二句话，稳住阵脚；第三句话，沉着应付。不要急，也急不得。要冷静、冷静、再冷静，埋头实干，做好一件事，我们自己的事。"①在当时，这三句话每一句都有很强的现实针对性。比如，"冷静观察"主要针对的是动乱问题，"稳住阵脚"主要是针对战争的问题。从今天来看，当时中国即将面对的是世界性的政治危机，中国首先要确定的是把握住自己，但世界局势后果难料，邓小平提出的"冷静、冷静、再冷静"正是应对危机的不二法门。

　　1990年3月3日，邓小平在住地同江泽民、杨尚昆、李鹏等人谈话，此时距离1991年3月27日戈尔巴乔夫在苏联进行全民公投还有整整一年的时间。而四个月来，随着危机的不断爆发，世界局势更加混乱，邓小平却对世界发展的趋势认识得更加清晰，他坚持了时代主题的基本判断，并且隐含着中国可以有所作为的乐观估计。他说："看起来，我们过去对国际问题的许多提法，还是站得住的。现在旧的格局在改变中，但实际上并没有结束，新的格局还没有形成。和平与发展两大问题，和平问题没有得到解决，发展问题更加严重。""我们对外政策还是两条，第一条是反对霸权主义、强权政治，维护世界和平；第二条是建立国际政治新秩序和经济新秩

---

① 《邓小平文选》第3卷，人民出版社1993年版，第321页。

序。这两条要反复讲。"①

年底，邓小平再次同江泽民、杨尚昆、李鹏谈话，经过一年多的观察和思考，他对中国在危机后的新世界中可以发挥的作用已经有了比较准确的认识。在谈到国际问题和中国的对外政策时，邓小平首先从不能做什么说起："中国永远站在第三世界一边，中国永远不称霸，中国也永远不当头。"随后，正式提出了"有所作为"的指导原则："但在国际问题上无所作为不可能，还是要有所作为。作什么？我看要积极推动建立国际政治经济新秩序。我们谁也不怕，但谁也不得罪，按和平共处五项原则办事，在原则立场上把握住。"②

这就引出了南方谈话中没有收入的另一个国际事务主题，即"积极推动建立国际政治经济新秩序"，实际指向的是为解决世界发展问题作出贡献。在当年提出时代主题时，邓小平也谈到了中国是世界和平力量，突出了中国在世界政治格局中的作用，但关于中国可以为世界发展作出贡献他并没有多讲。这是因为当时中国经济比较落后，即使是邓小平也只能着眼于"发达国家应该清楚地看到，第三世界国家经济不发展，发达国家的经济也不可能得到较大的发展"③。但是再经过几年的发展变化，邓小平预见到了中国未来在世界经济格局中的地位，中国将逐步具备关于世界发展问题的话语权，这已经被今天的现实所印证。而且，如同很多人在提及邓小平国际和外交思想时，只记得"韬光养晦"（目前看到邓小平谈"韬光养晦"的资料仅有一处，是在南方谈话后的4月28日，他对身

---

① 《邓小平文选》第3卷，人民出版社1993年版，第353页。
② 《邓小平文选》第3卷，人民出版社1993年版，第363页。
③ 《邓小平文选》第3卷，人民出版社1993年版，第56页。

边人员谈到:"我们再韬光养晦地干些年,才能真正形成一个较大的政治力量,中国在国际上发言的分量就会不同。有能力的时候,要搞高科技国防尖端武器。"[1]韬光养晦、决不当头是符合中国实际的正确战略,但是"韬光养晦"的词义决定了其不适宜作为对内外公开宣称的国家战略,更不应当进行广泛讨论和宣传),而忽略了"有所作为"一样,目前关于邓小平"建立国际政治经济新秩序"思想的认识是不足的。我认为,"以和平共处五项原则为准则建立国际新秩序"是邓小平外交思考和实践的最终落脚点。

早在1974年联合国大会作发言时,邓小平就提出过建立国际经济新秩序的基本主张。[2]十一届三中全会以后,他又直接领导进行了近十年纵横捭阖的外交实践,取得了辉煌的成就。时隔十余年,根据长期的观察与思考,邓小平将在联合国提出的国家经济新秩序问题扩展为建立国际政治经济新秩序,并且明确了和平共处五项原则的基础性地位。到1988年下半年,也就是国际格局发生剧变的前夕,根据国际形势和中国最新的深刻变化,邓小平提出了"建立国际新秩序"的主张。他指出:"现在需要建立国际经济新秩序,也需要建立国际政治新秩序。新的政治秩序就是要结束霸权主义,实行和平共处五项原则。最经得住考验的不是霸权政治,不是集团政治,而是和平共处五项原则。我们要经过几十年的努力,在和平共处五项原则的基础上建立国与国之间的关系,特别是邻国之间的关

---

[1] 中共中央文献研究室编:《邓小平年谱(1975—1997)》(下),中央文献出版社2004年版,第1346页。

[2] 邓小平:《在联合国大会第六届特别会议上的发言》(1974年4月10日),中共中央文献研究室编《邓小平文集(1949—1974)》下卷,中央文献出版社2014年版,第345—355页。

系。解决战争与和平的问题，建立国际新秩序的问题，都需要这些原则。"①即使在邓小平退休以后，国际格局发生剧变，他也始终坚持这一主张。到南方谈话时，这一思想并没有变化，可以说，这是南方谈话文本后隐藏的一项重要内容。

综上所述，在南方谈话中的简单论述中，我们可以看出邓小平对和平与发展时代主题基本判断的坚持，以及他主张中国为全世界和平与发展问题的解决作出贡献，在新时代的世界舞台上有所作为。这同样适用于今天的中国和世界。习近平总书记指出："邓小平同志明确提出和平与发展是当代世界的两大问题，领导我们党及时调整各方面政策，为改革开放和社会主义现代化建设创造了难得历史机遇和良好外部环境。"②

---

① 中共中央文献研究室编：《邓小平年谱（1975—1997）》（下），中央文献出版社2004年版，第1251页。
② 习近平：《在纪念邓小平同志诞辰110周年座谈会上的讲话》，《人民日报》，2014年8月21日。

第五章
南方谈话中
尚未展开的理论问题

在邓小平南方谈话中，有一些重要内容是邓小平此前已经提及，但在南方谈话中才正式破题，而当时的实践还没有发展到相应程度，甚至针对的是还没有在社会上充分显现的问题，他尚不能够展开系统论述，留待来者继续开展研究的一些重大的理论前沿问题。经过了二十多年的发展变化，这些问题大多已经成为当今中国社会的核心问题，虽然当年邓小平的思考还没有完成，也就是说还没有最终的结论，但从他的论述中能够获得关键性的启示和指导，对于今天新的研究和实践具有非常突出的作用。南方谈话中这样的内容有很多，其中最重要的，也是当今社会关注度最高的，是社会主义市场经济，以及共同富裕的问题。

一、社会主义市场经济

关于计划与市场的争论，在20世纪初就已产生了，那时世界上还没有社会主义国家，更与中国没有什么联系，围绕的就是对资源配置方式的选择问题。直到苏联的新经济政策调整时期，计划与市场的争论才与社会主义制度联系起来。但是经过半个世纪的历史演变，在全世界范围形成了一种强烈的观念，普遍认为社会主义与市场经济根本对立，在社会主义制度下存在和发展市场经济的可能性被彻底否定。邓小平经过十多年的思考和研究，在南方谈话中对这个问题作了清晰的总回答，解除了长期的思想束缚。从今天来看，正是邓小平南方谈话奠定了中国社会主义市场经济的新时代，很多人把这一点作为南方谈话的最大贡献。

（一）南方谈话中社会主义市场经济的重大突破

在南方谈话中，邓小平指出："改革开放胆子要大一些，敢于试验，不能像小脚女人一样。看准了的，就大胆地试，大胆地闯。深圳的重要经验就是敢闯。没有一点闯的精神，没有一点'冒'的精神，没有一股气呀、劲呀，就走不出一条好路，走不出一条新路，就干不出新的事业。不冒点风险，办什么事情都有百分之百的把握，万无一失，谁敢说这样的话？一开始就自以为是，认为百分之百正确，没那么回事，我就从来没有那么认为。每年领导层都要总结经验，对的就坚持，不对的赶快改，新问题出来抓紧解决。恐怕再有三十年的时间，我们才会在各方面形成一整套更加成熟、更加定型的制度。在这个制度下的方针、政策，也将更加定型化。现在建设中国式的社会主义，经验一天比一天丰富。经验很多，从各省的报刊材料看，都有自己的特色。这样好嘛，就是要有创造性。

"改革开放迈不开步子，不敢闯，说来说去就是怕资本主义的东西多了，走了资本主义道路。要害是姓'资'还是姓'社'的问题。判断的标准，应该主要看是否有利于发展社会主义社会的生产力，是否有利于增强社会主义国家的综合国力，是否有利于提高人民的生活水平。对办特区，从一开始就有不同意见，担心是不是搞资本主义。深圳的建设成就，明确回答了那些有这样那样担心的人。特区姓'社'不姓'资'。从深圳的情况看，公有制是主体，外商投资只占四分之一，就是外资部分，我们还可以从税收、劳务等方面得到益处嘛！多搞点'三资'企业，不要怕。只要我们头脑清醒，就不怕。我们有优势，有国营大中型企业，有乡镇企业，更重要的是政权在我们手里。有的人认为，多一分外资，就多一分资本主义，'三资'企业多了，就是资本主义的东西多了，就是发展了资本主义。这些人连基本常识都没有。我国现阶段的'三资'企业，按照现行的法规政策，外商总是要赚一些钱。但是，国家还要拿回税收，工人还要拿回工资，我们还可以学习技术和管理，还可以得到信息、打开市场。因此，'三资'企业受到我国整个政治、经济条件的制约，是社会主义经济的有益补充，归根到底是有利于社会主义的。

"计划多一点还是市场多一点，不是社会主义与资本主义的本质区别。计划经济不等于社会主义，资本主义也有计划；市场经济不等于资本主义，社会主义也有市场。计划和市场都是经济手段。社会主义的本质，是解放生产力，发展生产力，消灭剥削，消除两极分化，最终达到共同富裕。就是要对大家讲这个道理。证券、股市，这些东西究竟好不好，有没有危险，是不是资本主义独有的东西，社会主义能不能用？允许看，但要坚决地试。看对了，搞一两年对了，放开；错了，纠正，关了就是了。关，也可以快关，也可以慢关，也可以留一点尾巴。怕什么，坚持这种态度就不要紧，就不会犯大错误。总之，社会主义要赢得与资本主义相比较的优势，就必须大胆吸收和借鉴人类社会创造的一切文明成果，吸收和借鉴当今世界各国包括资本主义发达国家的一切反映现代社会化生产规律的先进经营方式、管理方法。"[1]

其中，最关键的内容就是"计划多一点还是市场多一点，不是社会主义与资本主义的本质区别。计划经济不等于社会主义，资本主义也有计划；市场经济不等于资本主义，社会主义也有市场。计划和市场都是经济手段"。南方谈话对二者的关系进行了充分的辨析，在全国乃至全世界影响极大，建设社会主义市场经济迅速在全党全国达成共识，这是确立社会主义市场经济目标过程中具有决定性意义的一步。不过，要走到这一步，旅程极其艰难。邓小平为我国社会主义市场经济的确立作出了突出贡献。

（二）在社会主义市场经济目标确立过程中邓小平的主要贡献

历史是由人民书写的，我国确立社会主义市场经济并不是邓小平一个人的功劳。概括地说，中国社会主义市场经济是在以下四个方面的基础上建立起来的：首先，中华人民共和国成立以来以毛泽东为核心的党的第一代领导集体进行社会主义建设的经验和教训；其次，改革开放以来，在中国共产党领导下，全体中国人民进行的丰富而深刻的社会实践；第三，第二代、第三代领导集体深入探索

---

[1] 《邓小平文选》第3卷，人民出版社1993年版，第372—373页。

和思考治国之道的结晶；第四，广大理论工作者对此问题的反复钻研和探讨。也就是说，社会主义市场经济这一伟大创举是在全体中国人民的共同努力下得以确立的，这个成果来之不易。

同时，马克思主义认为，要充分认识历史人物在历史的关键时刻发挥的重要作用。回顾历史，我们会发现，在中国社会主义市场经济的确立过程中，邓小平始终发挥着极为重要的作用。邓小平作为第二代领导集体的核心和中国特色社会主义理论体系的开创者，凭借其出类拔萃的政治判断力和决策魄力，有力地推动了社会主义市场经济——这一世界历史上从未有过的经济制度，在中国这个古老而庞大的国度中建立起来，为中华民族的伟大复兴指明了方向，为中国特色社会主义的发展打下了坚实的基础。

具体来说，邓小平在社会主义市场经济确立过程中的主要贡献，包括以下四个方面：

1. 在全党全国率先提出"社会主义也可以搞市场经济"的重大命题

十一届三中全会是改革开放的起始点，但是，中国领导层和理论界对于社会主义是否必须完全排斥市场经济的思考，在十一届三中全会之前便已开始，邓小平未必是其中最早的。比如，国务院于1978年7月至9月召开的多次理论务虚会上已经提出相关理论命题，如"计划经济与市场经济相结合"。历史转折后，关于此问题的讨论更加丰富。比如，1979年3月17日的《光明日报》就曾有一篇题为《计划经济与市场经济能不能结合？》的报道。这些讨论的出现，是与当时邓小平倡导重新确立"解放思想、实事求是"的思想路线分不开的。但是，这些探索是初步的，面对充满急流险滩的未知领域，当时尚未有人能够或敢于得出一定的结论，更不用说设想社会主义与市场经济相结合的目标。不过，邓小平是敢于开风气之先的，没过多久，他就以明确的语气回答了这个问题。

邓小平为社会主义建设提出了一个崭新的课题——"社会主义也可以搞市场经济"。这是在他1979年11月26日会见美国客人吉布尼和加拿大客人林达光等人时产生的。在这次谈话中，邓小平首先强调了一个指导方针："当然我们不要资本主义，但是我们也不要贫穷的社会主义，我们要发达的、生产力发展的、使国家富强的社会主义。我们相信社会主义比资本主义的制度优越。它的优越性应该表现在比资本主义有更好的条件发展社会生产力。"[1]需要注意的是，这一指导方针贯穿于邓小平思考社会主义市场经济问题的始终。正是在这一思想指导下，他语气肯定地表示："说市场经济只存在于资本主义社会，只有资本主义的市场经济，这肯定是不正确的。社会主义为什么不可以搞市场经济，这个不能说是资本主义。我们是计划经济为主，也结合市场经济，但这是社会主义的市场经济。""市场经济不能说只是资本主义的。市场经济，在封建社会时期就有了萌芽。社会主义也可以搞市场经济。"[2]

邓小平此时使用的概念"社会主义的市场经济"，与后来的"社会主义市场经济"存在显著差异。首先，邓小平当时的思想也只达到将市场经济与作为主体的计划经济相结合、用市场补充计划的阶段；其次，邓小平此时思考的市场经济，尚未涉及多种所有制共同发展的问题。根据邓小平的表述，他当时考虑的主要是"全民所有制"的"市场经济"。

---

[1] 《邓小平文选》第2卷，人民出版社1994年版，第231页。
[2] 《邓小平文选》第2卷，人民出版社1994年版，第236页。

尽管带有一些时代的局限，但是立足于当时大多数人仍认为社会主义只能采取计划经济的舆论环境，邓小平"社会主义也可以搞市场经济"的论断，已经是理论的巨大突破，成为社会主义市场经济确立的先声。也正由于其超前性，邓小平这一论断短时间内无法成为全党和理论界的共识。11月26日的谈话当时并没有公开发表，而是收在次年人民出版社在内部发行的《中央领导同志同外宾的谈话》一书中，在全国范围影响不大。但是，星星之火，可以燎原，邓小平的思想火花还是促进了人们的思考，直接的表现就是当时理论界的讨论更加广泛和激烈。

1980年1月16日，邓小平在中共中央召集的干部会议上再次提出"计划调节和市场调节相结合"的观点。一系列的突破和进展，在1981年的《关于建国以来党的若干历史问题的决议》和1982年的十二大报告中取得了阶段性的成果。《决议》中提出："必须在公有制基础上实行计划经济，同时发挥市场调节的辅助作用。"十二大报告中则形成了"计划经济为主，市场调节为辅"的提法。这样，全党全国在观念上终于突破了市场经济与社会主义之间绝不兼容的教条，进入向社会主义市场经济转变的新阶段。对此，邓小平有首创之功。

2. 在历史发展的关键时刻引领理论创新，推动社会主义市场经济不断步入新的阶段

以十二大的突破为开端，中国还要走过十年的艰苦历程，才能实现改革目标的正式确立。在这一过程中，既有实践层面不断克服困难的奋勇前进，更有理论层面不断进行突破的创新之举。在理论突破方面，有两个至关重要的关键环节。在这两个环节中，邓小平再次发挥了举足轻重的作用，这就是引领理论创新，推动社会主义

市场经济不断步入新的阶段。

第一个关键环节是肯定社会主义商品经济,中心事件是《中共中央关于经济体制改革的决定》的通过。

确立社会主义市场经济,不可能一蹴而就,关乎全局的一步是首先突破商品经济与计划经济相对立、资本主义与商品经济相等同的传统观念。关于社会主义国家能否运用商品经济,邓小平早在1980年已有论述,而且是从当时正如火如荼的农村改革谈起的。邓小平指出:"可以肯定,只要生产发展了,农村的社会分工和商品经济发展了,低水平的集体化就会发展到高水平的集体化,集体经济不巩固的也会巩固起来。关键是发展生产力,要在这方面为集体化的进一步发展创造条件。""多种经营发展了,并随之而来成立了各种专业组或专业队,从而使农村的商品经济大大发展起来。"[1]中国的经济改革起自农村,在邓小平尊重农民首创精神的指导下,十一届三中全会之后已在全国逐渐展开,通过推行家庭联产承包责任制、大力发展专业户、部分放开农产品统购统销、调整农产品价格等一系列举措,到1984年,农业生产和农民生活水平大幅提高。在这种情况下,城市经济改革提上议程,中国将开始统摄全局的全面经济体制改革,商品经济也成为搞活城市经济的必要选择。于是,《中共中央关于经济体制改革的决定》指出:"改革的基本任务是建立起具有中国特色的充满生机和活力的社会主义经济体制。""改革计划体制,首先要突破把计划经济和商品经济对立起来的传统观念,明确认识社会主义计划经济必须自觉依据和运用

---

[1] 中共中央文献研究室编:《邓小平年谱(1975—1997)》(上),中央文献出版社2004年版,第641、642页。

价值规律，是在公有制基础上的有计划的商品经济。商品经济的充分发展，是社会经济发展的不可逾越的阶段，是实现我国经济现代化的必要条件。"对于《决定》，邓小平给予了极高的评价和充分的肯定。当《决定》通过后，邓小平就在十二届三中全会上即席讲话："这个决定，是马克思主义的基本原理和中国社会主义实践相结合的政治经济学。我有这么一个评价。"①

确定了新概念"社会主义的商品经济"，全面经济改革也已经展开，但是社会主义与市场经济之间的"鸿沟"尚未弥合。《决定》中说的也"不是那种完全由市场调节的市场经济"。邓小平清楚地看到这一点，仅仅一年之后，他就已经开始引领中国经济体制改革新一轮的理论突破。

第二个关键环节是解决市场经济与社会主义相统一的问题，中心事件是1987年10月党的十三大。

"社会主义和市场经济之间不存在根本矛盾。问题是用什么方法才能更有力地发展社会生产力。我们过去一直搞计划经济，但多年的实践证明，在某种意义上说，只搞计划经济会束缚生产力的发展。把计划经济和市场经济结合起来，就更能解放生产力，加速经济发展。"②这是1985年10月邓小平与美国高级企业家代表团的谈话，乍看起来与1979年的谈话类似，其实邓小平的思想已经取得了长足的进步。一方面，邓小平已经指出计划经济会束缚生产力发展这一弊端；另一方面，邓小平已经明确地肯定了市场经济在实践中促进生产发展的作用。在这两点的基础上，邓小平逐步点明"社

---

① 中共中央文献研究室编：《邓小平年谱（1975—1997）》（下），中央文献出版社2004年版，第1006页。
② 《邓小平文选》第3卷，人民出版社1993年版，第148—149页。

会主义与市场经济不存在根本矛盾"。需要说明的是，邓小平提出"不存在根本矛盾"的论断，是有其针对性的。实际上，伴随着经济体制改革，国内出现了少数贪污腐败和滥用职权的现象，以致有人怀疑，这是由于社会主义和市场经济之间存在"潜在的、难以解决的矛盾"。要知道，此时中央肯定商品经济刚满一年，国内还没有出现选择市场经济的声势。然而，面对一些新生的负面现象，面对外界的质疑和猜测，邓小平非但没有"收"，反而进一步地"放"，明确表明了对市场经济的态度。可见，邓小平在此时已经对市场经济抱有巨大的信心。

已经解决了"不存在根本矛盾"的问题，下一步就要解决社会主义与市场经济如何相统一的问题。为解决这个问题，邓小平在党的十三大准备过程中，深刻阐述了计划、市场与社会主义的关系。那是1987年2月6日，邓小平在其住地同中央相关负责同志谈十三大的筹备和十三大报告的起草："为什么一谈市场就说是资本主义，只有计划才是社会主义呢？计划和市场都是方法嘛。只要对发展生产力有好处，就可以利用。它为社会主义服务，就是社会主义的；为资本主义服务，就是资本主义的。好像一谈计划就是社会主义，这也是不对的，日本就有一个企划厅嘛，美国也有计划嘛。我们以前是学苏联的，搞计划经济。后来又讲计划经济为主，现在不要再讲这个了。"[①]这实际上取消了计划经济为主体的基本制度。并且，谈话使用全新的提法，排除了社会主义与市场经济之间最后一道理论障碍。

依照邓小平的决策，党的十三大报告不再提"计划经济为

---

① 《邓小平文选》第3卷，人民出版社1993年版，第203页。

主"，甚至在一些关键的措辞上，用"社会主义经济"一词替代了原来常用的"社会主义计划经济"。十三大报告的全新表述是：社会主义经济是公有制基础上的商品经济；新的经济运行机制，总体上来说应当是"国家调节市场，市场引导企业"的机制。

很显然，十三大报告向全国人民展现的国家新的经济发展方向，是以"市场"为主体的，这正是源于邓小平的决策。不过，这与社会主义市场经济，尚有一步之遥。而要迈出这一步，绝非易事。邓小平的工作，远未结束。

3. 在市场经济遭遇巨大挑战时，旗帜鲜明地予以支持，确保社会主义市场经济得以存续发展

社会主义市场经济要在中国扎根，每一步都面临巨大的阻力和挑战，每一天都经受着广泛的质疑和攻击。在一次次危机之中，中国的领导层经受住了考验。这其中，邓小平更是发挥了定海神针的作用。这里仅举两例，即1988年的经济危机和1989年的政治危机。

1988年，我国因为价格"闯关"失败遭遇了严重的经济危机。在这种严峻局面下，全国上下对于市场经济的未来存在悲观情绪，质疑的声音再次甚嚣尘上。关键时刻，邓小平挺身而出。9月12日，他与中央领导同志谈话，其中并没有直接谈到计划和市场等关系问题，但是却坚定了开放、搞活市场的大方向，还强调要继续前进，确定了在新的市场条件下管理经济的新要求，甚至提出"最终达到面向世界市场"的目标。这段谈话保证了中国刚刚起步的市场经济不至夭折，成果直接体现在随即召开的十三届三中全会上。在这次会议上，中央确定了治理经济环境、整顿经济秩序的方针，为中国20世纪90年代步入社会主义市场经济打下了基础。

到了1989年，我国遭遇了与1988年经济危机相关，又更为

严重、更为危险的政治危机。6月9日，政治风波刚刚平息，邓小平在那次重要的讲话中，首先就尖锐地提出："第一个问题，党的十一届三中全会制定的路线、方针、政策，包括我们发展战略的'三部曲'，正确不正确？是不是因为发生了这次动乱，我们制定的路线、方针、政策的正确性就发生问题？我们的目标是不是一个'左'的目标？是否还要继续用它作为我们今后奋斗的目标？""第二个问题，党的十三大概括的'一个中心、两个基本点'对不对？两个基本点，即四个坚持和改革开放，是不是错了？"[1]这两个问题切中人心，是当时很多人头脑中的迷惑。对此，邓小平认为："这些大的问题，必须作出明确、肯定的回答。"他明确地说："应当说，我们所制定的战略目标，现在至少不能说是失败的。在六十一年后，一个十五亿人口的国家，达到中等发达国家的水平，是了不起的事情。实现这样一个目标，应该是能够做到的。不能因为这次事件的发生，就说我们的战略目标错了。"[2]"改革开放这个基本点错了没有？没有错。"[3]"四个坚持本身没有错"，"而是错在坚持得不够一贯"[4]。在这一紧张时刻，邓小平又谈到了市场："我们要继续坚持计划经济与市场调节相结合，这个不能改。实际工作中，在调整时期，我们可以加强或者多一点计划性，而在另一个时候多一点市场调节，搞得更灵活一些。以后还是计划经济与市场调节相结合。重要的是，切不要把中国搞成一个关

---

[1] 《邓小平文选》第3卷，人民出版社1993年版，第305页。
[2] 《邓小平文选》第3卷，人民出版社1993年版，第305页。
[3] 《邓小平文选》第3卷，人民出版社1993年版，第306页。
[4] 《邓小平文选》第3卷，人民出版社1993年版，第305页。

闭性的国家。"①要知道，此时国内的政治动乱刚息，经济还处于治理整顿的阶段。而邓小平一句句的"没有错"、"都不变"、"不能改"，尤其是十三大确定的路线不能改，成为维持市场经济存续发展的强心剂。

4. 在恰当时机进行深刻的理论总结，促使中国特色社会主义市场经济的发展目标最终确立

时间步入20世纪90年代，度过危机的中国经济趋于稳定，但却徘徊不前，受到不利国际环境的影响，1990年经济发展陷入低谷，经济增长率仅为3.8%，甚至不如动荡的1989年（4.1%）。与此同时，在其本人的强烈要求下，邓小平终于离开了领导岗位，正式退休。然而停止工作的邓小平并没有停止思考，相反地，他从繁杂的具体事务中解放出来，开始运用七十余年革命工作的经验和晚年精湛的思维，全力思考关乎中国前途命运的许多宏观问题，经济举步不前的问题自然最先进入他的视野中。以后来的历史观之，此实乃中国之幸。

而此时，关于改革究竟是以完善计划经济体系为导向，还是以最后建立起市场经济体系为导向的问题，争论再次陷入胶着。坚持"计划取向"的一派提出，"市场取向等于资本主义取向"，"市场化"是"资本主义和平演变"的一项主要内容。②从1990年7月一直到1991年底，关于改革目标的取向，学术界经过激烈争论后仍难达成一致，无法得出最终结论。

这时，邓小平再次发挥了重要的引导作用。1990年12月24日，

---

① 《邓小平文选》第3卷，人民出版社1993年版，第306页。
② 谢春涛：《关于计划经济与市场经济的争论——吴敬琏访谈录》，《百年潮》，1998年第2期。

邓小平同新一代领导人江泽民等谈话："我们必须从理论上搞懂，资本主义与社会主义的区分不在于是计划还是市场这样的问题。社会主义也有市场经济，资本主义也有计划控制。""不要以为搞点市场经济就是资本主义道路，没有那么回事。计划和市场都得要。不搞市场，连世界上的信息都不知道，是自甘落后。"[1]在具体政策层面，邓小平帮助中央确定了开发开放浦东的战略决策，重新为中国经济发展注入活力。多管齐下，中国经济终于再次起飞，到1991年，经济增长率迅速恢复到9.2%。这一年年初邓小平在视察上海时又表示："不要以为，一说计划经济就是社会主义，一说市场经济就是资本主义，不是那么回事，两者都是手段，市场也可以为社会主义服务。"[2]他从实践出发，已经完成了深刻的理论总结，社会主义市场经济的最终确立为时不远。

接下来，就是上述南方谈话中的突破，并很快在中央领导层达成共识。对江泽民采用的"社会主义市场经济体制"的提法，邓小平在1992年6月12日的住地谈话中表示赞成："实际上我们是在这样做，深圳就是社会主义市场经济。不搞市场经济，没有竞争，没有比较，连科学技术都发展不起来。产品总是落后，也影响到消费，影响到对外贸易和出口。"他还说："这样十四大也就有了一个主题了。"[3]之后，他又审阅了十四大报告稿。

10月，中共十四大召开，邓小平是特邀代表。十四大报告指出："实践的发展和认识的深化，要求我们明确提出，我国经济体

---

[1] 《邓小平文选》第3卷，人民出版社1993年版，第364页。
[2] 《邓小平文选》第3卷，人民出版社1993年版，第367页。
[3] 中共中央文献研究室编：《邓小平年谱（1975—1997）》（下），中央文献出版社2004年版，第1347—1348页。

制改革的目标是建立社会主义市场经济体制,以利于进一步解放和发展生产力。"①中国社会主义市场经济以此为标志最终确立。在确立的决定性阶段,邓小平的理论总结功不可没。

综上所述,邓小平在中国社会主义市场经济确立的全过程中,发挥了不可替代的突出作用,为中国特色社会主义基本经济制度的建立作出了巨大贡献。通观全局,我们会发现,邓小平对于社会主义与市场经济的相互关系,不仅有着客观的认识过程,而且始终有其基本的、一贯的思路,这就是对社会主义的坚定信念,坚持解放思想、实事求是的思想路线和从实践中来、到实践中去的方法论,而最终取得的成就与邓小平进行理论创新的巨大勇气,以及关键时刻清晰的判断力和敢于承担责任的政治魄力是分不开的。不过,还要指出的是,邓小平对社会主义市场经济这一科学命题最主要的贡献是破题,至于到底应该怎样去建设和发展,他没有也不可能给出系统的答案。这并不影响其重大意义,如马克思指出的:"一个时代的迫切问题,有着和任何在内容上有根据的因而也是合理的问题共同的命运:主要的困难不是答案,而是问题。"②作为一项全新的经济制度,社会主义市场经济还有很多未被我们认识的领域,是我们当前必须深入研究的对象。

(三)社会主义市场经济是社会主义与市场经济相结合的全新制度

在人类历史上,市场经济早已存在,因此人们常常忽略社会主

---

① 中共中央文献研究室编:《十四大以来重要文献选编》(上),中央文献出版社2011年版,第16页。
② 《马克思恩格斯全集》第1卷,人民出版社1995年版,第203页。

义市场经济是一项前所未有的全新创造，除中国外全世界甚至没有另一个样本。很明显，南方谈话和中共十四大后我国建立的经济制度并不是简单地向资本主义市场经济学习的结果，而是中国特色社会主义的独特创造和崭新实践，其取得的成绩有目共睹。从更宏观的角度来看，社会主义市场经济是当前和今后中国最大的实际，也是中国共产党对人类社会发展作出的一大贡献。同时，作为一种新生的经济制度，社会主义市场经济现在还在发展和完善中，需要研究和解决的问题非常多。有专家指出："可以说，社会主义市场经济能不能搞成功是中国特色社会主义能不能成功的标志。"①

与马克思只是阐述了社会主义的基本原则，而并没有规定未来社会主义社会的具体形态一样，邓小平也没有详细论述社会主义市场经济到底应该怎样搞。在南方谈话中，他只是说："恐怕再有三十年的时间，我们才会在各方面形成一整套更加成熟、更加定型的制度。在这个制度下的方针、政策，也将更加定型化。"②但是对于社会主义市场经济这样一个历史性的创新，如何进行发展和建设，邓小平在晚年也进行了更加深入的思考。

1993年9月16日，邓小平同前来看望的弟弟邓垦谈话。两位经验丰富的革命者探讨了一些重要的政治和理论问题。邓小平说："社会主义市场经济优越性在哪里？就在四个坚持。四个坚持集中表现在党的领导。这个问题可以敞开来说，我那个讲话③没有什么输理的

---

① 龙平平：《从南方谈话看深化邓小平理论研究的几个问题》，人民网，2012年1月6日。
② 《邓小平文选》第3卷，人民出版社1993年版，第372页。
③ 指邓小平1979年3月在党的理论工作务虚会上的讲话《坚持四项基本原则》。

地方，没有什么见不得人的地方。"①

邓小平提出："社会主义市场经济优越性在哪里？就在四个坚持。"这种思维方式超出了很多理论家的想象。实际上，这段话反映了邓小平晚年关于社会主义市场经济的一个重要观点：只有把市场经济结合于社会主义的基本制度，才能体现社会主义市场经济真正的优越性。可以看作他对社会主义市场发展方向的一个原则性的规定。但是，市场经济怎样与社会主义制度结合，怎样才能做到既搞活经济、又发挥社会主义制度的政治优势，邓小平并没有展开论述，这是他留下的一个长期课题。

二、共同富裕②

共同富裕思想是邓小平理论中的重要内容，也是中国特色社会主义理论与实践中的一个热点课题。中国四十多年改革开放创造了经济奇迹，同时中国社会也从奉行绝对平均主义转变为允许存在贫富差别。共同富裕是邓小平提出来的；但也有人认为，两极分化也是邓小平领导的改革开放带来的。一些两极分化的迹象给许多生活水平已经有了很大改善的普通民众带来了严重的心理失衡，并由此对改革开放的性质和前景产生了困惑和质疑。那么，邓小平关于共同富裕的设想到底是什么样的呢？在南方谈话中，邓小平突出地表达了对这一问题的关注。

---

① 中共中央文献研究室编：《邓小平年谱（1975—1997）》（下），中央文献出版社2004年版，第1363页。
② 本节的主要内容已发表在《党的文献》2017年第5期，题为《邓小平共同富裕思想的发展轨迹和现实意义》。

（一）南方谈话对共同富裕的关注

1992年1月21日上午，邓小平参观深圳市华侨城的中国民俗文化村和锦绣中华微缩景区，观看了歌舞表演，还专门在"布达拉宫"微缩景点前和家人合影留念。他不无遗憾地说："全国我就这个地方没去过。"在回宾馆的途中，邓小平听取了关于深圳支援相对落后地区情况的汇报，他表示赞成深圳每年按固定比例从财政划出一部分资金作为贫困地区开发"造血"型项目的基金的做法。[①]应该是这一汇报拨动了邓小平的心绪，或许还有锦绣中华景色的触动，邓小平阐发了他长期以来关于共同富裕问题的思考。经过整理后，这段讲话成为南方谈话正式版本中的重要内容：

"走社会主义道路，就是要逐步实现共同富裕。共同富裕的构想是这样提出的：一部分地区有条件先发展起来，一部分地区发展慢点，先发展起来的地区带动后发展的地区，最终达到共同富裕。如果富的愈来愈富，穷的愈来愈穷，两极分化就会产生，而社会主义制度就应该而且能够避免两极分化。解决的办法之一，就是先富起来的地区多交点利税，支持贫困地区的发展。当然，太早这样办也不行，现在不能削弱发达地区的活力，也不能鼓励吃'大锅饭'。什么时候突出地提出和解决这个问题，在什么基础上提出和解决这个问题，要研究。可以设想，在本世纪末达到小康水平的时候，就要突出地提出和解决这个问题。到那个时候，发达地区要继续发展，并通过多交利税和技术转让等方式大力支持不发达地区。不发达地区又大都是拥有丰富资源的地区，发展潜力是很大的。总

---

① 中共中央文献研究室编：《邓小平年谱（1975—1997）》（下），中央文献出版社2004年版，第1335页。

之,就全国范围来说,我们一定能够逐步顺利解决沿海同内地贫富差距的问题。"①

邓小平的共同富裕思想,在南方谈话中达到了比较成熟的状态,但作为理论其还远没有完成。实际上,这是他晚年集中思考的主要问题之一。尽管这一理论尚未完成,邓小平共同富裕思想到这一时期已经成为社会主义本质论的落脚点,既将人们的认识提升到一个新的水平,又打开了一个紧密联系前沿实践的重要命题,并且指出这将在未来成为社会的核心命题。多年以后来看,社会发展完全符合他当时的判断。

另外,邓小平在南方谈话中回顾了共同富裕构想提出的思路,也帮助我们更清晰地理解这一重要思想的内在逻辑。要理解邓小平的共同富裕思想,我们可以沿着他的思路,把这一逻辑脉络系统分解开来。

(二)邓小平对两极分化的忧虑和关于共同富裕的设想

有不少学者将共同富裕思想的产生追溯到邓小平革命生涯的早期,但是,真正意义上的邓小平共同富裕思想应当是在改革开放之初提出的,其理论形态并非固定不变,而是经历了不同阶段的反复思考和逐步深化、不断丰富的发展过程。

1. 从"使全国各族人民都能比较快地富裕起来"到"集体富裕"

共同富裕思想的最初提出,以邓小平《解放思想,实事求是,团结一致向前看》讲话为标志。此时,邓小平提出了"允许先富"

---

① 《邓小平文选》第3卷,人民出版社1993年版,第373—374页。

思想。他提出"允许先富",首先是为了反对积弊甚久的平均主义倾向,其宗旨则是以"先富"带"后富"。

早在1954年邓小平就指出:"看来,有些共产党员的头脑里平均主义思想还不少","我们不能讲平均主义"。[1]1975年根据他的意见起草的《关于加快工业发展的若干问题(讨论稿)》也明确提出:"平均主义不仅现在不行,将来也是行不通的。"[2]关于这一点,邓小平的认识很深刻:首先最重要的,"任何革命都是扫除生产力发展的障碍。社会主义总要比资本主义优越。社会主义国家应该使经济发展得比较快,人民生活逐渐好起来,国家也就相应地更加强盛一些"[3]。

而在社会主义阶段的条件下,"必须实行按劳分配,必须把国家、集体和个人利益结合起来,才能调动积极性,才能发展社会主义的生产"[4]。要重新恢复按劳分配原则,就"应该有适当的物质鼓励,少劳少得,多劳多得"[5]。"总的是为了一个目的,就是鼓励大家上进。"[6]这一时期,人们的收入差距普遍不大,邓小平的相关思考也是初步的。

在1978年底《解放思想,实事求是,团结一致向前看》的讲话中,邓小平提出:"在经济政策上,我认为要允许一部分地区、一部分企业、一部分工人农民,由于辛勤努力成绩大而收入先多一

---

[1] 《邓小平文选》第1卷,人民出版社1994年版,第210、211页。
[2] 《中共党史教学参考资料》第27册,中国人民解放军国防大学党史党建政工教研室1988年版,第495页。
[3] 《邓小平文选》第2卷,人民出版社1994年版,第311页。
[4] 《邓小平文选》第2卷,人民出版社1994年版,第351页。
[5] 中共中央文献研究室编:《邓小平年谱(1975—1997)》(上),中央文献出版社2004年版,第171页。
[6] 《邓小平文选》第2卷,人民出版社1994年版,第102页。

些，生活先好起来。一部分人生活先好起来，就必然产生极大的示范力量，影响左邻右舍，带动其他地区、其他单位的人们向他们学习。这样，就会使整个国民经济不断地波浪式地向前发展，使全国各族人民都能比较快地富裕起来。"①字里行间的含意是十分明确的，就是以"允许先富"为手段，目标是"使全国各族人民都能比较快地富裕起来"。

与此同时，邓小平还在进行着另一项非常重要的思考，这就是社会主义与市场经济的关系问题。1979年11月26日，邓小平在与外宾谈话中提出："社会主义为什么不可以搞市场经济，这个不能说是资本主义。我们是计划经济为主，也结合市场经济，但这是社会主义的市场经济。"②在这里，邓小平提出："社会主义特征是搞集体富裕，它不产生剥削阶级。"③可以看出，邓小平关于共同富裕的思考从一开始就是与市场经济问题相联系的。以后的历史证明，邓小平关于这两个重大理论问题的思考不是相互隔离，而是相辅相成的。另外还可以看到，邓小平关于实现共同富裕的思考，从一开始就包含了对"产生剥削阶级"的警惕，这与之后"消除两极分化"的观点有重要的联系。

1978年底《解放思想，实事求是，团结一致向前看》的讲话和1979年11月26日邓小平与外宾的谈话，哪一次标志着共同富裕思想的提出呢？有学者更倾向于1979年底与外宾的谈话，因为这是邓小平从社会主义本质和特征的高度提出的，而1978年底提出的"全国各族人民都能比较快地富裕起来"与"共同富裕"在表述上还

---

① 《邓小平文选》第2卷，人民出版社1994年版，第152页。
② 《邓小平文选》第2卷，人民出版社1994年版，第236页。
③ 《邓小平文选》第2卷，人民出版社1994年版，第236页。

有比较大的区别。也有学者认为，"允许先富"只是手段，只能作为共同富裕思想的一部分。笔者认为，这些观点都有道理，但从历史的观点来看，1978年底的讲话应作为邓小平共同富裕思想提出的标志。首先，从理论上看，"使全国各族人民都能比较快地富裕起来"的表述已经比较准确地表达了"共同富裕"的目标，"允许先富"思想又说明了实现这一目标的手段，已经形成了比较完整的理论架构。在1978年底的讲话中，邓小平还专门谈到了"在西北、西南和其他一些地区，那里的生产和群众生活还很困难，国家应当从各方面给以帮助，特别要从物质上给以有力的支持"[①]，较之1979年的谈话，其关于"共同富裕"含意的表达更为充分。其次，从实践中看，由于1979年谈话中的关键内容是关于市场经济的，在当时的历史条件下还比较超前，因此长期没有对外公布，在这段历史进程中产生的影响有限。而1978年底的讲话是著名的"改革开放宣言书"，在论述以"共同富裕"为目标的"允许先富"思想之后，邓小平特别指出："这是一个大政策，一个能够影响和带动整个国民经济的政策。"[②]由此，这一思想迅速为人们所知晓，并在实践中产生了积极成效。从实际效果看，无疑1978年底讲话的贡献更大。

2. "带动其他地区共同富裕"与"避免出现两极分化"

邓小平第一次正式提出"共同富裕"的概念是在1984年11月9日。他在会见来自意大利的外宾时指出："我们党已经决定国家和先进地区共同帮助落后地区。在社会主义制度下，可以让一部分地区先富裕起来，然后带动其他地区共同富裕。在这个过程中，可以

---

① 《邓小平文选》第2卷，人民出版社1994年版，第152页。
② 《邓小平文选》第2卷，人民出版社1994年版，第152页。

避免出现两极分化（所谓两极分化就是出现新资产阶级），但这不是要搞平均主义。经济发展起来后，当一部分人很富的时候，国家有能力采取调节分配的措施。"①

邓小平在提出这一概念时，主要还是着眼于解决区域差异的问题。在具体提法上，他设定了"在社会主义制度下"的前提，明确了"让一部分地区先富裕起来"的主要内容，提出了"带动其他地区共同富裕"的目标。他还指出了实现"共同富裕"的两大障碍："两极分化"与"平均主义"。

从邓小平提出"共同富裕"时的语境可以看到，他在这段话之前谈的是："关于经济体制改革，这实际上是一场革命。它是不是正确？归根到底是看生产力能不能得到发展，人民的生活能不能得到提高。只要这条得到证实，谁也不能说我们关于经济体制改革的决定是胡思乱想。为什么现在我们党通过了这一决定？近几年来，我们在农村进行了改革，百分之九十的农民生活有了很大的提高。"②因此，提出"共同富裕"的目标，最初就是为改革设定的一个目标。而这一理论创新也确是在我国20世纪70年代末到80年代中期的改革实践基础上完成的。这一阶段，以农村改革和经济特区为主要内容的改革开放已经取得了显著的成效。

一方面，1979年以后，已经逐渐推行到占全国人口80%的农村地区的家庭联产承包责任制以及在经济特区、沿海开放城市率先进行的经济体制改革，逐步打破了来自传统的平均主义的严重束缚，

---

① 中共中央文献研究室编：《邓小平年谱（1975—1997）》（下），中央文献出版社2004年版，第1014页。
② 中共中央文献研究室编：《邓小平年谱（1975—1997）》（下），中央文献出版社2004年版，第1014页。

充分调动了群众的生产积极性、主动性和创造性。这一改变不仅促进了生产力的大解放,实现了国家经济的高速发展,更提高了全国绝大多数人民的生活水平。这一成功实践更进一步证明了邓小平的两个主张是正确的:其一是"允许一部分人先富起来"是实现"共同富裕"的好办法。邓小平多次表明:"我的一贯主张是,让一部分人、一部分地区先富起来,大原则是共同富裕。一部分地区发展快一点,带动大部分地区,这是加速发展、达到共同富裕的捷径。"[1]其二是这个好办法可以并且应当从农村走向城市,从沿海走向内地,这是20世纪80年代中期全面改革的重要内容。他还说过:"农村、城市都要允许一部分人先富裕起来,勤劳致富是正当的。一部分人先富裕起来,一部分地区先富裕起来,是大家都拥护的新办法。"[2]1984年《中共中央关于经济体制改革的决定》首次以党中央文件的形式正式提出:"只有允许和鼓励一部分地区、一部分企业和一部分人依靠勤奋劳动先富起来,才能对大多数人产生强烈的吸引和鼓舞作用,并带动越来越多的人一浪接一浪地走向富裕。"[3]

另一方面,在确定整体发展方向的同时,邓小平也敏锐地察觉到"避免两极分化"的重要性。1981年12月,还在改革的初期,他就有预见性地提出:"坚持社会主义制度,始终要注意避免两极分化。"[4]到20世纪80年代中后期,我国逐渐告别计划经济体制,这时社会上产生的一定程度的收入差距,引起了强烈争论。这是否会

---

[1] 《邓小平文选》第3卷,人民出版社1993年版,第166页。
[2] 《邓小平文选》第3卷,人民出版社1993年版,第23页。
[3] 中共中央文献研究室编:《十二大以来重要文献选编》(中),中央文献出版社2011年版,第64页。
[4] 中共中央文献研究室编:《邓小平年谱(1975—1997)》(下),中央文献出版社2004年版,第790页。

造成"两极分化"？是否会影响社会主义现代化事业的大局？甚至是否会改变我国的社会性质？邓小平对这个问题的考虑是十分慎重的。他认为："如果导致两极分化，改革就算失败了。"①那么，邓小平是如何定义"两极分化"的呢？

前文已述，邓小平在提出共同富裕思想之初，即已提醒人们要警惕"产生剥削阶级"，他关于"避免两极分化"问题的思考，实际延续了这一思路。邓小平在正式提出"共同富裕"概念的同时，也给"两极分化"作了明确界定："所谓两极分化就是出现新资产阶级。"具体说来，有以下几层意思：

第一，强调实现共同富裕，防止两极分化，是为了坚持社会主义，确保改革开放的正确方向。邓小平推进改革的思考与实践，始终处于复杂的社会环境中，面对的是多方面的挑战。随着改革开放逐渐深入，中国要沿着正确道路前进，既要克服旧体制习惯力量的阻碍，也要排除西方思潮的干扰。他的态度十分鲜明："如果走资本主义道路，可以使中国百分之几的人富裕起来，但是绝对解决不了百分之九十几的人生活富裕的问题。"②我们"坚持社会主义，不走资本主义的邪路。社会主义与资本主义不同的特点就是共同富裕，不搞两极分化"③。

第二，站在宏观的角度，观察收入差距是局限于个别现象，还是可能影响阶级关系。他多次谈到："会不会产生新的资产阶级？个别资产阶级分子可能会出现，但不会形成一个资产阶级。"④"创

---

① 《邓小平文选》第3卷，人民出版社1993年版，第139页。
② 《邓小平文选》第3卷，人民出版社1993年版，第64页。
③ 《邓小平文选》第3卷，人民出版社1993年版，第123页。
④ 《邓小平文选》第3卷，人民出版社1993年版，第139页。

造的财富，第一归国家，第二归人民，不会产生新的资产阶级。"[1]邓小平反复强调公有制的重要性："我们吸收外资，允许个体经济发展，不会影响以公有制经济为主体这一基本点。相反地，吸收外资也好，允许个体经济的存在和发展也好，归根到底，是要更有力地发展生产力，加强公有制经济。只要我国经济中公有制占主体地位，就可以避免两极分化。"[2]

第三，将"两极分化"定义为"富的越富，贫的越贫"。1986年，邓小平接受美国记者华莱士的电视采访，面对全世界观众表示："我们的政策是不使社会导致两极分化，就是说，不会导致富的越富，贫的越贫。"[3]在绝大多数人民的生活水平都得以提高的情况下，尽管存在一定差别，但并不一定会导致"两极分化"。

第四，防止"两极分化"要依靠社会主义制度和国家力量。在1984年提出"共同富裕"的谈话中他已表示："我们党已经决定国家和先进地区共同帮助落后地区。""经济发展起来后，当一部分人很富的时候，国家有能力采取调节分配的措施。"正是由于"我们社会主义的国家机器是强有力的。一旦发现偏离社会主义方向的情况，国家机器就会出面干预，把它纠正过来"，邓小平相信"我们的社会主义政策和国家机器有力量去克服这些东西"。[4]

总的来看，邓小平此阶段的思考中，实现共同富裕、避免两极分化的方式是"推动社会主义社会生产力发展，使人民生活逐步好

---

[1] 《邓小平文选》第3卷，人民出版社1993年版，第123页。
[2] 《邓小平文选》第3卷，人民出版社1993年版，第149页。
[3] 《邓小平文选》第3卷，人民出版社1993年版，第172页。
[4] 《邓小平文选》第3卷，人民出版社1993年版，第139页。

起来","不允许产生剥削阶级,也不赞成平均主义"。①尽管相信一定程度的收入差距不会影响大局,但邓小平对此还是始终保持高度重视和警惕,他关于共同富裕的思考还在继续发展。

3. 从"体现社会主义本质的一个东西"到"将来总有一天要成为中心课题"

以1992年邓小平发表南方谈话为标志,邓小平共同富裕思想正式形成。在此之前,根据改革的丰富实践,以及中国社会快速发展变化的实际情况,邓小平对该问题进行了进一步的理论思考,并于20世纪80年代末90年代初逐步提出关于共同富裕问题的最终设想。这些设想主要包括三个方面:

第一,正式提出共同富裕是社会主义的本质要求,明确了其理论地位。1990年12月24日,邓小平在同江泽民等中央负责同志谈话时指出:"共同致富,我们从改革一开始就讲,将来总有一天要成为中心课题。社会主义不是少数人富起来、大多数人穷,不是那个样子。社会主义最大的优越性就是共同富裕,这是体现社会主义本质的一个东西。如果搞两极分化,情况就不同了,民族矛盾、区域间矛盾、阶级矛盾都会发展,相应地中央和地方的矛盾也会发展,就可能出乱子。"②在这次谈话中,邓小平第一次指明:"共同富裕"正是"体现社会主义本质的一个东西"。就在这一年,他还在另一个场合谈到:"社会主义的一个含义就是共同富裕。"③1992

---

① 中共中央文献研究室编:《邓小平年谱(1975—1997)》(下),中央文献出版社2004年版,第1091、791页。
② 《邓小平文选》第3卷,人民出版社1993年版,第364页。
③ 中共中央文献研究室编:《邓小平年谱(1975—1997)》(下),中央文献出版社2004年版,第1312页。

年，在南方谈话中，邓小平明确提出："社会主义的本质，是解放生产力，发展生产力，消灭剥削，消除两极分化，最终达到共同富裕。"①共同富裕成为社会主义本质的落脚点，标志着邓小平共同富裕思想的形成。

第二，关于实现共同富裕的途径和具体措施，邓小平提出了一系列设想。到此阶段，邓小平已经不再从阶级关系而主要从分配角度考虑"消除两极分化"问题，所以总的方向是调节分配。他说："中国发展到一定的程度后，一定要考虑分配问题。""到本世纪末就应该考虑这个问题了。我们的政策应该是既不能鼓励懒汉，又不能造成打'内仗'。"②"十二亿人口怎样实现富裕，富裕起来以后财富怎样分配，这都是大问题。题目已经出来了，解决这个问题比解决发展起来的问题还困难。"③具体来说，主要包括逐步消除区域差别和群体差别两个方面。

在消除区域差别方面，邓小平曾经回顾："共同富裕的构想是这样提出的：一部分地区有条件先发展起来，一部分地区发展慢点，先发展起来的地区带动后发展的地区，最终达到共同富裕。"④这实际就是"两个大局"的战略："我们的发展规划，第一步，让沿海地区先发展；第二步，沿海地区帮助内地发展，达到共同富裕。"⑤他也提出了一些具体措施："可以由沿海一个省包内地一

---

① 《邓小平文选》第3卷，人民出版社1993年版，第373页。
② 中共中央文献研究室编：《邓小平年谱（1975—1997）》（下），中央文献出版社2004年版，第1357页。
③ 中共中央文献研究室编：《邓小平年谱（1975—1997）》（下），中央文献出版社2004年版，第1364页。
④ 《邓小平文选》第3卷，人民出版社1993年版，第373—374页。
⑤ 中共中央文献研究室编：《邓小平年谱（1975—1997）》（下），中央文献出版社2004年版，第1253页。

个省或两个省，也不要一下子负担太重，开始时可以做某些技术转让。"①"先富起来的地区多交点利税，支持贫困地区的发展。"②

在消除群体差别方面，邓小平主要考虑的是通过税收进行调节和引导："要调节分配，调节税要管这个。"③"对一部分先富裕起来的个人，也要有一些限制，例如，征收所得税。还有，提倡有的人富裕起来以后，自愿拿出钱来办教育、修路。当然，决不能搞摊派，现在也不宜过多宣传这样的例子，但是应该鼓励。"④当然，如何消除群体差别，他还没有提出完整方案，但他一直在思考："要利用各种手段、各种方法、各种方案来解决这些问题。"⑤

邓小平的这些思考，与他在南方的所见所闻有关。1992年1月21日上午，邓小平来到深圳市的华侨城，参观中国民俗文化村和锦绣中华微缩景区。在这期间，他听取了关于深圳支援相对落后地区情况的汇报，表示赞成深圳每年按固定比例从财政中划出一部分资金作为贫困地区开发"造血"型项目基金的做法。随后他详细阐述了长期以来关于共同富裕问题的思考，使其共同富裕思想达到了成熟的理论形态。⑥

第三，邓小平将共同富裕作为一个需要解决的重要问题提出来，并认为，这是发展到一定阶段就必然要出现的新问题。如他所

---

① 《邓小平文选》第3卷，人民出版社1993年版，第364页。
② 《邓小平文选》第3卷，人民出版社1993年版，第374页。
③ 中共中央文献研究室编：《邓小平年谱（1975—1997）》（下），中央文献出版社2004年版，第1317页。
④ 《邓小平文选》第3卷，人民出版社1993年版，第111页。
⑤ 中共中央文献研究室编：《邓小平年谱（1975—1997）》（下），中央文献出版社2004年版，第1364页。
⑥ 参见中共中央文献研究室编《邓小平年谱（1975—1997）》（下），中央文献出版社2004年版，第1335页。

说："共同致富，我们从改革一开始就讲。"在领导改革开放的实践中，邓小平不断观察实际情况最新的发展变化，他的认识也随之不断发展，实际上关于两极分化的危险，他也认识得越来越深刻："我们讲要防止两极分化，实际上两极分化自然出现。""少部分人获得那么多财富，大多数人没有，这样发展下去总有一天会出问题。分配不公，会导致两极分化，到一定时候问题就会出来。这个问题要解决。"①

在改革中，既要克服绝对平均主义的僵化思想，又要同时一步到位完全协调地解决全体社会成员的分配问题，并不现实。改革的目标需要分阶段、有步骤地完成。邓小平认为："我们是允许存在差别的。像过去那样搞平均主义，也发展不了经济。但是，经济发展到一定程度，必须搞共同富裕。"②所以，他设想了一些实现途径和具体措施，并在实践中取得了良好成效，比如在消除区域差别方面。不过，共同富裕是一个宏观而复杂的深层次问题，涉及整个社会最广泛的生产与分配，要实现这一目标，除了发达的社会生产力，还要求一个更加完善的社会管理制度。因此，邓小平晚年特别强调通过完善制度来消除两极分化，实现共同富裕。他指出："恐怕再有三十年的时间，我们才会在各方面形成一整套更加成熟、更加定型的制度。在这个制度下的方针、政策，也将更加定型化。"③

邓小平将"消除两极分化，最终实现共同富裕"纳入"社会

---

① 中共中央文献研究室编：《邓小平年谱（1975—1997）》（下），中央文献出版社2004年版，第1364页。
② 中共中央文献研究室编：《邓小平年谱（1975—1997）》（下），中央文献出版社2004年版，第1312页。
③ 《邓小平文选》第3卷，人民出版社1993年版，第372页。

主义本质"的范畴，既标志着共同富裕思想的正式形成，又预示着新一轮探索的开始。邓小平在这里提出了问题，却没有选择直接回答。之所以这样，其一是因为他还没有得出完全的结论。其二是因为当时第一步的发展问题尚未解决好。因此他说：共同富裕"将来总有一天要成为中心课题"。

（三）正确认识邓小平共同富裕思想

共同富裕作为社会主义的本质要求被确立下来，在此后我国二十多年的发展历程中，共同富裕思想得到了继承与发展。其中，最重要的理论成果是共享发展理念的形成；共同富裕也成为共享发展理念最重要的核心命题。

二十多年来，共同富裕始终是党中央高度重视的问题。江泽民强调："实现共同富裕是社会主义的根本原则和本质特征，绝不能动摇。"[1]胡锦涛认为："消除贫困、改善民生、实现共同富裕，是社会主义的本质要求，是改革开放和社会主义现代化建设的重大任务，是全党全国各族人民始终不渝的奋斗目标。"[2]习近平总书记指出："共同富裕，是马克思主义的一个基本目标，也是自古以来我国人民的一个基本理想。"[3]

1992年，党的十四大对如何在提高效率的前提下更好地实现社会公平做出规划："兼顾效率与公平。运用包括市场在内的各种调节手段，既鼓励先进，促进效率，合理拉开收入差距，又防止两极

---

[1] 《江泽民文选》第1卷，人民出版社2006年版，第466页。
[2] 胡锦涛：《论构建社会主义和谐社会》，中央文献出版社2013年版，第245页。
[3] 习近平：《习近平总书记重要讲话文章选编》，中央文献出版社、党建读物出版社2016年版，第402页。

分化，逐步实现共同富裕。"①1993年，十四届三中全会通过的《中共中央关于建立社会主义市场经济体制若干问题的决定》，对效率与公平问题进一步阐述道："坚持鼓励一部分地区一部分人通过诚实劳动和合法经营先富起来的政策，提倡先富带动和帮助后富，逐步实现共同富裕。"对共同富裕问题，江泽民进行了深入思考，他认为："一些发展中国家的经验证明，社会成员之间、地区之间贫富差距过大，就会引发民族矛盾、地区矛盾、阶级矛盾以及中央和地方的矛盾，就会出大乱子。因此，收入分配差距和地区差距扩大的问题，必须引起我们高度重视。"②在十六大报告中谈及全面贯彻"三个代表"重要思想时，江泽民指出："制定和贯彻党的方针政策，基本着眼点是要代表最广大人民的根本利益，正确反映和兼顾不同方面群众的利益，使全体人民朝着共同富裕的方向稳步前进。"③

2003年，胡锦涛提出科学发展观，核心是"以人为本"，要求"走共同富裕道路，促进人的全面发展，做到发展为了人民、发展依靠人民、发展成果由人民共享"④。十六届四中全会正式提出"构建社会主义和谐社会"。2005年，在中共中央政治局第二十次集体学习时，胡锦涛指出：建设社会主义和谐社会，要"善于正确反映和兼顾不同方面的利益，努力使全体人民共享改革发展的成果，朝着共同富裕的方向不断前进"⑤。科学发展观第一要义是发展，提出

---

① 《江泽民文选》第1卷，人民出版社2006年版，第227页。
② 《江泽民文选》第1卷，人民出版社2006年版，第543页。
③ 《江泽民文选》第3卷，人民出版社2006年版，第540页。
④ 中共中央文献研究室编：《十七大以来重要文献选编》（上），中央文献出版社2009年版，第12页。
⑤ 胡锦涛：《论构建社会主义和谐社会》，中央文献出版社2013年版，第73页。

"在促进发展的同时，把维护社会公平放到更加突出的位置"，要求"综合运用多种手段"，"使全体人民朝着共同富裕的方向稳步前进"[1]。胡锦涛在党的十八大报告中提出："必须坚持走共同富裕道路。共同富裕是中国特色社会主义的根本原则。"[2]

党的十八大以来，习近平总书记提出的"中国梦"，也与共同富裕密切相关。"中国梦"是一种价值取向，它的价值主体具有人民性，"人民幸福"是其重要内容。中国梦的最终目标，是实现人的全面发展、全体人民共同富裕。十八届五中全会正式提出"创新、协调、绿色、开放、共享的发展理念"。五大发展理念中，共享发展理念首次上升为发展战略的指导思想。习近平总书记曾明确指出其与共同富裕之间的关系："共享理念实质就是坚持以人民为中心的发展思想，体现的是逐步实现共同富裕的要求。""要根据现有条件把能做的事情尽量做起来，积小胜为大胜，不断朝着全体人民共同富裕的目标前进。"[3]共同富裕成为共享发展理念最重要的核心命题，在当前的实践中，贯彻落实共享发展理念与不断推进共同富裕的实现是完全一致的。2017年，十九大报告中第一次把全体人民共同富裕的社会主义本质外化为具体奋斗目标，并安排了进度表、设定了路线图，这是党中央关于共同富裕思想的最新阐释，对新时代中国特色社会主义的全面推进具有重大指导意义。而关于社会主要矛盾转换的认识，从根本上也要求我们着力解决发展不平衡不充分的问题，不断促进人的全面发展、逐步实现全体人民共同富裕。

---

[1] 胡锦涛：《论构建社会主义和谐社会》，中央文献出版社2013年版，第59页。
[2] 《胡锦涛文选》第3卷，人民出版社2016年版，第624页。
[3] 习近平：《习近平总书记重要讲话文章选编》，中央文献出版社、党建读物出版社2016年版，第402页。

如今，共同富裕已经是人民群众耳熟能详的词语，成为全体社会成员的共同愿望，说明这一思想非常深入人心。但是，很多人认为共同富裕是理所应当的，却是不准确的。事实上，共同富裕是人类历史上尚未出现的社会状态，在古今中外都没有合适的样板可资借鉴。

中华文明在古代曾经达到了世界巅峰，农耕文明长期居于世界领先水平。汉代时，我国人口就超过六千万，垦地超过八亿亩。唐代长安城面积超过八十平方公里，人口超过一百万，宫殿金碧辉煌，佛寺宝塔高耸，东西两市十分繁荣。诗人岑参就有"长安城中百万家"的诗句。北宋时，国家税收峰值达到一点六亿贯，是当时世界上最富裕的国家。那个时候，伦敦、巴黎、威尼斯、佛罗伦萨的人口都不足十万，而我国拥有十万人口以上的城市近五十座。[1]根据国内外学者的研究成果，当时中国的GDP占全世界的比重很高。而且，中国政治哲学中的民生、民本思想也比较发达。但是，客观地说，中国从来不是一个非常平衡的、小差异的社会。即使在盛唐时期，古诗中也展现出"朱门酒肉臭，路有冻死骨"、"四海无闲田，农夫犹饿死"的景象，国力衰弱时期则更不必说。而在20世纪中期的计划经济时期，确实社会成员之间的经济差异是比较小的，但并不是完全没有，尤其是城市居民和农民之间的差异是广泛存在的。更重要的是，这一时期社会成员之间的政治差异非常大，由此产生的社会地位和处境差异非常悬殊，换句话说，只有在经济因素不在社会中起主要作用时它才获得了实现平衡的机会。而在世界范围内，无论是曾经辉煌的苏联社会主义模式，还是西方发达资本主

---

[1] 习近平：《习近平谈治国理政》第2卷，外文出版社2017年版，第246页。

义国家，虽然都具备一些可资借鉴的抑制贫富差距的政策措施，但从整体来看，都没有实现共同富裕。当今西方社会，虽然占据领先地位，但依然是一个贫富差距巨大的阶级社会。所以，实现共同富裕是一个超越现存社会的伟大目标。

相对于共产主义的最高理想，共同富裕这一社会主义的目标既同样光明、伟大，又更加贴近现实，非常自然地在全体社会成员中达成共识，有利于凝聚各方面力量，不断克服现实中的困难，并且有比较扎实的生产力基础和越来越清晰的实现途径，是一个既需要经过艰苦奋斗，又必将实现的清晰目标。当前，在生产力发展的问题得到初步解决后，共同富裕迅速成为全社会关注的焦点，人民群众普遍认为这是必须实现的目标，包括产生的许多过激言论，也从侧面证明这一思想的预见性和现实指导性。伴随着社会主义优越性的不断实现，如果我们能够跨越这道贫富差距的峡谷，就意味着中华文明达到了一个更高的发展水平，距离最终实现共产主义更近了一步。

前文已述，邓小平经过长期思考，共同富裕思想已经是一个具备了丰富内涵的理论命题，但是最关键的作用仍是破题。马克思指出："问题就是公开的、无畏的、左右一切个人的时代声音。问题就是时代的口号，是它表现自己精神状态的最实际的呼声。"[1]共同富裕是一个正在不断发展不断深入的前沿课题，由于其重要的现实意义，共同富裕不论在实践上还是理论上都是开放的。当前的研究存在两种倾向：其一是局限在邓小平已有的论述中，没有开展新的思考，试图解决邓小平进一步提出的问题；其二是忽视邓小平已经

---

[1] 《马克思恩格斯全集》第40卷，人民出版社1982年版，第289—290页。

完成的重要探索和理论思考，简单借用一些西方理论研究中国当前的贫富差距问题，这两种倾向都是不适当的。

比如，邓小平提出"先富带动后富"的观点，很多人认为这是不可能实现的，或者说已经失效，因为先富的人没有这种觉悟去"帮助"后富的人。一方面，这种看法是从范畴上对邓小平原本观点的一种曲解。首先，邓小平最早提出"带动"作用，主要指的是示范效应："一部分人生活先好起来，就必然产生极大的示范力量，影响左邻右舍，带动其他地区、其他单位的人们向他们学习。"[①]这种带动作用今天当然存在，就表现在每个社会成员对实现富裕、进步的愿望，这依然是实现共同富裕的必要条件。只是某种程度来说，在舆论娱乐化的今天，这种示范效应有些过于强烈了，需要加以引导。其次，邓小平关于"带动"作用的论述，主要着眼于沿海和内地、城市与农村的区域差异，包括资金、技术转移等，今天此类实践正在如火如荼地进行，并取得了积极成效。再次，从宏观来看，"带动"作用是经济发展的一种内在规律。比如我国在改革开放之初缺乏资金、技术和经验等，也得到了世界的"带动"，实现了自身的发展甚至超越。客观地说，这主要取决于资金寻找市场的内在驱动，而不是国际友谊。另一方面，在实现"带动"作用——包括区域之间和群体之间——的具体方式上，邓小平虽然有一些设想，但还不成熟也不充分，这正是迫切需要我们沿着他的思路、开展新的研究和实践的巨大舞台。

---

① 《邓小平文选》第2卷，人民出版社1994年版，第152页。

下 篇
现实·回响
XIAPIAN
XIANSHI HUIXIANG

1992年2月15日下午，邓小平观看上海浦东开发区模型（左）

1992年2月7日上午，邓小平视察正在建设中的上海杨浦大桥，听取建设总指挥情况介绍（右）

第六章
南方谈话
是马克思主义思想发展史上的丰碑

南方谈话总结了十一届三中全会以来党领导改革开放事业和中国特色社会主义现代化建设的经验，吸取了国际共产主义运动历史的经验教训，是邓小平把马克思主义基本原理与当代中国的具体实际相结合，解放思想、实事求是、与时俱进，不断进行理论创新的思想结晶。它集中地、系统地、全面地论述了邓小平理论的精髓和基本观点，是邓小平理论最终形成的标志，是中国特色社会主义理论体系的基础性重要文献，是当代马克思主义中国化的创新之作。

一、南方谈话是邓小平理论成熟的标志

任何思想理论都有其形成和发展过程，邓小平理论亦然。从1975年的整顿工作开始萌芽，邓小平理论在此后拨乱反正和改革开

放的实践中，经历了不断丰富、深化和完善的过程。在南方谈话之前，以十一届三中全会、十二大为标志，邓小平理论的发展历程具体可以划分为三个阶段：

第一阶段，从1975年初到1978年12月，是邓小平理论的萌芽阶段，在1975年整顿以及和"四人帮"的政治斗争中，邓小平已开始对"什么是社会主义"进行重新思考，提出"搞社会主义建设，不能不搞生产，不能不搞科学技术"[1]，1978年9月，邓小平的北方谈话，提出了机构体制改革，允许农民搞集体市场、自留地，不搞平均主义等观点，集中反映了他在历史转折前夕的思考，闪烁着解放思想、实事求是的理论光芒。

第二阶段，从1978年12月到1982年9月，邓小平理论初具雏形，明确了建设有中国特色的社会主义的主题，形成了"一个中心、两个基本点"战略布局，提出了从封闭转向开放，从以阶级斗争为纲转向以经济建设为中心，从僵化转向改革的各方面核心内容，此外，诸如计划与市场相结合、社会主义精神文明建设、科学技术是生产力等一系列基本观点已经有所涉及。

第三阶段，从1982年9月到1992年南方谈话，邓小平理论的科学体系正式形成。在1987年党的十三大上，"建设有中国特色社会主义理论"的概念第一次形成，其内容当时被概括为十二条，对中国社会主义建设的阶段、任务、动力、条件、布局和国际环境等基本问题做了初步回答。但是，在南方谈话之前，还有一些经常困扰和束缚人们思想的重大理论问题没有完全弄清楚，比如什么是社会主

---

[1] 中共中央文献研究室编：《邓小平年谱（1975—1997）》（上），中央文献出版社2004年版，第48页。

义、计划与市场的关系等；一些观点还需要进一步充实、完善和发展，比如社会主义分配理论。直到邓小平在南方谈话中明确回答了这些问题，用新的论断和新的认识系统总结和全面阐述了建设有中国特色的社会主义理论，在此基础上，党的十四大完整地提出了这一理论的科学体系。因此，可以把南方谈话看作邓小平理论成熟的标志。江泽民在为邓小平致悼词时指出："一九九二年初他视察南方发表重要谈话，科学地总结了十一届三中全会以来党的基本实践和基本经验，从理论上深刻地回答了长期困扰和束缚人们思想的许多重大认识问题，不仅对开好党的第十四次全国代表大会具有重要指导作用，而且对整个社会主义现代化建设事业具有深远意义。以邓小平同志南方谈话和十四大为标志，中国社会主义改革开放和现代化建设进入新阶段。"[①]在党的十五大报告中，江泽民再次强调："一九九二年邓小平南方谈话，是在国际国内政治风波严峻考验的重大历史关头，坚持十一届三中全会以来的理论和路线，深刻回答长期束缚人们思想的许多重大认识问题，把改革开放和现代化建设推进到新阶段的又一个解放思想、实事求是的宣言书。"[②]

要形成科学体系，必须有特定的研究对象，并能揭示出对象本质及规律。邓小平理论从始至终都在探索的重要课题就是"什么是社会主义，怎样建设社会主义"。南方谈话对邓小平理论的总结和提升，主要体现在以下几个方面：

第一，确立完整的社会主义本质论，从最根本、最深刻的层次上回答了"什么是社会主义"，为邓小平理论体系的形成补充了关

[①] 《江泽民文选》第1卷，人民出版社2006年版，第633—634页。
[②] 中共中央文献研究室编：《十五大以来重要文献选编》（上），中央文献出版社2011年版，第9页。

键链条。

在南方谈话之前，邓小平已经形成的对社会主义的认识主要包含两个方面。其一，否定了非社会主义的观点。其二，找到了社会主义应该具有的若干要素。但主要是对社会主义相对"外围"的认识，没有触及问题的核心。对于社会主义的本质，邓小平一直没有做出十分清晰的理论概括。直到南方谈话以新的科学水平认识社会主义，最终完成了总体性概括。

第二，创立社会主义市场经济论，并对一系列既有理论，在原有轮廓的基础上进一步给予充实、完善和发展，深化了对"怎样建设社会主义"的认识。

20世纪80年代关于计划与市场的认识并没有完全摆脱只有计划经济才能反映社会主义的思想，而且在计划与市场"双轨制"运行的实践中，出现了一系列问题，人们关于这一问题的认知也不统一。直到南方谈话，把计划经济和市场经济进行了新的概念界定：它们只是手段，而不属于哪种制度的范畴。这也就从理论上说清了为什么社会主义可以搞市场经济，为经济体制改革明确了方向。党的十四大以来社会主义市场经济体制方面的巨大进展和成就，都是以邓小平南方谈话这一重要论断为理论指导的。

南方谈话特别强调"实事求是是马克思主义的精髓。要提倡这个，不要提倡本本"[①]；反复重申社会主义的根本任务是发展生产力，并提出"三个有利于"的判断标准；要求"在整个改革开放过程中都要反对腐败。对干部和共产党员来说，廉政建设要作为大事

---

① 《邓小平文选》第3卷，人民出版社1993年版，第382页。

来抓"①，等等。其中很多内容是一次比较系统和完善地阐述的。

因此，南方谈话是邓小平理论的集大成之作，是对党的十一届三中全会以来我们党领导改革开放和中国特色社会主义现代化建设的新鲜经验的科学总结，它集中地、系统地、全面地论述了邓小平理论的精髓和基本观点，是邓小平理论成熟的标志。

二、南方谈话是中国特色社会主义理论体系开创的关键环节

中国特色社会主义理论体系的精髓是解放思想、实事求是，主题是发展，核心是以人为本，立足点是社会主义初级阶段的基本国情，关键是加强党的执政能力建设，永葆党的先进性。这些都是南方谈话论述的重要内容。

关于解放思想、实事求是。这是南方谈话的精神实质，也是邓小平理论的精髓，是贯穿中国特色社会主义理论体系的红线。在南方谈话中，邓小平反复强调，"不敢解放思想，不敢放开手脚，结果是丧失时机"②。改革开放的成功是"靠实事求是"，要"相信毛主席讲的实事求是"。③怎么才算解放思想，实事求是？邓小平在南方谈话中提出"三个有利于"的判断标准，也确实依照这个标准来谋划中国的未来发展道路，体现了解放思想和实事求是的统一。

关于发展。建设中国特色社会主义，必须集中力量把发展社会生产力放在首要位置。抓住时机，加快发展，是邓小平在南方谈

---

① 《邓小平文选》第3卷，人民出版社1993年版，第379页。
② 《邓小平文选》第3卷，人民出版社1993年版，第377页。
③ 《邓小平文选》第3卷，人民出版社1993年版，第382页。

话中反复强调的重要问题。他深刻阐述了我国发展面临的机遇和调整，深刻总结了国内外，特别是日本、韩国、东南亚等国家和地区的发展经验，提出了经济发展要依靠科技和教育，解决中国的发展问题关键是坚持党的基本路线不动摇，等等。

关于以人为本。"三个有利于"标准的最后一条，就是有利于提高人民的生活水平。这是检验一切工作、特别是检验一切改革得失成败的根本标准。在南方谈话中，邓小平把共同富裕作为社会主义最基本的特征，强调一要解放发展生产力，贫穷不是社会主义；二要共同富裕，两极分化也不是社会主义。为了保证发展成果由人民共享，他还提出了一些构想和办法。当然，共同富裕问题目前并没有得到解决，但解决它是一个逐步的过程，做大蛋糕是分好蛋糕的前提。南方谈话虽然没有提出完整的解决方案，但从邓小平的一些思考中，已经体现出以人民为实践和价值主体，以实现人民利益为目标，以人民赞成为检验尺度的基本态度。

关于社会主义初级阶段。这是以邓小平为代表的中国共产党人立足中国国情对社会发展阶段问题做出的系统回答。在南方谈话中，邓小平特别强调了我国正处于社会主义初级阶段的基本国情，重申"一个中心、两个基本点"的基本路线。这是在当时世界社会主义出现低潮的背景下，有针对性地谈的。他既告诉人们应该正确看待历史发展变化，重拾对社会主义的信心，又对新中国成立以来盲目超越历史发展阶段的"左"倾错误进行了深刻总结，表现了对"不发达"国情的透彻把握。

关于加强党的执政能力建设，永葆党的先进性。中国共产党是中国特色社会主义事业的领导核心。邓小平在南方谈话中指出：

"关键是我们共产党内部要搞好"①,还阐述了要加强廉政建设、要搞法制、反对形式主义、少做多说等党的建设的思想,为新时期党的建设的理论作出重要贡献。他强调的语言要新、要精简、会议太多、文章太长等现象,与今天强调的"短实新"的文风更是异曲同工。

总之,中国特色社会主义理论体系的精神实质、理论内涵和主要观点,在南方谈话中已被涵盖,是中国特色社会主义理论的重要表现形态,对后来的"三个代表"重要思想、科学发展观、习近平新时代中国特色社会主义思想等重大战略思想有重要的指导和启示作用,也因此成为中国特色社会主义理论体系开创的关键环节。

三、南方谈话是马克思主义中国化的重要发展

马克思、恩格斯在著名的《德意志意识形态》中指出:"一切划时代的体系的真正的内容都是由于产生这些体系的那个时期的需要而形成起来的。所有这些体系都是以本国过去的整个发展为基础的。所有这些体系的历史形成及其政治的、道德的、哲学的以及其他的后果为基础的。"②继毛泽东之后,邓小平是对马克思主义中国化作出巨大贡献的政治家和理论家。南方谈话与马克思主义既一脉相承,又与时俱进,是马克思主义中国化的重要发展。

"一脉相承",指南方谈话始终坚持用马克思主义的立场、观点、方法来看待问题。首先,坚持马克思主义的政治立场,为人

---

① 《邓小平文选》第3卷,人民出版社1993年版,第381页。
② 《马克思恩格斯全集》第3卷,人民出版社1960年版,第544页。

民大众的根本利益而奋斗。在南方谈话的开篇中,邓小平就反复强调,实行改革开放、促进经济发展,就是为了改善人民的生活。他把人民高不高兴、人心安不安定作为衡量工作好坏的重要标准。"三个有利于"的最后一条,也是归结到"是否有利于提高人民的生活水平"。其次,马克思主义的科学世界观和方法论贯穿其中。比如,"敢于试验","看准了的,就大胆地试"[1],体现了辩证唯物主义的认识论和实践论。"要注意经济稳定、协调地发展,但稳定和协调也是相对的"[2],"发展自己,关键是发展经济"[3]等,体现了辩证法和矛盾论。"某种暂时复辟也是难以完全避免的规律性现象"[4],"社会主义经历一个长过程发展后必然代替资本主义"[5]等,体现了历史唯物主义的基本观点。

"重要发展",指在南方谈话中,邓小平把马克思主义普遍真理和中国国情与改革开放伟大实践相结合,进一步丰富了"第二次飞跃"的理论成果。具体表现主要有:

第一,首次完整阐述了社会主义本质论。用"本质"来概括社会主义,马克思主义经典著作中没有出现过。马克思、恩格斯对未来社会的生产关系等提出过一些设想。但也指出,社会主义究竟是什么样的,要根据今后的实践来决定。"我们是不断发展论者,我们不打算把什么最终规律强加给人类。"[6]然而,以往社会主义建设中的失误,很大程度上就是人们教条式地理解马恩关于社会主义生

---

[1] 《邓小平文选》第3卷,人民出版社1993年版,第372页。
[2] 《邓小平文选》第3卷,人民出版社1993年版,第377页。
[3] 《邓小平文选》第3卷,人民出版社1993年版,第375页。
[4] 《邓小平文选》第3卷,人民出版社1993年版,第383页。
[5] 《邓小平文选》第3卷,人民出版社1993年版,第382页。
[6] 《马克思恩格斯文集》第4卷,人民出版社2009年版,第124页。

产关系的设想，将其僵化、固定地套用。邓小平清醒地认识到了这点，他总结国际社会主义实践七十多年的经验，依据马克思主义的基本原理，进行了完整阐述。这是对"什么是社会主义、怎样建设社会主义"的再认识，不仅廓清了改革中的一些思想困惑，而且对马克思主义、科学社会主义理论也产生了重大影响。

第二，完成了社会主义市场经济理论的开创。恩格斯曾说："一旦社会占有了生产资料，商品生产就将被消除。"[①]列宁也指出："只要还存在市场经济，只要还保持着货币权利和资本力量，世界上任何法律都无法消灭不平等和剥削。只有建立起大规模的社会化的计划经济，一切土地、工厂、工具都转归工人阶级所有，才可能消灭一切剥削。"[②]但他们设想的社会是在资本主义社会生产力高度发展的基础上产生的，而现实的社会主义国家还处在生产力水平较低的阶段，把有利于生产力和生产市场化、社会化、现代化的东西，当作资本主义的东西加以排斥，就会束缚经济主体的积极性和创造性，最终影响生产力的发展。这也是苏联高度集中的计划经济模式的主要弊端。对此，邓小平认识深刻，多次指出要根据我国实际情况，改变传统计划经济。1992年初，为了验证自己的判断，八十八岁的他视察了中国南方，通过总结这些地区搞市场经济快速发展的实践经验，帮助全国解除了将计划经济和市场经济看作社会属性的思想束缚，是马克思主义理论发展史上的里程碑。

第三，明确"改革也是解放生产力"。马克思设想的社会主义阶段，生产关系应当是适应生产力发展的，因此没有涉及社会主义

[①] 《马克思恩格斯选集》第3卷，人民出版社1995年版，第757页。
[②] 《列宁全集》第13卷，人民出版社1987年版，第124页。

改革的问题。列宁将改革视为解决社会主义建设任务的最根本的手段。斯大林则断言苏联社会不存在矛盾，生产关系与生产力是完全适合的。邓小平却在南方谈话中提出社会主义社会必须改革，改革也是解放生产力的论断："社会主义基本制度确立以后，还要从根本上改变束缚生产力发展的经济体制，建立起充满生机和活力的社会主义经济体制，促进生产力的发展，这是改革，所以改革也是解放生产力。过去，只讲在社会主义条件下发展生产力，没有讲还要通过改革解放生产力，不完全。应该把解放生产力和发展生产力两个讲全了。"[①]这是根据改革实践作出的新归纳，之前马克思主义经典理论没有表述过。

南方谈话之所以能够成为马克思主义中国化的重要发展，首先在于邓小平对马克思主义的坚定信念。其次在于坚持解放思想、实事求是的思想路线。改革开放的实践中出现的各种重大问题，产生于新的时代条件下，反映了中国的特殊国情，没有先例可循，因此，必须在马克思主义指导下进行大胆探索，解放思想，实事求是，不断推进马克思主义理论创新。最后在于对时代特征和总体国际形势的科学判断。邓小平突破了战争与革命的时代主题的旧说法，作出了和平与发展的时代特征新论断。正是在这个论断的基础上，才有调整中国的国内国际战略，转移原有的马克思主义研究的内容和重点，把马克思主义推向新阶段的可能。

---

① 《邓小平文选》第3卷，人民出版社1993年版，第370页。

第七章
南方谈话
为中国打开现代化道路新局面

南方谈话给中国带来了新的生机和活力,受到困扰的中国改革开放事业重新出现了生动的新局面。

一、南方谈话推动中国快速发展

南方谈话发表后,全国各个城市和地区的改革开放和现代化建设迅速掀起高潮,开始快速发展。

社会主义市场经济体制建立起来,资源配置方式实现了由计划向市场的根本转变。南方谈话之前,国家计划分配的物资有791种,几年之后,绝大部分生产资料已经进入市场流通。单一的公有制传统经济结构也得到突破,以公有制为主体,国有、集体、私营、个体、外资经济等共同发展的经济格局基本奠定。国有经济和集体经济在1978年分别占国内生产总值的56%和43%，个体、私营经济和港、澳、台、外商直接投资仅占1%。到1996年，国有经济和集体经济分别占国内生产总值的比重分别下降到40.8%和35.2%，个体、私营经济和港、澳、台、外商直接投资上升了24%。[1]同时，公有制经济虽然在数量上减少了，但整体素质比过去有所提高，特别是1994年底开始的国有企业建立现代企业制度的改革取得明显成效，公有制经济的主体地位显著增强。

对外开放的步伐加大，全方位对外开放格局形成。南方谈话后，中共中央根据邓小平抓住时机加快经济建设和改革开放步伐的精神，制定了《中共中央关于加快改革，扩大开放，力争经济更好更快地上一个新台阶的意见》，提出了一系列进一步加快改革和扩大开放的新政策。从1992年初到8月，先后新开放了五个沿江城市，十八个省会城市，十三个沿边城市，三十四个开放口岸，"经济特区—沿海开放城市—沿海经济开放区—沿江、沿边和内地"这样一个由南到北、由东到西、由外向内、由沿海向内地、由点到面、逐步推进、全面展开的对外开放格局逐渐形成。在这样的大好形势下，大量外资涌入中国，投资的国家和地区在半年多的时间内就由1992年初的四十个增加到六十个。深圳、珠海、汕头、厦门特区1993年的国内生产总值比1979年增长约五十倍，工业生产总值增长约四十倍。海南1993年与1987年相比，GDP增长约两倍，工业生产总值增长约三倍，财政收入增长约五倍，外贸出口增长近九倍。上海浦东新区1993年的财政收入比1992年增长70%，外资引进翻一

---

[1] 参见陈明显主编《邓小平南方谈话与中国经济社会发展》，中共中央党校出版社2002年版，第65页。

番，超过前三年累计引进外资项目总和。[1]

实施西部大开发战略，中西部地区发展进一步加快。"两个大局"的战略构想是邓小平于1988年9月提出的。1992年，他在南方谈话中就实施这一战略的时机指出："可以设想，在本世纪末达到小康水平的时候，就要突出地提出和解决这个问题。"[2]世纪之交，1999年9月，党的十五届四中全会明确提出国家要实施西部大开发战略，通过优先安排基础设施建设、增加财政转移支付等措施，支持中西部地区和少数民族地区发展。2000年，西部地区十大重点工程全部开工。2001年，又一批重点工程相继开工，有力地推动了西部地区的经济发展和社会进步。

在南方谈话的影响下，国家的整体改革不断向广拓展，向深挺进。科技体制、金融、政府职能等方面的调整改革也顺次展开，改革开放的浪潮风起云涌。卓有成效的改革开放保证了我国经济的快速发展，以1993年为例，我国国内生产总值达到35524亿元，首次突破3万亿元大关，比上年增长13.9%，一些重要产品的产量大幅增加，企业技术改造和产品结构调整加快，农业获得丰收，粮食总产量4565亿公斤，达到历史最高水平。重点工程建设加速，京九、南昆等重要铁路干线建设进展顺利，高等级公路和重点港口建设加快，邮电通信状况迅速改善，扣除物价上涨因素，全国城镇居民人均可支配收入比上年增加9.5%，农村居民人均纯收入增长3.2%，城

---

[1] 参见陈明显主编《邓小平南方谈话与中国经济社会发展》，中共中央党校出版社2002年版，第105页。
[2] 《邓小平文选》第3卷，人民出版社1993年版，第374页。

乡居民存款总额在年末达到15204亿元，比上年增长29%。[①]国家经济连续二十多年以平均近两位数的速度增长。如今，经济增长虽有放缓，但仍然稳中有进，中国一跃成为世界第二大经济实体。可以说，没有南方谈话，就没有中国后来的快速发展，没有今天实现中华民族伟大复兴梦的基础与自信。

二、南方谈话为中国打开现代化道路新局面

回顾中国近代历史，大致经历了四次经济的快速发展，分别是清末19世纪60年代到90年代的洋务运动，中华民国1927年到1937年的"黄金十年"，新中国成立初的社会主义革命和建设，以及1978年底十一届三中全会以来改革开放的历史转折。这几次经济的快速发展，都是在中国社会向现代化转型的过程中发生的。

在洋务运动中，封建统治阶级中的部分成员开始引进、仿造西方武器装备和学习西方的科学技术，虽然其目的是挽救清政府的统治危机，但毕竟有利于资本主义经济的发展和社会风气的转变，是中国从封建社会向近代社会迈进的重要一步。中华民国的"黄金十年"处于封建帝制已经被推翻，军阀割据的局面在逐渐改变，中国正在走向实质统一的阶段。这十年里，交通进步了，经济稳定了，学校教育也得到发展，中华民国在政治、外交、军事、经济、文化、边疆民族等施政各方面都取得了一定成就，到达了近代中国的较高水平。新中国成立后，党领导人民在恢复国民经济、争取国家

[①] 参见中共中央党史研究室《中国共产党的九十年》，中共党史出版社、党建读物出版社2016年版，第804页。

财政经济状况基本好转的前提下，进行了社会主义改造，中国从新民主主义社会过渡到社会主义社会，社会制度和生产关系发生了重大变化，社会主义建设事业也取得了很大成就。1978年底十一届三中全会之后的十年，农村改革、城市经济体制改革、政治体制改革逐渐展开，对外开放的新格局开始形成，经济社会发展总体比较快速、稳定。

可见，是中国社会向现代化迈进过程中的巨大转型带来了生产关系上的变革，从而促进了生产力的发展。但是，任何转变都不是一蹴而就的，在社会的变革过程中，也积累了很多矛盾与冲突。在中国这样一个政治属性很强的国家中，这些矛盾与冲突最终以政治危机的形式表现出来，如洋务运动后更加动荡的政治局势，"黄金十年"后的日军侵华，全面建设社会主义十年后的"文化大革命"，以及改革开放后1989年的政治风波。这些政治危机的出现，都打乱了原本正在发展的社会进程，原来高速发展的经济，被迫冷却、降温甚至出现倒退。

所以，从另一个角度看，这些政治危机实质上是社会转型的试金石。如果能够成功度过危机，并且借此机会解决危机背后的矛盾和冲突，社会转型才能真正实现，中国才能从根本上打开走向现代化的道路。

1992年的南方谈话就是在这样的一个关键点上产生的。无论是国内之前的政治风波还是国际的社会主义运动低潮与西方资本主义的攻势，都是中国自1978年底以来的经济社会发展走到重要关口的表现。邓小平的南方谈话，看似是针对个别问题有感而发，但从根本上来说，是他承前启后，综合政治、经济、文化、社会、党建等各方因素系统分析的思想结晶。它科学地总结了十四年来的基本经验，明确回答了人们头脑中困惑的问题，强调要坚持党的基本路线一百年不动摇，要坚定不移推进改革开放，要坚定不移走中国特色社会主义道路，并在解放思想、实事求是的精神指导下，创造性地发展了马克思主义理论，为事关中国未来发展的重要问题勾画了蓝图，指明了方向。

正是在南方谈话精神的指导下，中国经受住了各方面的政治考验，顺利迈过了这一重要关口。内在的关系一旦理顺，历史的车轮就会迅速启动，势不可当。此后，中国走向现代化道路被彻底打开，经济一路向好，创造了持续四十多年迅速发展的"世界奇迹"。党的十四大评价："以邓小平同志的谈话和今年三月中央政治局全体会议为标志，我国改革开放和现代化建设事业进入了一个新的阶段。"①这是恰如其分的。习近平总书记曾说："一九九二年，邓小平同志在南方谈话中说：'不坚持社会主义，不改革开放，不发展经济，不改善人民生活，只能是死路一条。'回过头来看，我们对邓小平同志这番话就有更深的理解了。所以，我们讲，只有社会主义才能救中国，只有改革开放才能发展中国、发展社会主义、发展马克思主义。"②

---

① 中共中央文献研究室编：《十四大以来重要文献选编》（上），中央文献出版社2011年版，第8页。
② 习近平：《关于〈中共中央关于全面深化改革若干重大问题的决定〉的说明》（2013年11月9日），《人民日报》，2013年11月16日。

第八章
南方谈话在中国特色社会主义新时代的现实指导意义

2017年是邓小平逝世二十周年，邓小平南方谈话发表二十五周年。这一年，党的十九大宣布：经过长期努力，中国特色社会主义已经进入新时代。站在这一新的历史方位，回眸南方谈话，我们能更深刻认识到，这一历史事件撬动了人类历史的轨道；我们能更切实地感受到，一代伟人邓小平用其毕生的智慧和最后的生命，为中华民族伟大复兴注入的磅礴力量。习近平总书记指出："邓小平同志的南方谈话，从理论上深刻回答了长期困扰和束缚人们思想的许多重大问题，推动改革开放和社会主义现代化建设进入新阶段。正是在邓小平同志的倡导和支持下，改革大潮汇聚成时代洪流，使中国人民的面貌、社会主义中国的面貌、中国共产党的面貌发生了历史性变化。"[1]在中国特色社会主义新时代，我们更应当将南方谈话

---

[1] 习近平：《习近平谈治国理政》第2卷，外文出版社2017年版，第8页。

这一宝贵精神成果切实用于指导我们崭新的实践。

一、南方谈话指引坚持中国特色社会主义道路与传承发展改革精神[①]

概括地说，坚持中国特色社会主义道路与传承发展改革精神，可以说是邓小平南方谈话的基本内容。习近平总书记指出："改革开放是一场深刻革命，必须坚持正确方向，沿着正确道路推进。方向决定道路，道路决定命运。我国改革开放之所以能取得巨大成功，关键是我们把党的基本路线作为党和国家的生命线，始终坚持把以经济建设为中心同四项基本原则、改革开放这两个基本点统一于中国特色社会主义伟大实践，既不走封闭僵化的老路，也不走改旗易帜的邪路。"[②]总结历史，着眼现实，展望未来，我们发现：改革精神的传承与发展，是引领我们始终坚持并不断拓展中国特色社会主义道路的重要指针。

中国特色社会主义道路是中国共产党领导人民历尽千辛万苦，付出巨大代价，经过长期艰辛探索开辟出来的。1982年，在党的十二大开幕词中，邓小平正式提出"走自己的道路，建设有中国特色的社会主义"[③]，开创了中国特色社会主义道路。十年后，他在南方谈话中说："基本路线要管一百年，动摇不得。只有坚持这条路

---

① 本小节部分内容已发表在2017年4月26日《成都日报》，题为《坚定道路自信 传承发展改革精神》。

② 习近平：《在十八届中央政治局第二次集体学习时的讲话》，《人民日报》，2013年1月1日。

③ 《邓小平文选》第2卷，人民出版社1994年版，第3页。

线，人民才会相信你，拥护你。"①又过了二十年，党的十八大报告指出："回首近代以来中国波澜壮阔的历史，展望中华民族充满希望的未来，我们得出一个坚定的结论：全面建成小康社会，加快推进社会主义现代化，实现中华民族伟大复兴，必须坚定不移走中国特色社会主义道路。"②习近平总书记在中国共产党成立95周年之际提出："我们要坚信，中国特色社会主义道路是实现社会主义现代化的必由之路，是创造人民美好生活的必由之路。"③

树立坚定的道路自信，我们必须深刻认识中国特色社会主义道路的唯一性。中国特色社会主义道路之所以正确，之所以能够引领中国发展进步，在于这条道路既坚持了科学社会主义的基本原则，又根据我国实际和时代特征赋予其鲜明的中国特色，在当代中国，坚持中国特色社会主义道路，就是真正坚持社会主义。中国特色社会主义道路之所以正确，还在于其经受了长期实践的检验。实践是检验思想理论是否科学的标准，也是衡量社会道路是否正确的尺度。中国共产党九十多年艰苦卓绝的奋斗，新中国六十多年翻天覆地的变化，改革开放四十多年举世瞩目的成就，都验证了中国特色社会主义道路的强大生命力和巨大优越性。

党的十八大要求我们，对中国特色社会主义道路，"必须倍加珍惜、始终坚持、不断发展"④。而在当前，"四个全面"战略布局作为马克思主义中国化的最新成果，显示着中国特色社会主义的时

---

① 《邓小平文选》第3卷，人民出版社1993年版，第370—371页。
② 中共中央文献研究室编：《十八大以来重要文献选编》（上），中央文献出版社2014年版，第8页。
③ 习近平：《习近平谈治国理政》第2卷，外文出版社2017年版，第36页。
④ 中共中央文献研究室编：《十八大以来重要文献选编》（上），中央文献出版社2014年版，第72页。

代特色，其中的全面深化改革更是我们坚定不移走中国特色社会主义道路的内在要求。在落实"四个全面"战略布局的最新实践中，道路自信将与全面深化改革展开历史性的良性互动：一方面，道路自信为我们推进全面深化改革"规定了根本方向"，"我们的改革是在中国特色社会主义道路上不断前进的改革"①；另一方面，"我们要根据形势任务发展变化，通过全面深化改革，不断拓展中国特色社会主义道路"②。

四十多年来，我们坚持走自己开创的中国特色社会主义道路，从根本上改变了中国人民和中华民族的前途命运。同时，随着中国特色社会主义事业继续全面快速发展，中国共产党对中国特色社会主义发展规律的认识不断加深。比如，党的十八大对中国特色社会主义道路的内涵进一步完善，加入建设"社会主义生态文明"，"促进人的全面发展，逐步实现全体人民共同富裕"的内容，并且理顺了中国特色社会主义道路与中国特色社会主义理论体系和制度的关系，明确中国特色社会主义道路是实现途径。十八大以来，以习近平同志为核心的党中央，形成了一系列符合世势国情民意的治国理政新理念新思想新战略，表明如今我们党对中国特色社会主义道路的认识，同提出这个命题时相比，大大地深化了。习近平总书记指出："纵观世界，变革是大势所趋、人心所向，是浩浩荡荡的历史潮流，顺之则昌、逆之则亡。领导我们这样前无古人、世所罕见的伟大事业，最要不得的是思想僵化、固步自封。我们既不能因为

---

① 中共中央文献研究室编：《习近平关于全面深化改革论述摘编》，中央文献出版社2014年版，第21、14页。
② 中共中央文献研究室编：《习近平关于全面深化改革论述摘编》，中央文献出版社2014年版，第25页。

改革发展取得的成绩、得到的赞扬而骄傲自满，更不能躺在前人的功劳簿上睡大觉。"①我们要继续深化对中国特色社会主义的研究和探索，努力使中国特色社会主义道路越走越宽广。全面深化改革，正是我们党在新形势下坚定不移走中国特色社会主义道路的重要体现。

创造美好未来，需要不断解放思想，与时俱进，开拓创新。南方谈话中讲道："社会主义基本制度确立以后，还要从根本上改变束缚生产力发展的经济体制，建立起充满生机和活力的社会主义经济体制，促进生产力的发展，这是改革，所以改革也是解放生产力。"②来时路，我们用改革的办法解决了党和国家事业发展中的一系列问题。征途中，在认识世界和改造世界的过程中，还会不断产生新的问题，道路、理论、制度，甚至文化都需要不断发展完善，所以"改革既不可能一蹴而就、也不可能一劳永逸"③。今天，全面深化改革方兴未艾，其目的是"不断推进我国社会主义制度自我完善和发展，赋予社会主义新的生机活力"④。时代的重任迫切地要求我们，切实通过全面深化改革，不断发展中国特色社会主义道路。中国特色社会主义道路既包括总道路，也包括一系列具体工作，每一个方面都面临着艰巨的发展和改革任务。全面深化改革，就是要在中国特色社会主义道路的根本方向指引下，对中国特色社会主义进行完善和发展。坚定道路自信，绝不是故步自封，而是要不断革

---

① 中共中央文献研究室编：《习近平关于全面深化改革论述摘编》，中央文献出版社2014年版，第11页。
② 《邓小平文选》第3卷，人民出版社1993年版，第370页。
③ 中共中央文献研究室编：《习近平关于全面深化改革论述摘编》，中央文献出版社2014年版，第8页。
④ 中共中央文献研究室编：《习近平关于全面深化改革论述摘编》，中央文献出版社2014年版，第18页。

除体制机制弊端，使我们的理念与时俱进，使我们的制度日趋成熟，确保中国特色社会主义道路走得宽广、长远。我们必须在体现时代性、把握规律性、富于创造性的基础上，以更大的政治勇气和智慧，不断推进改革、深化改革，破除现实存在的与五大发展理念相违背的思想观念误区和体制机制障碍。如习近平总书记指出的："今后，我们要坚持走这条正确道路，这是强国之路、富民之路。我们不仅要坚定不移走下去，而且要有新举措、上新水平。"[1]要有新举措，上新水平，就必然要求全面深化改革。

我国发展仍处于可以大有作为的重要战略机遇期，要清醒认识当今世界和当代中国发展的大势，全面把握我国发展的新要求和人民群众的新期待，从纷繁复杂的事物表象中把准改革脉搏，把握全面深化改革的内在规律，创造性地运用规律来指导研究和解决我国改革开放和社会主义现代化建设中的重大问题，使我们的思想和行动更加符合客观实际、更加符合社会主义初级阶段的国情和时代发展的要求、更加符合人民群众的愿望和利益。

坚持中国特色社会主义道路是做好一切工作的前提，全面深化改革是关系党和国家事业发展全局的重大战略部署，实现二者的有机结合、良性互动，是政治性很强的工作任务，也是坚定不移走中国特色社会主义道路在当今时代的必然要求。只有在正确的方向引领下，通过全面深化改革，不断拓展中国特色社会主义道路，才能抓住难得的历史性机遇，激发我国经济社会发展的生机和活力，增强我国的发展后劲，抢占未来发展制高点，在激烈的国际竞争中赢

---

[1] 中共中央文献研究室编：《习近平关于全面深化改革论述摘编》，中央文献出版社2014年版，第2—3页。

得主动；才能逐步解决我国发展过程中的深层次矛盾和问题，有效应对各方面的风险和挑战，彰显中国特色社会主义的制度优势，促进经济社会持续健康发展；才能克服前进道路上的艰难险阻，取得全面建成小康社会的决定性胜利，真正实现社会主义现代化和民族复兴的宏伟目标。

二、南方谈话指引发展完善社会主义市场经济制度

通过二十多年的实践，当年南方谈话之前被热烈讨论的一些问题已经不需要过多地解答，但社会主义市场经济在中国无疑仍处于初生阶段，有待发展和完善，有越来越多的问题需要去研究和解答。在这一领域，很多学者投入了大量精力，尤其是经济专家们，就如何发展市场经济、改善宏观调控、转变政府职能、与国际接轨等重要问题，开展了大量卓有成效的研究。但是，邓小平在南方谈话中确立的社会主义市场经济的目标，有必要在新的历史条件下进行新的阐发：

首先，市场经济与社会主义最基本的结合是市场经济与公有制的结合，建立社会主义市场经济最大的突破也是在这里。这突破的不仅是国内的观念桎梏，也突破了国外的理论束缚。据陈锦华回忆："江泽民同志跟我讲过，他和撒切尔夫人就争论过社会主义市场经济的问题。撒切尔夫人访问中国时，在谈话中说，你们这个社会主义市场经济不可能成功，是搞不下去的，因为市场经济是和私有制结合在一起的，你不搞私有制，市场经济怎么搞下去？江泽民同志不同意她的看法，说我们就要按我们自己这个路子走，就是公有制为主体，多种所有制经济共同发展。二十多年的改革开放成就

和实践证明，中国搞社会主义市场经济体制的选择是正确的。"①所有制改革是中国改革的核心部分，非公有制经济的蓬勃兴起为中国的全面发展提供了活力，但以公有制为主体却是不可动摇的原则。而且按照邓小平的看法，这不仅是保证中国改革的性质、方向的问题，而且是真正发挥社会主义市场经济优越性的问题。早在1978年，邓小平就指出："过去行之有效的东西，我们必须坚持，特别是根本制度，社会主义制度，社会主义公有制，那是不能动摇的。""至于怎么能发展得多一点、好一点、快一点、省一点，这更不违背我们的社会主义制度。"②我国的所有制改革还没有完成，尤其是社会主义公有制的实现形式还有很广阔的空间值得探索，而如何更好地发挥公有制经济对市场的主导作用，更是需要研究的前沿课题。在当前情况下，国有企业改革，无疑是其中的重点和难点。

其次，在国家宏观调控下市场对资源配置起决定性作用，但并非所有领域都属于市场的范畴。当前中国的社会结构是两头大中间小，即强政府、弱社会、强个人（日本则相反），更应当明确市场与社会，尤其是公共事业的界限，增强社会的作用。市场经济体制与个体的市场行为完全是两个不同层面的概念，发挥市场对资源配置的决定性作用，绝不意味着用市场行为代替所有社会行为。通过发展市场经济，为社会公共事业提供强力支持，是中国社会主义市场经济的应有之意。

社会主义与资本主义的区别体现在哪些地方？在一个价值层面上，可以简单地描述：资本主义是以有利于资本为目的的，而社

---

① 陈锦华：《关于二十世纪七十年代确立社会主义市场经济体制和加强国家宏观调控问题有关情况的回顾》，《党的文献》，2008年第4期。
② 邓小平：《邓小平文选》第2卷，人民出版社1994年版，第133页。

会主义则是以有利于社会，即有利于人的集体为目的的。马克思主义理论、国际共产主义运动、社会主义国家实践，对于人类文明的一大贡献就是使经济社会注意到了人的价值。当前，世界资本主义强国虽然仍然被其固有根本矛盾所困扰，但其腐而不朽，焕发出新的生机，人民群众的生产生活状况与马克思所处的时代发生了巨大改变，其重要原因是吸收了新生的社会主义制度的优点，可以说，在世界发达资本主义国家，社会主义的因素越来越多。作为社会主义国家，我国在经济发展中应该更注重解决人的问题，尤其是在社会主义市场经济尚未完善，伴有巨大转型阵痛的历史时期。最典型的例子，当前我国正在进行以钢铁和煤炭两个行业为切入点的化解过剩产能阶段，共涉及一百八十万职工的分流安置，其中煤炭系统一百三十万人，钢铁系统五十万人。2016年"两会"，李克强总理指出：化解过剩产能的过程，"要避免出现大规模的下岗潮"[1]。去产能，是要适应市场经济，按经济规律办事；"避免出现大规模的下岗潮"，则是社会主义原则的体现。

再次，也需要认识到，即使在非市场领域，也必须适应中国社会主义现代化的发展需要，适应社会主义市场经济的运行要求。在当前现实的社会生活中，市场的"越位"还不是主要问题，"权力"的"越位"仍是经常性的结构性障碍，最突出的表现仍是一些现行体制的滞后，这正是进行全面深化改革的重要内容。需要指出的是，这包括组织结构的问题、管理方法的问题、法律制度的问题等，但不可忽略的是其中包含着重要的思想意识的问题。社会主义市场经济是当今中国的最大实际，在非市场领域，要避免简单地套

---

[1] 《人民日报》，2016年3月17日。

用市场行为，但应当具有市场经济的思维意识，这也是符合时代的思想观念。例如，在完全属于非市场领域的政府事业单位，也应当采取符合实际、沟通顺畅、运转高效的管理模式和工作机制，如果仍是使用指令性计划式的领导方式，运动式的工作方法，则难以适应事业发展的需要，需要革故鼎新，运用社会主义市场经济的思维，建立新制度，开拓新领域，这也是社会主义基本制度的自我完善。

总之，社会主义市场经济是全新的、有效的、发展中的、具有生机和活力的经济体制。在市场经济与社会主义基本制度这种史无前例的结合过程中，相较于传统而言，无论是市场经济还是社会主义基本制度，都产生了既不违背原则，但又富有积极意义的转变。这是伟大的理论突破和实践创新，是社会各界，尤其是理论界应当时刻关注，并且有所建树的关键领域。

三、南方谈话指引实现全体人民共同富裕的目标

党的十九大宣布，中国特色社会主义进入新时代，并明确提出：这个时代是"逐步实现全体人民共同富裕的时代"，"我国社会主要矛盾是人民日益增长的美好生活需要和不平衡不充分的发展之间的矛盾，必须坚持以人民为中心的发展思想，不断促进人的全面发展、全体人民共同富裕"；到2035年，"全体人民共同富裕迈出坚实步伐"；到21世纪中叶，"全体人民共同富裕基本实现"。这是我们党第一次把全体人民共同富裕的社会主义本质外化为具体奋斗目标，并安排了进度表、设定了路线图。在这个背景下，我们可以更深刻地理解邓小平在南方谈话中着重阐述的共同富裕思想的重要现实指导作用。

要早日实现邓小平提出的共同富裕，在当前社会主要的对立面就是贫富差距问题。当前的大量研究中，多采用基尼系数观察我国的贫富差距问题；在探讨实现共同富裕的途径时，在坚持发展生产力和公有制占主体的两个基本原则基础上，多是从调节分配角度开展研究。当然这都是正确的，并且已经产生了很多成果，尤其是党的十八届三中全会提出"形成合理有序的收入分配格局"具有极其重要的指导作用。只是实现共同富裕在当前实践中还有一些障碍值得注意：

邓小平说："现在全国人口有九亿多，其中百分之八十是农民。""耕地少，人口多特别是农民多，这种情况不是很容易改变的。这就成为中国现代化建设必须考虑的特点。"[①]我国目前的贫富差距问题最主要不是刚参加工作的大学毕业生与华人首富之间的"两极分化"，而是仍然占人口大多数的农民与一些高收入行业工作者之间"两极分化"。

贫富差距问题自然属于分配问题，但是马克思主义认为：生产决定分配、交换和消费；生产的发展状况，决定分配、交换和消费的水平、结构和方式。马克思在《〈政治经济学批判〉导言》中指出："一定的生产决定一定的消费、分配、交换和这些不同要素相互间的一定关系。"[②]"分配的结构完全决定于生产的结构。""就形式说，参与生产的一定方式决定分配的特殊形式，决定参与分配的形式。"[③]从邓小平开始，已经反复强调生产力的基础性作用，生产力水平问题的初步解决是我们实现共同富裕的基础。但是，一

---

① 《邓小平文选》第2卷，人民出版社1994年版，第164页。
② 《马克思恩格斯选集》第2卷，人民出版社1995年版，第17页。
③ 《马克思恩格斯选集》第2卷，人民出版社1995年版，第13页。

定意义上，当前生产领域的一种不平衡状态是造成贫富差距的重要原因，也是实现共同富裕的重要障碍。这种生产力不平衡的状态主要体现在不同产业之间。众所周知，人类社会已经发生了三次产业革命，目前，以互联网于全球普及为重要标志的信息革命方兴未艾，中国搭上了这一次技术革命的快车。2015年3月，全国人大十二届三次会议提出的"制定互联网＋行动计划"，推动新兴产业地位升级，又对传统产业进行升级换代，正是着眼于此。即使是普通百姓也能感受到互联网企业的快速增长和资源的迅速汇集。但与此同时，可以看到我国的信息革命主要集中在第三产业，第二产业有所发展，但第一产业非常滞后。

改革开放以来，农业生产力得到了很大提高，丰收以及群众营养状况的提升就是最好的反映，但是从经济效益的角度来看，我国农业生产力水平是生产领域的一个明显短板。我们过去常说我国第三产业吸收了大量农业剩余劳动力，但实际上农业的劳动力并不充足，而是经济效益太差导致的农业转移劳动力。一定意义上说，我国的农业处于农业文明，工业处于工业文明，只有交通和服务行业进入了信息时代。而近几年国际市场粮价下跌，国内土地、劳动力成本快速上升，使农业实际遭受损失。与此同时，中国人民在解决了温饱之后快速进入了"耐用品消费"时代，并且随着电子商务的出现，国内统一市场和世界市场的形成，在消费领域全国乃至全世界都几乎同步，加上媒体的推波助澜，贫富差距被突出地表现出来，引起了社会心理的极大忧虑。从根本上说，我国农业的生产力水平低，形成了经济效益的洼地，新兴产业与农业转移劳动力又不相契合，在很大程度上阻碍了共同富裕的实现。这也是新时代我国社会主要矛盾是人民日益增长的美好生活需要和不平衡不充分的发展之间的矛盾的一个反映。

我认为,这是目前实现共同富裕在生产领域的重要障碍,解决方法就是真正实现农业现代化。一方面,依靠科技进步。按照邓小平的思路:"农业现代化不单单是机械化,还包括应用和发展科学技术等。"[1]"将来农业问题的出路,最终要由生物工程来解决,要靠尖端技术。"[2]另一方面,通过改革解决"三农"问题中的农业发展问题,尤其是提高其经济效益。如习近平总书记指出的:"要加大对农业的支持力度,通过富裕农民、提高农民、扶持农民,让农业经营有效益,让农业成为有奔头的产业,让农民成为体面的职业。"[3]

当前,我国正在实施乡村振兴战略,"这是中国特色社会主义进入新时代做好'三农'工作的总抓手"[4]。在五个方面的总要求中,要"以产业兴旺为重点"、"生活富裕为根本"[5],通过农业改革实现共同富裕,是我们贯彻落实乡村振兴战略和实现全体人民共同富裕宏伟目标的一个重要着力点。

另外值得一提的是,邓小平南方谈话由于其产生的特殊过程,社会上一直流传着各种版本,目前在网络上更是存在一些托名伪作,鱼龙混杂。但作为指导实践的思想理论,应当使用的是经过整理确定的正式版本,即《邓小平文选》第三卷的完结篇《在武昌、深圳、珠海、上海等地的谈话要点》。因为其不仅是中央认定的正

---

[1]《邓小平文选》第2卷,人民出版社1994年版,第28页。
[2]《邓小平文选》第3卷,人民出版社1993年版,第275页。
[3] 习近平:《在农村改革座谈会上的讲话》(2016年4月25日),《中办通讯》,2016年第6期。
[4] 习近平:《在中央农村工作会议上的讲话》(2017年12月28日),《中办通讯》,2018年第2期。
[5] 习近平:《在中央农村工作会议上的讲话》(2017年12月28日),《中办通讯》,2018年第2期。

式版本，也是邓小平亲自审定的，经过了二次思考。关于自己文稿的整理原则，邓小平曾提出"不成熟的东西，连贯得不好的东西，解释得不清楚的东西，宁可不要"[1]，南方谈话的整理也体现了这样的原则。资料显示，在南方谈话最终审定过程中，邓小平又对其中的很多内容进行了反复的思考和斟酌，包括是否以南方谈话作为三卷的终卷篇，他也进行了长时间的深思熟虑，直到1993年7月7日才明确表示："编到南方谈话为止，这样好，段落比较清楚。"[2]他尤其欣赏南方谈话正式版本的最后一段，认为"这个结尾不错"[3]。所以，这个版本比较成熟和完善，更适宜发挥指导思想的作用。

总之，南方谈话是邓小平凭借其卓越特质，在特定历史背景下开展的一次具有深远影响的历史行动。邓小平南方谈话中包含了非常丰富的思想内容，它们并非都处于同一个理论发展阶段，包括已经成熟的基本理论、论证完善的理论观点、尚未展开的理论问题三种类型。细致梳理邓小平关于南方谈话中一系列重大理论问题的思想发展过程，有助于我们真切理解南方谈话精神，获得经验和启示，从而更好地指导实践。邓小平南方谈话是马克思主义思想发展史上的丰碑，为中国打开了现代化道路的新局面。在中国特色社会主义进入新时代的历史条件下，其依然具有重要的现实指导意义。

---

[1] 中共中央文献研究室编：《邓小平年谱（1975—1997）》（下），中央文献出版社2004年版，第1360页。
[2] 中共中央文献研究室编：《邓小平年谱（1975—1997）》（下），中央文献出版社2004年版，第1362页。
[3] 中共中央文献研究室编：《邓小平年谱（1975—1997）》（下），中央文献出版社2004年版，第1363页。

主要参考文献

（以首字母顺序为序）

一、史料类

1. 参考消息报社编《参考消息》。

2. 《陈云文选》，人民出版社1995年版。

3. 《邓小平文选》，人民出版社1993、1994年版。

4. 《邓小平文集（1949—1974）》，中央文献出版社2014年版。

5. 《胡锦涛文选》，人民出版社2016年版。

6. 胡锦涛：《论构建社会主义和谐社会》，中央文献出版社2013年版。

7. 《江泽民文选》，人民出版社2006年版。

8. 江泽民：《论党的建设》，中央文献出版社2002年版。

9. 江泽民：《论社会主义市场经济》，中央文献出版社2006年版。

10. 《列宁全集》，人民出版社1987年版。

11. 《李先念年谱》，中央文献出版社2011年版。

12.《李先念传（1949—1992）》，中央文献出版社2009年版。

13.《马克思恩格斯选集》，人民出版社2012年版。

14.《马克思恩格斯全集》，人民出版社1995、1996、1998、2001—2003、2005—2008、2015、2016、2018年版。

15.《马克思恩格斯文集》，人民出版社2009年版。

16.《毛泽东选集》，人民出版社1991年版。

17.《毛泽东文集》，人民出版社1993、1996、1999年版。

18. 人民日报社编《人民日报》。

19. 习近平：《习近平谈治国理政》，外文出版社2014、2017年版。

20. 习近平：《习近平关于协调推进"四个全面"战略布局论述摘编》，中央文献出版社2015年版。

21. 习近平：《习近平总书记重要讲话文章选编》，中央文献出版社、党建读物出版社2016年版。

22. 中共中央文献研究室编：《习近平关于全面深化改革论述摘编》，中央文献出版社2014年版。

23.《叶剑英选集》，人民出版社1996年版。

24.《周恩来选集》，人民出版社1980、1984年版。

25. 朱镕基：《朱镕基讲话实录》，人民出版社2011年版。

26. 中共中央文献研究室、中央档案馆编：《建党以来重要文献选编（1921—1949）》，中央文献出版社2011年版。

27. 中共中央文献研究室编：《毛泽东传（1949—1976）》，中央文献出版社2011年版。

28. 中共中央文献研究室编：《邓小平年谱（1904—1974）》，中央文献出版社2009年版。

29. 中共中央文献研究室编：《邓小平年谱（1975—1997）》，

中央文献出版社2004年版。

30. 中共中央文献研究室编：《回忆邓小平》，中央文献出版社1998年版。

31. 中共中央文献研究室编：《建国以来重要文献选编》，中央文献出版社2011年版。

32. 中共中央文献研究室编：《新时期党的建设文献选编》，中央文献出版社1991年版。

33. 中共中央文献研究室编：《十二大以来重要文献选编》，人民出版社1986年版。

34. 中共中央文献研究室编：《十三大以来重要文献选编》，中央文献出版社2011年版。

35. 中共中央文献研究室编：《十四大以来重要文献选编》，中央文献出版社2011年版。

36. 中共中央文献研究室编：《十五大以来重要文献选编》，中央文献出版社2004年版。

37. 中共中央文献研究室编：《十六大以来重要文献选编》，中央文献出版社2011年版。

38. 中共中央文献研究室编：《十七大以来重要文献选编》，中央文献出版社2009年版。

39. 中共中央文献研究室编：《十八大以来重要文献选编》，中央文献出版社2014、2016、2018年版。

40. 中国人民解放军国防大学党史党建政工教研室编：《中共党史教学参考资料》，1988年版。

二、专著类

41. 薄一波：《若干重大决策与事件的回顾》上卷，中共中央党校出版社1991年版。

42. 陈雪薇：《十一届三中全会以来重大事件和决策调查》，中共中央党校出版社1998年版。

43. 陈开枝：《1992·邓小平南方之行》，中国文史出版社2004年版。

44. 陈明显主编：《邓小平南方谈话与中国经济社会发展》，中共中央党校出版社2002年版。

45. 陈雷编：《邓小平南方谈话前后》，中共党史出版社2014年版。

46. 陈锦泉：《春天的故事——1992年邓小平视察南方纪实》，中央文献出版社2002年版。

47. 丁衡高：《丁衡高国防科技文选》（机密），国防工业出版社2008年版。

48. 龚育之：《党史札记末编》，中共党史出版社2008年版。

49. 国防科学技术工业委员会编：《邓小平国防科技工业建设思想研究》，北京航空航天大学出版社2004年版。

50. 黄华：《亲历与见闻——黄华回忆录》，世界知识出版社2007年版。

51. 黄宏主编：《硬道理——南方谈话回眸》，人民出版社2002年版。

52. John Wong and Zheng Yongnian (eds.)，*The Nanxun Legacy and China's Development in the Post—Deng Era*，World Scientific Press，2001.

53. 冷溶：《邓小平理论与当代中国基本问题》，法律出版社

2000年版。

54. 冷溶、高屹主编：《学习邓小平同志南巡重要谈话》，人民出版社1992年版。

55. 龙平平：《邓小平与他的事业》，福建教育出版社1997年版。

56. 吕书正：《南方谈话以后的中国》，中央文献出版社2002年版。

57. 南方日报社主编：《风起南方——邓小平南方谈话20周年名人谈》，广东教育出版社2012年版。

58. 吴松营：《邓小平南方谈话真情实录——记录人的记述》，人民出版社2012年版。

59. 于光远：《1978：我亲历的那次历史大转折》，中央编译出版社2008年版。

60. 张卓元等主编：《20年经济改革回顾与展望》，中国计划出版社1998年版。

61. 钟朋荣：《十年经济改革——历程、现状、问题、出路》，人民出版社1990年版。

62. 中共中央党史研究室：《中国共产党的九十年》，中共党史出版社、党建读物出版社2016年版。

63. 中央文献研究室邓小平研究组编：《从邓小平南方谈话到江泽民"七一"讲话——纪念南方谈话10周年理论研讨会论文集》，中央文献出版社2002年版。

64. 中共中央文献研究室、中共上海市委宣传部、上海文广新闻传媒集团联合摄制：电视文献片《邓小平与上海》，2004年8月。

三、论文类

65. 陈锦华：《关于二十世纪七十年代确立社会主义市场经济

体制和加强国家宏观调控问题有关情况的回顾》,《党的文献》,2008年第4期。

66. 龚育之:《十三大报告要好好写出一篇社会主义初级阶段论》,《学习时报》,2005年12月5日。

67. 龚育之:《陆定一与十二届六中全会精神文明决议》,《书摘》,2008年第7期。

68. 胡启立:《我心中的耀邦》,《炎黄春秋》,2005年第12期。

69. 胡启立:《〈中共中央关于教育体制改革的决定〉出台前后》,《炎黄春秋》,2008年第12期。

70. 黄文君:《胸怀凌云梦,丹心向太空》,《人民日报·海外版》,2011年10月15日。

71. 龙平平:《论邓小平开创改革开放伟大事业的历史贡献》,《党的文献》,2009年第1期。

72. 龙平平:《邓小平的历史贡献和深化邓小平理论研究的重点问题》,《党的文献》,2013年第1期。

73. 龙平平:《从南方谈话看深化邓小平理论研究的几个问题》,人民网,2012年1月6日。

74. 梁广大:《回忆邓小平一九九二年视察珠海》,《中共党史研究》,2002年第3期。

75. 李大耀:《邓小平与中国航天》,《航天返回与遥感》,2004年第2期。

76. 刘金田、张爱茹:《辉煌的精神力量——邓小平南方谈话始末》,《决策与信息》,2012年第4期。

77. 吴建民:《改革开放与小平同志的一个重大判断》,《北京日报》,2008年3月31日。

78. 吴伟：《中共十三大报告起草过程述实》，《炎黄春秋》，2014年第4期。

79. 万启智：《世界舆论高度评价中共十三大》，《瞭望》，1987年第45期。

80. 王大珩：《谈谈八六三高技术计划》，《科学中国人》，1996年第2期。

81. 王春玺、张辰：《要全面正确地理解邓小平南方谈话精神——读〈朱镕基讲话实录〉几篇讲话的体会》，《北京联合大学学报（哲学社会科学版）》，2012年第2期。

82. 谢春涛：《关于计划经济与市场经济的争论——吴敬琏访谈录》，《百年潮》，1998年第2期。

83. 袁元：《只要还搞改革开放南方谈话就不过时——专访中央文献研究室第三编研部主任龙平平》，《瞭望》，2012年2月20日。

84. 虞家复：《伟大的构想——忆采访邓小平向外国人谈"一国两制"》，《中国记者》，1997年第6期。

85. 叶华明：《那时他就关心碟片的版权》，《北京青年报》，2004年8月20日。

86. 张爱茹：《邓小平南方谈话实录》，《党史纵横》，2002年第1期。

致 谢

本书改自于我的博士学位论文，其得以写成并出版，与各位老师、领导、同学和朋友们的大力支持和帮助密不可分。

首先要感谢我的博士生导师龙平平研究员。从2009年夏天开始，我就在龙老师指导下进行工作、学习和研究，是龙老师指引我走进邓小平理论及邓小平、陈云思想生平研究的大门。龙老师不仅指导着我的工作和学习，对我的生活情况也十分关心，可以说龙老师对我这些年的成长影响尤大。虽然我的能力水平不足，但龙老师始终给予我充分的信任。在本书的写作过程中，龙老师从百忙之中抽出时间进行审读并给予高屋建瓴的指导，令我十分感动。

自2014年9月进入同济大学马克思主义学院学习以来，我得到了老师们的巨大帮助。李占才教授、丁晓强教授和张劲教授，在我的整个学习历程中，给予我全方位的教导和最真挚的关怀，帮助我克服了一个又一个的困难。李振教授、薛念文教授、龚晓莺教授、王滨教授、郭强教授、运迪副教授，我的硕士生导师中国人民大学历史学院郭双林教授，以及同济大学人文学院刘日明教授、复旦大学马克思主义学院顾钰民教授、上海大学文学院忻平教授、国防大学政治学院孙力教授，都在学术上对我进行了指导。傅媛媛老师与王维佳老师事无巨细，为我提供了不可或缺的帮助。此外，我还得到了中国人民大学历史学院方玉萍老师，外国语学院龙艳老师、外教Miro Atanasov老师，以及我的启蒙老师魏峰老师的帮助。由于我很多时候不方便前往上海，同门师姐汪勤峰，班长和室友周鎏刚，同学苗志娟、丁新宇、丁愉为我处理了许多在校事务。在此向老师和同学们致以最诚挚的感谢。

作为一名在职博士研究生，没有工作单位的允许，学习无从谈起。这四年时间，适逢我供职的原中共中央文献研究室第三编研部迎来工作量爆发的"大年"和机构改革，在领导的信任下，我也承担着多个领域的十余个重大项目以及大量行政工作。如果单位不同意报考，我完全理解。但是，室领导和部领导不但鼓励我报考，还为我排忧解难。全国政协常委、邓小平思想生平研究会杨胜群会长亲自批准了我的就读申请。原第三编研部姜淑萍主任、熊亮华副主任、蒋永清副主任长期深入具体地指导我的研究和工作。原第五编研部张爱茹主任在参考资料方面给予我重要的指引。迟爱萍、赵士刚、张曙、吴振兴等几位领导和老师向我分享了博士学习的心得和体会。共享同一间办公室的刘贵军副处长给我很多启发。《党的文献》杂志社茅文婷编辑在写作上为我提供了支持。2013年至2014年，我曾在四川省广安市挂职，任邓小平故居陈列馆副馆长，邓小平故里管理局钱奇局长、彭兴建工会主席等当地领导、同事和朋友在很多方面给予我关心。还有多位领导、老师和同事们在我学习过程中提供了无私帮助。依靠大家的关心，我才能在比较圆满地完成工作任务的同时完成学业。对此，我铭记于心。

本书得以出版，得到了四川人民出版社的大力支持，尤其是黄立新社长、章涛社长助理、文史出版中心编辑邹近和叶驰给予我直接的帮助。

我还要感谢家人。在写作本书的时间段，我们搬了三次家，妻子调换工作，孩子从出生到上幼儿园，正是家务繁重、经济紧张的时期。父亲周志庆、母亲葛敏、岳父吴宗拴、岳母娄书梅为我们付出了大量心血，不求回报。妻子吴琼克服工作中和生活中的现实困难，陪伴我度过了所有艰难的时刻。在这里，我想道一声：你们辛苦了。

最后，我要向马克思主义的创立者致敬，向历史伟人邓小平致意。我是幸运的，可以将所学专业与工作实践相结合。在日复一日的研究工作中，我奋力追寻着伟人的踪迹。尽管至今没有取得多少成绩，但就像龙老师时常告诫的："我们与邓小平有缘。"我们出生在这个时代，这个既普通又特殊的时代，影响我们生命的重大事件都与邓小平有关，伟人的历史中潜藏着我们打开社会现实这把锁的钥匙，这是本书产生的原因。

本书实际是关于邓小平南方谈话的再研究，侧重于思想史的解读，在写作上不追求面面俱到，也不追求形式上的比例匀称，只力求言之有物、言之有新意。感谢每一位读者的阅读。由于我的水平有限，文中可能存在不少错误和不足，特此致歉。

周　锟

2018年9月